2025年公路水运试验检测专业技术人员职业资格考试辅导用书

桥梁隧道工程章节历年真题及模拟卷

张海亮　李双环　刘晓云　朱恩厚　主　编

中国建设科技出版社有限责任公司
China Construction Science and Technology Press Co., Ltd.
北　京

图书在版编目（CIP）数据

桥梁隧道工程章节历年真题及模拟卷/张海亮等主编．--北京：中国建设科技出版社有限责任公司，2025.5．--（2025年公路水运工程试验检测专业技术人员职业资格考试辅导用书）．-- ISBN 978-7-5160-4436-0

Ⅰ．U4-44

中国国家版本馆 CIP 数据核字第 2025XW8418 号

桥梁隧道工程章节历年真题及模拟卷
QIAOLIANG SUIDAO GONGCHENG ZHANGJIE LINIAN ZHENTI JI MONIJUAN
张海亮　李双环　刘晓云　朱恩厚　主　编

出版发行：	中国建设科技出版社有限责任公司
地　　址：	北京市西城区白纸坊东街2号院6号楼
邮　　编：	100054
经　　销：	全国各地新华书店
印　　刷：	北京联兴盛业印刷股份有限公司
开　　本：	787mm×1092mm　1/16
印　　张：	16.25
字　　数：	390千字
版　　次：	2025年5月第1版
印　　次：	2025年5月第1次
定　　价：	59.00元

本社网址：www.jskjcbs.com，微信公众号：zgjskjcbs
请选用正版图书，采购、销售盗版图书属违法行为
版权专有，盗版必究。本社法律顾问：北京天驰君泰律师事务所，张杰律师
举报信箱：zhangjie@tiantailaw.com　举报电话：（010）63567684
本书如有印装质量问题，由我社事业发展中心负责调换，联系电话：（010）63567692

前 言

近几年公路水运检测考试侧重于考查学生对内容深度的理解。专业考试的考查范围越来越广，与现场实际结合越来越紧密，重点和非重点的区分越来越不明显。基于此，我们编写了本书，旨在系统梳理高频考点，直击命题规律。希望本书成为广大考生备考路上的一盏明灯。

本书具有以下特点：

1. 真题为纲，精准制导

我们将近10年考试真题按章节科学分类，剔除陈旧考点，聚焦高频核心内容，让考生告别盲目刷题，直击命题"靶心"。每道真题标注年份，帮考生快速把握重点、难点演变趋势，备考方向一目了然。

2. 二维解析，举一反三

独创"考点溯源→真题精解→陷阱预警"二维解析体系：

✓ 考点溯源：直连最新考试大纲与规范条文。

✓ 真题精解：步骤拆解搭配图形化表达，复杂问题简单化。

✓ 陷阱预警：总结高频易错点，提升考生考场应变能力。

3. 实战模拟，临门一脚

两套模拟卷严格遵循最新命题标准设计，帮助考生精准定位薄弱环节。

4. 正版增值，全程护航

刮开封面刮层并扫描二维码，即享真题解析课+考前密训课。

本书在编写过程中虽几经斟酌和校对，仍难免有不足之处，恳请广大读者和考生予以批评指正。

编 者

2025年1月

中迅网校公众号

中迅网校抖音号

目 录

绪论 ·· 1

第一章 原材料试验检测 ··· 6

第二章 工程制品试验检测 ·· 22

第三章 构件材质状况无损检测 ·· 40

第四章 地基与基础试验检测 ··· 65

第五章 桥梁技术状况评定 ·· 82

第六章 桥梁荷载试验 ·· 99

第七章 桥梁承载力评定 ··· 112

第八章 基础知识 ·· 118

第九章 洞身开挖质量检测 ·· 120

第十章 喷锚衬砌施工质量检测 ·· 127

第十一章 混凝土衬砌施工质量检测 ·· 133

第十二章 隧道防排水检测 ·· 140

第十三章 辅助工程施工质量检查 ··· 148

第十四章 施工监控量测 ··· 154

第十五章 超前地质预报 ··· 159

第十六章 隧道施工环境检测 ··· 164

第十七章 隧道运营环境检测 ··· 168

第十八章 运营隧道结构检查 ··· 172

第十九章 盾构隧道施工质量检测与监测 ·· 174

模拟卷（一） ··· 177

模拟卷（二） ··· 219

目 次

绪 论

一、单项选择题

【2021年真题】

1. 《公路工程质量检验评定标准 第一册 土建工程》(JTG F80/1—2017) 包含（　　）和评定标准两部分内容。
   A. 检查项目　　　　B. 检验标准　　　　C. 质量等级制度　　D. 检验数量

   解析：《公路工程质量检验评定标准 第一册 土建工程》(JTG F80/1—2017) 包含检验标准和评定标准两部分内容。检验标准部分规定了检查项目、方法、数量及检查项目合格应满足的要求，评定标准部分规定了质量等级制度和如何利用检验结果进行评判的方法。

【2021年真题】

2. 根据《公路工程质量检验评定标准 第一册 土建工程》(JTG F80/1—2017)，桥梁工程中扩大基础、柱基、桩的制作属（　　）。
   A. 单位工程　　　　B. 分部工程　　　　C. 分项工程　　　　D. 子分项工程

   解析：单位、分部及分项工程的划分表中：扩大基础、桩基、桩的制作均属于基础及下部构造的分项工程。

【2019年真题】

3. 《公路工程质量检验评定标准》中检验标准部分规定了检查项目、方法、数量及（　　）应满足的要求。
   A. 检测项目合格　　B. 检测项目优良　　C. 质量等级　　　　D. 检测频率

   解析：《公路工程质量检评标准》(JTG F80/1—2017) 包含检验标准和评定准则两部分内容。检验标准部分规定了检查项目、方法、数量及检查项目合格应满足的要求，评定准则部分规定了质量等级制度和如何利用检验结果进行评判的方法。

【2023真题】

4. 桥梁养护工程质量检验除另有规定外，结构或构件检验频率为（　　）。
   A. 0.1　　　　　　B. 0.2　　　　　　　C. 0.5　　　　　　　D. 1

   解析：养护单元完工后，应进行质量检验评定，隐蔽工程在隐蔽前检查合格。一般桥梁和隧道养护工程中，采用相同工艺或方法维修、加固的同类结构或构件数量不大，施工条件、环境等也有差别，不适合抽样检查。因此，规定除特殊情况下，每个结构或构件均应进行检验。养护工程质量检验一般按照《公路养护工程质量检验评定标准 第一册 土建工程》（JTG 5220—2020）的要求进行检验。

【2024 真题】

5. 根据《公路工程质量检验评定标准 第一册 土建工程》（JTG F80/1—2017），在合同段中，具有独立施工条件和结构功能的工程称为（　　）。

A. 独立工程　　　　B. 单位工程　　　　C. 分部工程　　　　D. 分项工程

解析：《公路工程质量检验评定标准》按工程建设规模大小、结构部位和施工工序将建设项目划分为单位工程、分部工程和分项工程，对复杂工程，还可设立子分部工程。

（1）单位工程：在建设项目中，根据签订的合同，具有独立施工条件和结构功能的工程。

（2）分部工程：在单位工程中，应按结构部位、路段长度及施工特点或施工任务划分为若干个分部工程。

（3）分项工程：在分部工程中，应按不同的施工工序、工艺或材料等划分为若干个分项工程。

二、判断题

【2021 年真题】

6. 长度为1000m及以上的隧道工程均应进行施工安全评估。

A. 正确　　　　　　　　　　　　　　B. 错误

解析：公路桥梁和隧道工程施工安全风险评估范围。可由各地根据工程建设条件、技术复杂程度和施工管理模式，以及当地工程建设经验、并参考以下标准确定。隧道工程：

（1）穿越高地应力区、岩溶发育区、区域地质构造、煤系地层、采空区等工程地质或水文地质条件复杂的隧道，黄土地区，水下或海底隧道工程。

（2）浅埋、偏压、大跨度、变化断面等结构受力复杂的隧道工程。

（3）长度3000m及以上的隧道工程，Ⅵ、Ⅴ级围岩连续长度超过50m或合计长度占隧道全长的30%及以上的隧道工程。

（4）连拱隧道和小净距隧道工程。

（5）采用新技术、新材料、新设备、新工艺的隧道工程。

（6）隧道改扩建工程。

（7）施工环境复杂，施工工艺复杂的其他隧道工程。

【2020 年真题】

7. 根据《公路工程质量检验评定标准 第一册 土建工程》（JTG F80/1—2017）隧道工程进行检验评定时，每座隧道作为一个单位工程。

A. 正确　　　　　　　　　　　B. 错误

解析：每座隧道为一个单位工程；对特长隧道、长隧道分为多个合同段施工时，每个合同段为一个单位工程；双洞隧道每单洞为一个单位工程。题干说法不全面，忽略了特长隧道、长隧道、双洞隧道的规定，所以答案为错误。

【2023 真题】

8. 定性评估是指依靠人的观察分析能力，借助经验和判断能力进行评估的方法。

A. 正确　　　　　　　　　　　B. 错误

解析：定性评估是指依靠人的观察分析能力，借助经验和判断能力进行评估的方法；定量评估，是指依靠历史统计数据，运用数学方式构造模型进行评估的方法；综合评估是指两种及以上方法的综合运用，可以为定性方法和定量方法的综合，或两种以上定量评估方法的综合。具体评估方法的选择，可参照《公路桥梁和隧道工程施工安全风险评估指南（试行）》。

【2024 真题】

9. 根据《公路工程质量检验评定标准 第一册 土建工程》（JTG F80/1—2017），小桥和涵洞被划分为桥梁分项工程。

A. 正确　　　　　　　　　　　B. 错误

解析：工程划分应注意规模均衡、主次区别、层次清晰。《公路工程质量检评标准》中对公路桥涵质量等级评定工程进行了划分，其中小桥和涵洞被划分到路基单位工程。

三、多项选择题

【2021 年真题】

10. 公路桥梁施工安全风险评估范围，可根据工程建设条件、技术复杂程度和施工管理模式确定。下列应当开展安全评估的工程有（　　）。

A. 多跨或跨径大于 40m 的石拱桥，跨径大于或等于 150m 的钢筋混凝土拱桥，跨径大于或等于 350m 的钢箱拱桥，钢桁架，钢管混凝土拱桥

B. 跨径大于或等于 140m 的梁式桥，跨径大于 400m 的斜拉桥，跨径大于 1000m 的悬索桥

C. 墩高或净空大于 100m 的桥梁工程

D. 特殊桥型或特殊结构桥梁的拆除或者加固工程

解析：公路桥梁施工安全风险评估参考以下标准确定：

（1）多跨或跨径大于 40m 的石拱桥，跨径大于或等于 150m 的钢筋混凝土拱桥，跨径大于或等于 350m 的钢箱拱桥，钢桁架拱桥，钢管混凝土拱桥。

（2）跨径大于或等于 140m 的梁式桥，跨径大于 400m 的斜拉桥、跨径大于 1000m 的悬索桥。

（3）墩高或净空大于 100m 的桥梁工程。

(4) 采用新材料、新结构、新工艺、新技术的特大桥、大桥工程。
(5) 特殊桥型或特殊结构桥梁的拆除或加固工程。
(6) 施工环境复杂、施工工艺复杂的其他桥梁工程。

【2019 年真题】

11. 隧道工程施工安全风险评估范围，可根据以下条件，如（　　）等确定。
A. 施工队伍素质　　　　　　　　B. 工程建设条件
C. 技术复杂程度　　　　　　　　D. 施工管理模式

解析：公路桥梁和隧道工程施工安全风险评估范围，可由各地根据工程建设条件、技术复杂程度和施工管理模式，以及当地工程建设经验，并参考以下标准确认。

（1）桥梁工程：①多跨或跨径大于40m的石拱桥，跨径大于或等于150m的钢筋混凝土拱桥，跨径大于或等于350m的钢筋拱桥、钢桁架、钢筋混凝土拱桥；②跨径大于或等于140m的梁式桥，跨径大于400m的斜拉桥，跨径大于1000m的悬索桥；③墩高或净空大于100m的桥梁工程；④采用新材料、新结构、新工艺、新技术的特大桥、大桥工程；⑤特殊桥型或特殊结构桥梁的拆除或加固工程；⑥施工环境复杂、施工工艺复杂的其他桥梁工程。

（2）隧道工程：①穿越高地应力区、岩溶发育区、区域地质构造、煤系地层、采空区等工程地质或水文地质条件复杂的隧道，黄土地区、水下或海底隧道；②浅埋、偏压、大跨度、变化断面等结构应力复杂的隧道工程；③长度为3000m及以上的隧道工程，Ⅵ、Ⅴ级围岩连续长度超过50m或合计长度占隧道全长的30%及以上的隧道工程；④连拱隧道和小净距隧道工程；⑤采用新技术、新材料、新设备、新工艺的隧道工程；⑥隧道改扩建工程；⑦施工环境复杂、施工工艺复杂的其他隧道工程。

【2019 年真题】

12. 《公路工程质量检验评定标准》中检验标准部分规定了（　　）。
A. 检查项目　　　　　　　　　　B. 检查方法
C. 检查数量　　　　　　　　　　D. 合格应满足的要求

解析：《公路工程质量检验评定标准》（JTG F80/1—2017）包含检验标准和评定标准两部分内容。检验标准部分规定了检查项目、方法、数量及检查项目合格应满足的要求，评定标准部分规定了质量等级制度和如何利用检验结果进行评判的方法。

【2020 年真题】

13. 《公路隧道养护技术规范》（JTG H12—2015）采用的技术状况评定方法是（　　）。
A. 分层综合评定　　　　　　　　B. 单项控制指标
C. 分项加权评定　　　　　　　　D. 分类综合评定

解析：《公路隧道养护技术规范》（JTG H12—2015）3.2.1 规定，公路隧道技术状况评定应采用分层综合评定与隧道单项控制指标相结合的方法。公路桥梁技术状况评定应采用分层综合评定与5类桥梁单项控制指标相结合的方法。桥梁与隧道的技术状况评定方法相同。

【2023 真题】
14. 特大斜拉桥、特大悬索桥工程划分中属于分部工程的有（　　）
A. 锚体　　　　　　B. 锚碇　　　　　　C. 桥面系　　　　　　D. 辅助墩

解析： 锚碇属于特大斜拉桥和特大悬索桥的单位工程，其他均属于分部工程。

答案： 1. B　2. C　3. A　4. D　5. B　6. B　7. B　8. A　9. B　10. A、B、C、D　11. B、C、D　12. A、B、C、D　13. A、B　14. A、C、D

第一章　原材料试验检测

一、单项选择题

【2020 年真题】

1. 钢绞线松弛试验中要求引伸计的标距不小于公称直径的（　　）倍。
   A. 40　　　　　　B. 50　　　　　　C. 60　　　　　　D. 70
   解析：标距长度不小于公称直径的 60 倍。

【2019 年真题】

2. 测定预应力钢绞线最大力总伸长率时，引伸计精度可选择（　　）。
   A. 1 级　　　　　B. 2 级　　　　　C. 1 级或 2 级　　D. 高于 1 级
   解析：拉力试验机至少为 1 级准确度，用于测定最大力总伸长率时可使用 2 级或优于 2 级准确度的引伸计。

【2020/2019 年真题】

3. 钢绞线松弛试验温度应为（　　）。
   A. 18℃±2℃　　　B. 20℃±2℃　　　C. 20℃±5℃　　　D. 23℃±2℃
   解析：应力松弛试验试样得环境温度应保持在（20±2）℃内，标距长度不小于公称直径的 60 倍，试验制备后不得进行任何热处理和冷加工。

【2021/2019 年真题】

4. 用于桥梁工程的石料单轴抗压强度试验，试件的规格是（　　），每组试件共（　　）个。
   A. 70mm±2mm，6　B. 50mm±2mm，6　C. 70mm±2mm，12　D. 70mm±1mm，6
   解析：石料的单轴抗压强度试件制备：边长为（70±2）mm 立方体试件，每组 6 个。

【2019 年真题】

5. 中碳钢和高碳钢没有明显的屈服现象，通常取塑性延伸率为（　　）所对应的应力作为规定塑性延伸强度。

A. 0.1%   B. 0.2%   C. 0.3%   D. 0.4%

解析：对于没有明显屈服现象的钢材，通常取塑性延伸率为0.2%所对应的的应力作为规定塑性延伸强度。

【2021年真题】

6. 钢绞线力学试验平行长度为795mm，摘下引伸计时，两夹口距离为800mm，钢绞线拉断时夹口距离为840mm，最大力总延伸率应为（　　）。

A. 4%   B. 5%   C. 5.6%   D. 6.5%

解析：钢材拉伸试验中，最大力时原始标距的总延伸（弹性延伸加塑性延伸）与引伸计标距之比，称为最大力总延伸率（以百分率表示）。(840−800)/800=0.05，即5%。

【2019年真题】

7. 桥梁工程中的石料强度等级试验使用的试件尺寸要求（　　）。

A. 边长为50mm±2mm的立方体
B. 边长为70mm±2mm的立方体
C. 直径50mm±2mm，高径比2∶1的圆柱体
D. 直径70mm±2mm，高径比2∶1的圆柱体

解析：石料的单轴抗压强度试件制备：边长为（70±2）mm立方体试件，每组6个。

【2020年真题】

8. 混凝土抗压强度试验时，若使用的立方体试件尺寸为100mm×100mm×100mm，则混凝土强度的尺寸修正系数为（　　）。

A. 0.85   B. 0.90   C. 0.95   D. 1.05

解析：

混凝土力学性能试验试件尺寸及数量

试件名称	试件形状	试件尺寸（集料最大粒径）/mm	尺寸换算系数	每组试件数量/个
立方体抗压强度试件	立方体	200×200×200（53）	1.05	3
	立方体	150×150×150（31.5）	标准试件	3
	立方体	100×100×100（26.5）	0.95	3

【2021年真题】

9. 水泥混凝土抗弯拉强度试验中，采用100mm×100mm×400mm棱柱体非标准试件时，所得的抗弯拉强度值应乘以尺寸修正系数（　　）。

A. 0.85   B. 0.95   C. 1.05   D. 1.1

解析：

混凝土力学性能试验试件尺寸及数量

试件名称	试件形状	试件尺寸（集料最大粒径）/mm	尺寸换算系数	每组试件数量/个
立方体抗压强度试件	立方体	200×200×200（53）	1.05	3
	立方体	150×150×150（31.5）	标准试件	3
	立方体	100×100×100（26.5）	0.95	3
棱柱体轴心抗压强度试件	棱柱体	200×200×400（53）	1.05	3
	棱柱体	150×150×300（31.5）	标准试件	3
	棱柱体	100×100×300（26.5）	0.95	3
棱柱体抗压弹性模量试件	棱柱体	200×200×400（53）	—	3
	棱柱体	150×150×300（31.5）	标准试件	3
	棱柱体	100×100×300（26.5）	—	3个
弯拉强度试件	棱柱体	150×150×550（31.5）	标准试件	3
	棱柱体	100×100×400（26.5）	0.85	3
立方体劈裂抗拉强度试件	立方体	150×150×150（31.5）	标准试件	3
	立方体	100×100×100（26.5）	—	3

【2021年真题】

10. 预应力钢棒弯曲试验中，直径12mm的钢棒应选择的压头尺寸为（　　）。

  A．36mm   B．60mm   C．120mm   D．140mm

解析：

钢棒的弯曲性能要求

表面形状类型	公称直径 d/mm	弯曲性能	
		性能要求	弯曲半径/mm
光圆	6	反复弯曲不小于4次/180°	15
	7、8		20
	9、10		25
	11~16	弯曲160°~180°后弯曲处无裂纹	弯芯直径为钢棒公称直径的10倍
螺旋肋	6	反复弯曲不小于4次/180°	15
	7、8		20
	9、10		25
	11~16	弯曲160°~180°后弯曲处无裂纹	弯芯直径为钢棒公称直径的10倍

【2023真题】

11. 钢绞线应按批进行检查和验收，每批钢绞线由同一牌号、同一规格、同一生产工艺捻制的钢绞线组成，每批应取（ ）根进行拉伸试验。

A. 1　　　　　　B. 2　　　　　　C. 3　　　　　　D. 6

解析：整根钢绞线的最大力试样数量为 3 根/批，屈服力试样数量为 3 根/批，最大力总伸长率试样数量为 3 根/批，从每（任一）盘中任意一端截取。

【2023 真题】

12. 洛氏硬度试验中，相邻两压痕中心间的距离至少为压痕平均直径的（ ）倍。

A. 1.5　　　　　B. 2　　　　　　C. 2.5　　　　　D. 3

解析：在进行洛氏硬度试验时，相邻两压痕中心间距离至少应为压痕平均直径的 3 倍。任一压痕中心距试样边缘的距离至少应为压痕直径的 2.5 倍。

【2023 真题】

13. 热轧带肋钢筋 HRB500 的抗拉强度不少于（ ）。

A. 400MPa　　　B. 500MPa　　　C. 540MPa　　　D. 630MPa

解析：

热轧带肋钢筋力学性能特征值

牌号	下屈服强度 R_{eL}/MPa	抗拉强度 R_m/MPa	断后伸长率 A/%	最大力总延伸率 A_{gt}/%	R_m^0/R_{eL}^0	R_{eL}^0/R_{eL}
			不小于			不大于
HRB400	400	540	16	7.5	—	—
HRBF400						
HRB400E			—	9.0	1.25	1.30
HRBF400E						
HRB500	500	630	15	7.5	—	—
HRBF500						
HRB500E			—	9.0	1.25	1.30
HRBF500E						
HRB600	600	730	14	7.5	—	—

注：R_m^0 为钢筋实测抗拉强度；R_{eL}^0 为钢筋实测下屈服强度。

【2023 真题】

14. 混凝土的抗渗等级以每组 6 个试件中有（ ）个未发现有渗水现象时的最大水压力表示。

A. 3　　　　　　B. 4　　　　　　C. 5　　　　　　D. 6

解析：混凝土的抗渗等级以每组 6 个试件有 4 个未发现渗水现象时的最大水压力表示。计算公式如下：

$$P = 10H - 1。$$

式中　P——混凝土抗渗等级；

　　　H——6个试件中有3个试件渗水时的水压力（MPa）。

【2023真题】

15. 混凝土拌制用水的碱含量试验主要测试（　　）的含量。

A. 氯化钾和氯化钠　　　　　　　　B. 氧化钾和氧化钠

C. 硫酸钾和硫酸钠　　　　　　　　D. 氢氧化钾和氢氧化钠

解析：

符合国家标准的饮用水可直接作为混凝土的拌制和养护用水；当采用其他水源或对水质有疑问时，应对水质进行检验。水的品质指标应符合下表的规定。

混凝土用水的品质指标

项目	拌制用水			养护用水
	预应力混凝土	钢筋混凝土	素混凝土	
pH值	≥5.0	≥4.5	≥4.5	同拌制用水
不溶物/（mg/L）	≤2000	≤2000	≤5000	—
可溶物/（mg/L）	≤2000	≤5000	≤10000	—
氯化物/（以Cl^-计，mg/L）	≤500	≤1000	≤3500	同拌制用水
硫酸盐/（以SO_4^{2-}计，mg/L）	≤600	≤2000	≤2700	同拌制用水
碱含量/（mg/L）	≤1500	≤1500	≤1500	同拌制用水

注：1. 对设计使用年限为100年的结构混凝土，氯离子含量不得超过500mg/L；对使用钢丝或经热处理钢筋的预应力混凝土，氯离子含量不得超过350mg/L。

　　2. 碱含量按$Na_2O+0.658K_2O$计算值表示。采用非碱活性集料时，可不检验碱含量。

【2023真题】

16. 尺寸为100mm×100mm×400mm的C50混凝土试件弯拉强度试验时，应选择的尺寸换算系数为（　　）。

A. 1.05　　　　　B. 1　　　　　C. 0.95　　　　　D. 0.85

解析：

混凝土力学性能试验试件尺寸及数量

试件名称	试件形状	试件尺寸（集料最大粒径）/mm	尺寸换算系数	每组试件数量/个
立方体抗压强度试件	立方体	200×200×200（53）	1.05	3
	立方体	150×150×150（31.5）	标准试件	3
	立方体	100×100×100（26.5）	0.95	3
棱柱体轴心抗压强度试件	棱柱体	200×200×400（53）	1.05	3
	棱柱体	150×150×300（31.5）	标准试件	3
	棱柱体	100×100×300（26.5）	0.95	3

续表

试件名称	试件形状	试件尺寸（集料最大粒径）/mm	尺寸换算系数	每组试件数量/个
棱柱体抗压弹性模量试件	棱柱体	200×200×400（53）	—	3
	棱柱体	150×150×300（31.5）	标准试件	3
	棱柱体	100×100×300（26.5）	—	3
弯拉强度试件	棱柱体	150×150×550（31.5）	标准试件	3
	棱柱体	100×100×400（26.5）	0.85	3
立方体劈裂抗拉强度试件	立方体	150×150×150（31.5）	标准试件	3
	立方体	100×100×100（26.5）	—	3

注：括号中的数字为试件中集料公称最大粒径。

【2023 真题】

17. 根据《公路隧道施工技术规范》（JTG/T 3660—2020），衬砌混凝土抗渗性能试验需要（　　）试件。

A. 每 100m 衬砌做一组 6 个
B. 每 200m 衬砌做一组 6 个
C. 每 100m 衬砌做一组 3 个
D. 每 200m 衬砌做一组 3 个

解析： 根据《公路隧道施工技术规范》（JTG/T 3660—2020），对采用防水混凝土的衬砌，每 200m 需要做 1 组（6 个）抗渗试件。

【2023 真题】

18. 根据《公路隧道设计规范 第一册 土建工程》（JTG 3370.1—2018），隧道衬砌的混凝土抗渗等级宜（　　）。

A. 不低于 P6　　B. 不低于 P8　　C. 为 P6~P8　　D. 低于 P6

解析： 隧道工程防水混凝土的一般要求如下。

（1）隧道模筑混凝土衬砌应满足抗渗要求，混凝土的抗渗等级一般不小于 P8。

（2）隧道工程防水混凝土中，各类材料的总碱量不得大于 3kg/m³；氯离子含量不应超过胶凝材料总量的 0.1%。

（3）隧道工程防水混凝土的胶凝材料用量不得少于 320kg/m³，水泥强度等级不低于 42.5，水胶比不大于 0.50，有侵蚀性介质时水胶比不宜大于 0.45。在满足混凝土抗渗等级、强度等级和耐久性条件下，水泥用量不宜少于 260kg/m³。

（4）隧道工程防水混凝土拌合物在运输后如出现离析，必须进行二次搅拌。当坍落度损失后不能满足施工要求时，应加入原水胶比的水泥浆或掺加同品种的减水剂进行搅拌，严禁直接加水。

（5）防水混凝土结构应满足下列要求：①裂缝宽度应不大于 0.2mm，并不贯通；②迎水面主钢筋保护层厚度不应小于 50mm；③衬砌厚度不应小于 30cm。

（6）试件的抗渗等级应比设计要求提高 0.2MPa。

（7）当采用防水混凝土时，应对衬砌的各种缝隙采取有效的防水措施，以使衬砌获得整体防水效果。

（8）防水混凝土采用预拌混凝土时，入泵坍落度宜控制在120~160mm，坍落度每小时损失值不应大于20mm，坍落度总损失值不应大于40mm。

【2024 真题】

19. 一批符合《桥梁用结构钢》（GB/T 714—2015）厚30mm 的 Q500q 桥梁用结构钢板，根据牌号信息可知该钢材（　　）。

    A. 上屈服强度为 500MPa   B. 下屈服强度为 500MPa

    C. 抗拉强度为 500MPa   D. 断后伸长率为 50.0%

解析：按照《桥梁用结构钢》（GB/T 714—2015）的规定，桥梁用结构钢的牌号由代表屈服强度的字母 Q、屈服强度数值、桥字的汉语拼音字母、质量等级符号等组成。常用的强度等级有 Q345q、Q370q、Q420q、Q460q、Q500q、Q550q、Q620q、Q690q。桥梁用结构钢的形式有钢板、钢带、型钢等。其中屈服强度数值为下屈服强度。

【2024 真题】

20. 根据《金属材料 拉伸试验 第1部分：室温试验方法》（GB/T 228.1—2021）方法 A 进行钢材拉伸试验测定屈服强度，标准推荐的应变速率为（　　）。

    A. 范围 1：$0.00007s^{-1}$ B. 范围 2：$0.00025s^{-1}$

    C. 范围 3：$0.002s^{-1}$ D. 范围 4：$0.0067s^{-1}$

解析：采用方法 A 控制试验速率，应变速率推荐取 $0.00025s^{-1}$，相对偏差 20%。

【2024 真题】

21. 根据《金属材料 线材 反复弯曲试验方法》（GB/T 238—2013），（　　）适用于反复弯曲试验测试。

    A. 直径 $d=0.2$mm 的圆形截面金属线材

    B. 直径 $d=10.0$mm 的圆形截面金属线材

    C. 截面高度 $h=12.0$mm 的 H 形截面金属线材

    D. 截面高度 $h=16.0$mm 的 H 形截面金属线材

解析：直径或厚度为 0.3~10mm（包括 10mm）金属线材的弯曲性能可以通过反复弯曲试验获得，反复弯曲试验应该按照《金属材料 线材反复弯曲试验方法》（GB/T 238—2013）进行。反复弯曲试验的试样应尽可能平直，必要时可以对试样进行矫直。

【2024 真题】

22. 根据《钢筋机械连接技术规程》（JGJ 107—2016）进行接头极限抗拉强度试验，被连接钢筋屈服强度标准值为 400MPa，极限抗拉强度标准值为 540MPa，下列情况符合 1 级接头的是（　　）。

    A. 接头试件实测极限抗拉强度为 510MPa，破坏形式为钢筋母材拉断

    B. 接头试件实测极限抗拉强度为 580MPa，破坏形式为套筒纵向开裂

    C. 接头试件实测极限抗拉强度为 570MPa，破坏形式为钢筋母材拉断

D. 接头试件实测极限抗拉强度为580MPa，破坏形式为钢筋从套筒中拔出

解析： 钢筋连接接头应满足强度及便携性能的要求。根据抗拉强度、残余变形以及高应力和大变形条件下反复拉压性能的差异，分为以下三个性能等级。

（1）Ⅰ级，接头抗拉强度应不小于钢筋极限抗拉强度标准值（钢筋拉断时）或不小于1.10倍钢筋抗拉强度标准值（连接件破坏时），残余变形小并具有高延性及反复拉压性能。

（2）Ⅱ级，接头抗拉强度应该不小于被连接钢筋抗拉强度标准值，残余变形较小并具有高延性及反复拉压性能。

（3）Ⅲ级，接头抗拉强度应该不小于被连接钢筋屈服强度的1.25倍，残余变形较小并具有一定的延性及反复拉压性能。

Ⅰ级、Ⅱ级、Ⅲ级接头的极限抗拉强度必须符合下表的规定。

接头极限抗拉强度

接头等级	Ⅰ级		Ⅱ级	Ⅲ级
极限抗拉强度	$f_{mst}^0 \geq f_{stk}$ 或 $f_{mst}^0 \geq 1.10 f_{stk}$	钢筋拉断 连接件破坏	$f_{mst}^0 \geq f_{stk}$	$f_{mst}^0 \geq 1.25 f_{stk}$

注：1. 钢筋拉断指断于钢筋母材、套筒外钢筋丝头和钢筋镦粗过渡段；
　　2. 连接件破坏指断于套筒、套筒纵向开裂或钢筋从套筒中拔出以及其他连接组件破坏。

540×1.1＝594，故连接件破坏时，接头试件实测极限抗拉强度应大于等于594MPa。钢筋拉断时，接头试件实测极限抗拉强度应大于等于540MPa。

【2024 真题】

23. 根据《公路工程水泥及水泥混凝土试验规程》（JTG 3420—2020）进行水泥混凝土抗压强度试验，3个立方体试件尺寸为200mm×200mm×200mm，实测极限荷载分别1440kN、1220kN、1580kN，则该组混凝土抗压强度为（　　）。

A. 35.3MPa　　　B. 36.0MPa　　　C. 37.8MPa　　　D. 39.6MPa

解析： 混凝土立方体抗压强度试件以3个试件测值的平均值为测定值，计算精确至0.1MPa。3个测值中的最大值或最小值中如有一个与中间值之差超过中间值的15%，则取中间值为测定值；如最大值和最小值与中间值之差均超过中间值的15%，则该组试验结果无效。混凝土强度等级小于C60时，非标准试件的抗压强度应乘以尺寸换算系数，试件尺寸为100mm×100mm×100mm时，尺寸换算系数为0.95，试件尺寸为200mm×200mm×200mm时，尺寸换算系数为1.05。当混凝土强度等级大于或等于C60时，宜用标准试件，使用非标准试件时，换算系数由试验确定。此题，

$$F_{控} = F_{中} \times (1 \pm 0.15) = 1440 \times (0.85 \sim 1.15) = 1224 \sim 1656$$

因最大值在控制范围内且最小值不在控制范围内，故测定值为

$$f = \frac{F_{中}}{A} \times k = \frac{1440}{200 \times 200} \times 1000 \times 1.05 = 37.8 \text{MPa}$$

二、判断题

【2019 年真题】

24. 如预应力混凝土用钢绞线拉伸试样在夹头内或距钳口 2d 内断裂而性能达不到标准要求时，试验无效。

A. 正确　　　　　　　　　　　　　　　B. 错误

解析：钢绞线力学性能的试验按照《预应力混凝土用钢材试验方法》（GB/T 21839—2019）的有关规定进行，但试样在夹头内或距钳口 2 倍钢绞线公称直径内断裂，达不到标准要求时，试验无效，应补充样品进行试验，直至获取有效的试验数据。

【2021 年真题】

25. 钢绞线松弛试验的初始力根据理论或经验值确定。

A. 正确　　　　　　　　　　　　　　　B. 错误

解析：所有不同规格钢绞线的松弛性能要求见下表，可见初始负荷是规定值。

钢绞线应力松弛性能要求

初始负荷相当于实际最大力的百分数/%	1000h 应力松弛率 r/%　≤
70	2.5
80	4.5

【2021 年真题】

26. 混凝土立方体试件置于压力机受压时，混凝土试件的尺寸越小，测得的抗压强度越小。

A. 正确　　　　　　　　　　　　　　　B. 错误

解析：混凝土试件尺寸越小，测得的抗压强度值越大。

【2023 真题】

27. 对直径为 20mm 的 HRB400E 钢筋进行拉伸试验，其中一根钢筋实测最大力值为 164.065kN，则该钢筋抗拉强度（修约至 1MPa）为 522MPa。

A. 正确　　　　　　　　　　　　　　　B. 错误

解析：

$$R_m = \frac{F_m}{A} = \frac{164.065}{\frac{1}{4}\pi \times 20^2} \times 10^3 = 522.167 \approx 522\text{MPa}$$

【2023 真题】

28. 钢筋断后伸长率测定时，原则上只有断裂处与最接近的标距标记的距离不小于原始标距的 1/3 方为有效。

A. 正确	B. 错误

解析：在进行钢筋断后伸长率测试时，原则上只有断裂处与最接近的标距标记的距离不小于原始标距的1/3情况方为有效。但断后伸长率大于或等于规定值时，不论断裂位置处于何处，测量均为有效。

【2023真题】

29. 钢材拉伸试验时测定抗拉强度应使用不劣于1级准确度的引伸计。

A. 正确	B. 错误

解析：拉伸试验的试验机应按照《静力单轴试验机的检验 第1部分：拉力和（或）压力试验机测力系统的检验与校准》（GB/T 16825.1）进行校准，并且其准确度应为1级或优于1级。引伸计的准确度级别应符合《单轴试验用引伸计的标定》（GB/T 12160）的要求，测定上屈服强度、下屈服强度、屈服点延伸率、规定塑限延伸强度、规定残余延伸强度，以及规定残余延伸强度的验证试验，应使用1级或优于1级准确度的引伸计；测定其他具有较大延伸率的性能，例如抗拉强度、最大力总伸长率和最大力塑性延伸率、断裂伸长率以及断后伸长率，应使用2级或优于2级准确度的引伸计。

三、多项选择题

【2020年真题】

30. 公路工程石料制品有哪几类（　　）。
A. 片石	B. 块石	C. 粗集料	D. 砾石

解析：桥梁和隧道工程石料制品有片石、块石、粗料石，工程使用的石料主要用于砌体工程。

【2020年真题】

31. 钢筋焊接接头的质量检验包括（　　）。
A. 外观检查	B. 拉伸实验	C. 弯曲试验	D. 剪切试验

解析：钢筋焊接接头的质量检验包括外观检查和力学性能试验，力学性能试验包括拉伸试验、弯曲试验、剪切试验、冲击试验和疲劳试验。

【2021年真题】

32. 根据《钢筋混凝土用钢 第2部分：热轧带肋钢筋》（GB/T 1499.2—2018）的规定，普通热轧带肋钢筋的牌号有（　　）。
A. HRB335	B. HRB400	C. HRB500	D. HRB600

解析：根据《钢筋混凝土用钢 第2部分：热轧带肋钢筋》（GB/T 1499.2—2018）的规定，热轧带肋钢筋（包括普通热轧带肋钢筋和细晶粒热轧带肋钢筋）按屈服强度特征值分为400级、500级、600级，普通热轧带肋钢筋的牌号为HRB400、HRB500和HRB600，细晶粒热轧带肋钢筋的牌号为HRBF400和HRBF500。

【2019 年真题】

33. 钢筋试件在规定的弯曲角度、弯心直径及反复弯曲次数后，试件弯曲处不产生（　　）现象时即认为弯曲性能合格。

A. 收缩　　　　B. 裂纹　　　　C. 断裂　　　　D. 延伸

解析：应按照相关产品标准的要求评定弯曲试验结果，如标准中未作具体要求，弯曲试验后不使用放大仪器观察，试样弯曲外表面无可见裂纹应评定为合格。分析得知断裂比裂纹更严重，故选择 B、C。

【2019 年真题】

34. 石料按照地质形成条件可分为（　　）。

A. 变质岩　　　　B. 沉积岩　　　　C. 岩浆岩　　　　D. 风化岩

解析：石料按地质形成条件可分为岩浆岩、沉积岩和变质岩三大类。

【2023 真题】

35. 评价石料抗冻性好坏的指标有冻融循环后（　　）。

A. 强度变化　　　　B. 含水率变化　　　　C. 质量损失　　　　D. 外观变化

解析：判断石料抗冻性好坏有三个指标：冻融循环后强度变化、质量损失、外观变化。一般认为，抗冻系数大于 75%，质量损失率小于 2% 时，为抗冻性好的岩石；吸水率小于 0.5%，软化系数大于 0.75 以及饱水系数小于 0.8 的岩石，具有足够的抗冻能力。

【2023 真题】

36. 关于混凝土原材料表述正确的有（　　）。

A. 公路桥隧采用的水泥品种和强度配合比按规范要求选用

B. 细集料宜选用河砂、人工砂，不宜采用海砂

C. 配置混凝土时需考虑砂的细度模数和级配

D. 粗集料宜选用质地柔软、洁净、级配合理的碎石

解析：公路桥梁和隧道工程采用的水泥应符合现行《通用硅酸盐水泥》（GB 175—2007）的规定，水泥的品种和强度等级应通过混凝土配合比试验选定，且其特性应不会对混凝土的强度、耐久性和工作性能产生不利影响。选项 A 正确。细集料宜采用级配良好、质地坚硬、颗粒洁净的河砂；当河砂不易得到时，可采用符合规定的其他天然砂或机制砂；细集料不得采用海砂。选项 B 错误。粗集料宜采用质地坚硬、洁净、级配合理、粒形良好、吸水率小的碎石或卵石。选项 D 错误。故选 A、C。

【2024 真题】

37. 根据《金属材料 洛氏硬度试验 第 1 部分：试验方法》（GB/T 230.1—2018），洛氏硬度试验采用的设备包括（　　）。

A. 硬度计　　　　　　　　　　B. 金刚石圆锥体压头

C. 球形压头　　　　　　　　　D. 压针

解析：《金属材料 洛氏硬度试验 第1部分：试验方法》（GB/T 230.1—2018）第4页。金属材料洛氏硬度试验所用的设备包括硬度计、金刚石圆锥压头、球形压头。

【2024真题】

38. 关于试样冻融循环次数表述符合《公路工程岩石试验规程》抗冻性试验要求的是（　　）。

A. 在严寒地区冻融次数为25次　　　　B. 在严寒地区冻融次数为15次
C. 在寒冷地区冻融次数为25次　　　　D. 在寒冷地区冻融次数为15次

解析：抗冻性试验是用来评估石料在饱和状态下，经受规定次数的冻融循环后抵抗破坏的能力。岩石抗冻性对于不同的工程环境气候有不同的要求。

冻融次数规定：在严寒地区（最冷月的月平均气温低于-15℃）为25次；在寒冷地区（最冷月的月平均气温处于-15~-5℃）为15次。

【2021年真题】

39. 根据《金属材料 拉伸试验 第1部分：室温试验方法》（GB/T 28.1—2010）进行钢筋拉伸试验请回答下列问题。

钢筋拉伸试验内容包括（　　）。
A. 屈服强度　　　　B. 抗拉强度　　　　C. 韧性　　　　D. 伸长率

解析：钢材的屈服强度、抗拉强度和伸长率等性能都可以通过拉伸试验获得，拉伸试验应该按照国家标准《金属材料 拉伸试验 第1部分：室温试验方法》（GB/T 228.1—2010）进行。

【2021年真题】

40. 根据《金属材料 拉伸试验 第1部分：室温试验方法》（GB/T 28.1—2010）进行钢筋拉伸试验请回答下列问题。

对温度要求严格的试验，试验温度应为（　　）。
A. 22℃±5℃　　　　B. 23℃±5℃　　　　C. 20℃±2℃　　　　D. 18℃±2℃

解析：拉伸试验一般在室温10~35℃范围内进行。对温度要求严格的试验，试验温度应为（23±5）℃。

四、综合题

【2021年真题】

41. 根据《金属材料 拉伸试验 第1部分：室温试验方法》（GB/T 28.1—2010）进行钢筋拉伸试验请回答下列问题。

1) 钢筋拉伸试验内容包括（　　）。
A. 屈服强度　　　　B. 抗拉强度　　　　C. 韧性　　　　D. 伸长率

解析：钢材的屈服强度、抗拉强度和伸长率等性能都可以通过拉伸试验获得，拉伸试验应该按照国家标准《金属材料 拉伸试验 第1部分：室温试验方法》（GB/T 228.1—2010）进行。

2）对温度要求严格的试验，试验温度应为（　　）。
A. 22℃±5℃　　　B. 23℃±5℃　　　C. 20℃±2℃　　　D. 18℃±2℃

解析：拉伸试验一般在室温10~35℃范围内进行。对温度要求严格的试验，试验温度应为（23±5）℃。

3）下列参数应使用准确度不劣于1级的引伸计测定（　　）。
A. 屈服强度　　　B. 抗拉强度　　　C. 屈服点延伸率　　　D. 断后伸长率

解析：拉伸试验的试验机应按照现行《静力单轴试验机的检验　第1部分：拉力和（或）压力试验机测力系统的检验与校准》（GB/T 16825.1—2008）进行校准，并且其准确度应为1级或优于1级。引伸计的准确度级别应符合现行《单轴试验用引伸计的标定》（GB/T 12160—2002）的要求，测定上屈服强度、下屈服强度、屈服点延伸率、规定塑性延伸强度、规定总延伸强度、规定残余延伸强度，以及规定残余延伸强度的验证试验，应使用1级或优于1级准确度的引伸计；测定其他具有较大延伸率（延伸大于5%）的性能，例如抗拉强度、最大力总延伸率、最大力塑性延伸率、断裂总伸长率以及断后伸长率，可使用2级或优于2级准确度的引伸计。

4）试验机的测力系统应进行校准，并且其准确度应（　　）。
A. 为3级　　　B. 为2级　　　C. 为1级　　　D. 优于1级

解析：拉伸试验的试验机应按照现行《静力单轴试验机的检验　第1部分：拉力和（或）压力试验机测力系统的检验与校准》（GB/T 16825.1—2008）进行校准，并且其准确度应为1级或优于1级。

5）试验速率可通过对试样的（　　）控制实现。
A. 应力速率　　　B. 收缩速率　　　C. 延伸速率　　　D. 应变速率

解析：拉伸试验的试验速率可以根据要求、条件等，选择采用应变速率控制（方法A）或应力速率控制（方法B）。应变速率控制可以使用引伸计测量试样的应变来达到，也可以通过控制试验机横梁位移速率来达到。应力速率控制是用拉伸力除以试样的原始截面面积得到应力，通过控制拉伸力的速率来达到控制应力速率。

【2021年真题】

42. 受某桥梁建设指挥部委托，试验检测中心对该项目原材料进行检测，请结合工作实际回答以下问题。

1）关于外加剂要求正确的有（　　）。
A. 外加剂与水泥、矿物掺合料之间应具有良好的相容性
B. 所采用的外加剂应经厂家自行检验并附有出厂合格证明

C. 外加剂使用前应进行复验，复验结果满足要求后方可用于工程中

D. 外加剂的品种和掺量应根据使用要求、施工条件、混凝土原材料的变化等通过试验确定

解析：工程使用的外加剂，与水泥、矿物掺和料之间应具有良好的相容性。所采用的外加剂应经过具备相关资质的检测机构检验并附有检验合格证明的产品，其质量应符合现行国家标准《混凝土外加剂》（GB 8076—2008）的规定。外加剂使用前应进行复验，复验结果满足要求后方可用于工程中。外加剂的品种和掺量应根据使用要求、施工条件、混凝土原材料的变化等通过试验确定。

2）关于混凝土的拌制和养护用水要求正确的有（　　　）。

A. 预应力混凝土用水 pH 值≥5.0

B. 钢筋混凝土用水 pH 值≥4.5

C. 使用年限为 100 年的结构混凝土，氯离子含量不得超过 500mg/L

D. 使用钢丝或热处理钢筋的预应力混凝土，氯离子含量不得超过 350mg/L

解析：符合国家标准的饮用水可直接作为混凝土的拌制和养护用水；当采用其他水源或对水质有疑问时，应对水质进行检验。水的品质指标应符合下表的规定。

混凝土用水的品质指标

项目	拌制用水			养护用水
	预应力混凝土	钢筋混凝土	素混凝土	
pH 值	≥5.0	≥4.5	≥4.5	同拌制用水
不溶物/（mg/L）	≤2000	≤2000	≤5000	—
可溶物/（mg/L）	≤2000	≤5000	≤10000	—
氯化物（以 Cl^- 计，mg/L）	≤500	≤1000	≤3500	同拌制用水
硫酸盐（以 SO_4^{2-} 计，mg/L）	≤600	≤2000	≤2700	同拌制用水
碱含量/（mg/L）	≤1500	≤1500	≤1500	同拌制用水

注：1. 对设计使用年限为 100 年的结构混凝土，氯离子含量不得超过 500mg/L；对使用钢丝或经热处理钢筋的预应力混凝土，氯离子含量不得超过 350mg/L。

2. 碱含量按 $Na_2O+0.658K_2O$ 计算值表示。采用非碱活性集料时，可不检验碱含量。

3）混凝土试件拆模后，将完好的试件放入标准养护室进行养护，标准养护室的温度和湿度要求为（　　　）。

A. 温度 20℃ ±5℃　　　　　　　　　　B. 温度 20℃ ±2℃

C. 相对湿度大于 50%　　　　　　　　　D. 相对湿度大于 95%

解析：采用标准养护的试件，应在温度为（20±5）℃，相对湿度大于 50% 的环境下，静置 1~2 昼夜，然后拆模并作第一次外观检查、编号，有缺陷的试件应除去，或加工补平。将完好试件放入标准养护室进行养护，养护室温度（20±2）℃，相对湿度为 95% 以上，试件宜放在铁架或木架上，间距至少 10~20mm，试件表面应保持一层水膜，并避免用水直接冲淋。当无标准养护室时，将试件放入温度为（20±2）℃的不流动 $Ca(OH)_2$ 饱和溶液中养护

[因为水泥石中存在 Ca(OH)$_2$ 是水泥水化和维持水泥石稳定的重要前提，如果养护水不是 Ca(OH)$_2$ 就会溶出，这就影响水泥的水化进程，从而影响混凝土的强度]。

4）下列属于钢材力学性能的有（   ）。
A. 连接性能　　　　B. 冲击能力　　　　C. 疲劳性能　　　　D. 弯曲性能
解析：钢材的主要性能包括力学性能和工艺性能（加工性能）。其中力学性能是钢材最重要的使用性能包括拉伸性能、冲击性能、疲劳性能等。工艺性能表示钢材在各种加工过程中的行为，包括弯曲性能和焊接性能等。

5）下列属于金属波纹管力学性能要求的是（   ）。
A. 径向刚度　　　　B. 抗渗漏性能　　　C. 柔韧性　　　　　D. 抗冲击性
解析：金属波纹管的力学性能主要有径向刚度和抗渗漏性能。

【2021 年真题】

43. 二次衬砌是隧道防水的最后一道防线，二次衬砌混凝土自身也有防水要求，关于其防水性能，请回答下列问题。

1）防水混凝土结构应满足（   ）。
A. 裂缝宽度应不大于 0.2mm，并不贯通　　B. 迎水面主筋保护层厚度不应小于 50mm
C. 背水面主筋保护层厚度不应小于 30mm　　D. 衬砌厚度不应小于 30cm
解析：防水混凝土结构应满足下列要求：
① 裂缝宽度应不大于 0.2mm，并不贯通；
② 迎水面主钢筋保护层厚度不应小于 50mm；
③ 衬砌厚度不应小于 30cm。

2）防水混凝土的抗渗等级可以分为（   ）。
A. 设计抗渗等级　　B. 试验抗渗等级　　C. 检验抗渗等级　　D. 现场抗渗等级
解析：防水混凝土的抗渗等级可以分为三种：设计抗渗等级、试验抗渗等级、检验抗渗等级。

3）依据《公路隧道施工技术规范》（JTG/T 3660—2020），对于防水混凝土衬砌，每（   ）需要做 1 组（6 个）抗渗试件。
A. 50m　　　　　　B. 100m　　　　　　C. 150m　　　　　　D. 200m
解析：根据《公路隧道施工技术规范》（JTG/T 3660—2020），对于采用防水混凝土衬砌，每 200m 需要做 1 组（6 个）抗渗试件。

4）混凝土抗渗等级计算公式为 $P=10H-1$，其中 H 代表：（   ）。
A. 6 个试件中有 2 个试件渗水时的水压力（MPa）
B. 6 个试件中有 3 个试件渗水时的水压力（MPa）

C. 6个试件中有4个试件渗水时的水压力（MPa）
D. 6个试件中有5个试件渗水时的水压力（MPa）

解析：混凝土的抗渗等级以每组6个试件有4个未发现渗水现象时的最大水压力表示。计算公式如下

$$P = 10H - 1$$

式中 H——6个试件中有3个试件渗水时的水压力（MPa）。

5）抗渗试验时，水压从（　　）开始，每隔（　　）增加水压（　　），并注意观察试件端面渗水情况。

A. 0.1MPa，8h，0.1MPa　　　　　　B. 0.1MPa，8h，0.2MPa
C. 0.1MPa，12h，0.1MPa　　　　　 D. 0.1MPa，12h，0.2MPa

解析：水压从0.1MPa开始，每隔8h增加水压0.1MPa，并随时注意观察试件端面渗水情况。当6个试件中有3个试件表面发现渗水，记下此时的水压力，即可停止试验。

答案：1. C　2. C　3. B　4. A　5. B　6. B　7. B　8. C　9. A　10. C　11. C　12. D　13. D　14. B　15. B　16. D　17. B　18. B　19. B　20. B　21. B　22. C　23. C　24. A　25. B　26. B　27. A　28. A　29. B　30. A、B　31. A、B、C、D　32. B、C、D　33. B、C　34. A、B、C　35. A、C、D　36. A、C　37. A、B、C　38. A、D　39. A、B、D　40. B　41. 1）A、B、D，2）B，3）A、C，4）C、D，5）A、D　42. 1）A、C、D，2）A、B、C、D，3）B、D，4）B、C，5）A、B　43. 1）A、B、D，2）A、B、C，3）D，4）B，5）A

第二章 工程制品试验检测

一、多项选择题

【2020/2019 年真题】

1. 板式橡胶支座抗剪弹性模量试验，每对支座所组成试样的综合抗剪弹性模量，为该对试样 3 次加载所得到的 3 个结果的算术平均值，但各单项结果与算术平均值之间的偏差大于算术平均值的（　　）时，应重新复核试验一次。

　　A. 5%　　　　　　B. 3%　　　　　　C. 2%　　　　　　D. 1%

解析：每对检验支座所组成试样的综合抗剪弹性模量，为该对试样 3 次加载所得到的 3 个结果的算术平均值。但各单项结果与算术平均值之间的偏差应不大于算术平均值的 3%，否则该试样应重新复核试验一次。

【2019 年真题】

2. 桥梁模数式伸缩装置的拉伸、压缩时最大水平摩阻力的指标为（　　）kN/m。

　　A. ≤3×n　　　　B. ≤4×n　　　　C. ≤5×n　　　　D. ≤6×n

解析：

伸缩装置变形性能要求

装置类型	项目		要求
MB	拉伸、压缩时最大水平摩阻力/（kN/m）		≤4×n
	拉伸、压缩时变形均匀性	每单元最大偏差值/mm	−2~2
		总变形最大偏差值/mm　80≤e≤400	−5~5
		400<e<800	−10~10
		e>800	−15~15
	拉伸、压缩时每单元最大竖向变形偏差/mm		≤2
	符合水平阻力和变形均匀性条件下的错位性能	纵向错位/（°）	伸缩装置的扇形变位角度≥2.5
		横向错位/mm	伸缩装置两端偏差值≥20×n
		竖向错位/%	顺桥向坡度≥5

【2021/2020 年真题】

3. 预应力筋用锚具、夹具、连接器的静载锚固性能试验，加载分成 4 级，到钢绞线抗拉强度标准值的 80% 后，持荷（ ）。

  A. 1h   B. 2h   C. 3h   D. 4h

解析：按钢绞线抗拉强度标准值的 20%、40%、60%、80% 分四级等速加载，加载速率为每分钟约 100MPa，达到 80% 后，持荷 1h。

【2021/2019 年真题】

4. 桥梁预应力锚具组装件静载锚固性能试验时将钢绞线、锚具与试验台组装，使每根钢绞线受力均匀，总伸长率装置的标距不宜小于（ ）。

  A. 0.5m   B. 0.8m   C. 1m   D. 1.2m

解析：组装前必须把锚固零件擦拭干净，然后将钢绞线、锚具与试验台组装，将钢绞线、锚具与试验台组装，各根钢绞线初应力调试均匀，初应力可取钢绞线抗拉强度标准值的 10%。测量总应变的量具，其标距不宜小于 1m。

【2020 年真题】

5. 下面有关伸缩装置防水性能试验说法正确的是（ ）。

  A. 伸缩装置在初始安装缝宽状态下固定   B. 伸缩单元两端应严密截堵
  C. 水面高度应与伸缩装置顶面齐平   D. 经过 48h 后检查有无渗水、漏水现象

解析：防水性能试验。

（1）伸缩装置在最大开口状态下固定，将每个伸缩单元两端堵截。

（2）在伸缩装置缝内注满水（水面超过伸缩装置顶面 10mm）。

（3）经过 24h 后检查有无渗水、漏水现象。

【2021 年真题】

6. 土工织物试样应在标准大气压，（ ）的环境中调湿 24h。

  A. 温度为 20℃±2℃，相对湿度为 65%±5%
  B. 温度为 23℃±2℃，相对湿度为 65%±5%
  C. 温度为 20℃±2℃，相对湿度为 60%±5%
  D. 温度为 23℃±2℃，相对湿度为 60%±5%

解析：对于土工织物，试样一般应置于温度为（20±2）℃、相对湿度为（65±5）% 和标准大气压的环境中调湿 24h。对于塑料土工合成材料，在温度为（23±2）℃的环境下，进行状态调节的时间不得少于 4h。

【2019 年真题】

7. 预应力混凝土桥梁用塑料波纹管的环刚度不应小于（ ）kN/m²。

  A. 3   B. 4   C. 5   D. 6

解析：

预应力混凝土桥梁用塑料波纹管性能要求

项目	指标
环刚度	不小于 6kN/m²
纵向荷载	塑料波纹管承受纵向荷载时，管节纵向压缩量与管节长度之比不大于 0.8%
局部横向荷载	塑料波纹管在规定荷载（800N）作用下，管材表面不应破裂，管材残余变形量不得超过管材外径的 10%
柔韧性	按规定的弯曲方法反复弯曲 5 次后，用专用塞规能顺利地从塑料波纹管中通过
抗冲击性	塑料波纹管低温落锤冲击试验的真实冲击率 TIR 最大允许值为 10%
拉伸性能	塑料波纹管拉伸屈服应力不小于 20MPa；高密度聚乙烯塑料波纹管的断裂伸长率不小于 500%，聚丙烯塑料波纹管的断裂伸长率不小于 400%
拉拔力	将塑料波纹管管节与管节接头、连接接头安装好的试样，固定在拉力计上，保持恒定拉力，持续 1h，连接处不松脱
密封性	将两根波纹管管节、管节接头和连接接头安装好，测定真空度，真空度不大于-0.07MPa

【2021 年真题】

8. 梳齿板式伸缩装置尺寸偏差检测时，每（　　）取其断面测量后，按平均值取用。
A. 1m 　　　B. 2m 　　　C. 3m 　　　D. 4m

解析： 尺寸检测测量方法：橡胶伸缩装置平面尺除量测四边长度外，还应量测对角线尺寸，厚度应在四边量测 8 点取其平均值。模数式和梳齿板式伸缩装置应每 2m 取其断面量测后，取其平均值。

【2020 年真题】

9. 以下不属于常用防水卷材技术指标的是（　　）。
A. 断裂拉伸强度　　B. 撕裂强度　　C. 低温弯折性　　D. 空隙率

解析：

常用防水卷材技术指标

项目	单位	指标		
		乙烯-醋酸乙烯共聚物（EVA）	乙烯-醋酸乙烯与沥青共聚物（ECB）	聚乙烯（PE）
断裂拉伸强度 ≥	MPa	18	17	18
扯断伸长率 ≥	%	650	600	600
撕裂强度 ≥	kN/m	100	95	95
不透水性（0.3MPa/24h）	—	无渗漏	无渗漏	无渗漏
低温弯折性 ≤	℃	-35（无裂缝）	-35（无裂缝）	-35（无裂缝）

续表

项目		单位	指标		
			乙烯-醋酸乙烯共聚物（EVA）	乙烯-醋酸乙烯与沥青共聚物（ECB）	聚乙烯（PE）
加热伸缩量	延伸 ≤	mm	2	2	2
	收缩 ≤	mm	6	6	6
热空气老化（80℃，168h）	断裂拉伸强度 ≥	MPa	16	14	15
	扯断伸长率 ≥	%	600	550	550
耐碱性［饱和$Ca(OH)_2$溶液，168h］	断裂拉伸强度 ≥	MPa	17	16	16
	扯断伸长率 ≥	%	600	600	550
人工气候老化	断裂拉伸强度保持率 ≥	%	80	80	80
	扯断伸长率保持率 ≥	%	70	70	70
刺破强度	1.5mm ≥	N	300	300	300
	2.0mm ≥	N	400	400	400
	2.5mm ≥	N	500	500	500
	3.0mm ≥	N	600	600	600

用排除法，防水不应有孔隙率，土工布的水力学性能有孔隙率。

【2021年真题】

10. 进行静载锚固试验前应在母材上截取不少于（　　）根钢绞线进行力学试验。

A. 4　　　　　　B. 5　　　　　　C. 6　　　　　　D. 7

解析： 预应力筋-锚具、夹具连接器组装件试验之前必须进行单根预应力钢绞线（母材）的力学性能试验。母材试样不应少于6根，力学性能试验结果符合GB/T 5224—2023标准后方可使用。

【2019年真题】

11. 土工布撕破强力试验与（　　）试验采用同样的仪器。

A. 宽条拉伸　　　B. CBR顶破强力　　C. 刺破强力　　D. 厚度

解析： 土工布撕破强力试验采用的仪器和仪具。

（1）拉伸试验机。同宽条拉伸试验用的拉伸试验机。

（2）夹具。钳口表面应有足够宽度，以保证能够夹持试样的全宽，并采取适当措施避免试样滑移和损伤。

（3）梯形模板。用于剪样，标有尺寸。土工布宽条拉伸试验采用的仪器和材料有拉伸试验机、夹具、伸长计、蒸馏水。

【2021年真题】

12. 预应力混凝土桥梁用塑料波纹管环刚度试验时,应选择的试样管材数量和试样截取长度分别为( )。

A. 3根,500mm±10mm　　　　　　B. 3根,300mm±10mm

C. 5根,500mm±10mm　　　　　　D. 5根,300mm±10mm

解析:预应力塑料波纹管环刚度试验试样制备:从5根管材上各截取(300±10)m试样一段,两端与轴线垂直切平。

【2020年真题】

13. 隧道用土工布检测的试样准备时,以下说法错误的是( )。

A. 每项试验的试样在从样品长度与宽度方向上随机抽取,但距样品边缘至少100mm

B. 试样不应含有灰尘、折痕、损伤部分和可见瑕疵

C. 为同一试验剪取2个以上的试样时,应在同一纵向或横向位置上剪取,如不可避免时,应在试验报告中说明

D. 试样一般应置于温度为(20±2)℃、相对湿度为(65±5)%和标准大气压的环境中调试24h

解析:为同一试件采取2个以上试样时,不应在同一纵向或横向位置上截取,应在试验报告中说明。故C错误。

【2021年真题】

14. 支座转角试验中,根据各种转角下支座边缘最大、最小变形值来判断实测转角正切值是否符合标准要求,当( )情况下表示支座脱空。

A. $\Delta_{max} \geq 0$　　B. $\Delta_{min} < 0$　　C. $\Delta_{min} \geq 0$　　D. $\Delta_{max} < 0$

解析:支座转角试验中,根据各种转角下支座边缘最大、最小变形值来判断实测转角正切值是否符合标准要求,当$\Delta_{min} \geq 0$时,支座不脱空;当$\Delta_{min} < 0$时,支座脱空。

【2023真题】

15. 根据《公路桥梁伸缩装置通用技术条件》(JT/T 327—2016),公路桥梁伸缩装置变形性能试验标准温度为( )。

A. 20℃±2℃　　B. 23℃±2℃　　C. 23℃±5℃　　D. 25℃±5℃

解析:试验前,要将试件直接置于标准温度(23±5)℃下,静置24h,使试件内外温度一致。环境中不能存在腐蚀性气体及影响检测的振动源。

【2023真题】

16. 球形支座水平承载力试验中,试验荷载为支座水平承载力的( )倍。

A. 1　　B. 1.2　　C. 1.5　　D. 2

解析:在进行球型支座水平承载力试验时,水平承载力试验荷载为支座水平承载力的1.2倍,将支座竖向承载力加载至设计承载力的50%,将水平力加载至设计水平承载力的

0.5%后,核对水平方向位移传感器(百分表)及水平千斤顶数据。确认无误后,进行预推。

【2023 真题】

17. 根据《公路桥梁预应力钢绞线用锚具、夹具和连接器》(JT/T 329—2010)开展静载锚固性能试验,加载时按钢绞线抗拉强度标准值(　　)的间隔,分四级以每分钟(　　)的加载速度等速加载。

　　A. 20%;100MPa　　B. 20%;200MPa　　C. 25%;100MPa　　D. 25%;200MPa

　　解析: 预应力筋用锚具、夹具、连接器的静载锚固性能试验步骤如下。

　　(1)试样准备。试样数量:组装件3个(6个锚环及相配套的夹片、钢绞线)。

　　(2)组装。组装前必须把锚固零件擦拭干净,然后将钢绞线、锚具与试验台组装。使每根钢绞线受力均匀,初应力为预应力钢材抗拉强度标准值的10%。总伸长装置的标距不宜小于1m。

　　(3)加载。①按钢绞线抗拉强度标准值的20%、40%、60%、80%,分4级等速加载,加载速率为100MPa/min,达到80%后,持荷1h。②若用试验机进行单根钢绞线—锚具组装件静载试验,在应力达到$0.8f_{ptk}$时,持荷时间可以缩短,但不应少于10min。③随后逐步缓慢加载至破坏,加载速度每分钟不宜超过钢绞线抗拉强度标准值的1%。

【2023 真题】

18. 高分子防水卷材的拉伸强度分别取纵向和横向各5个试样测试值的(　　)。

　　A. 算术平均值　　B. 加权平均值　　C. 中值　　D. 最小值

　　解析: 高分子防水卷材拉伸强度和断裂伸长率分别计算并报告5块试样纵向和横向的算术平均值,精确到1%作为试验结果。

【2023 真题】

19. 根据《公路桥梁伸缩装置通用技术条件》(JT/T 327—2016),模数式伸缩装置橡胶密封带夹持性能试验需要将(　　)。

　　A. 一个试件连续加载3次　　　　B. 三个试件各加载1次
　　C. 三个试件各加载3次　　　　　D. 一个试件加载1次

　　解析:《公路桥梁伸缩装置通用技术条件》(JT/T 327—2016)第20页。

　　(1)模数式伸缩装置橡胶密封带夹持试验标准温度为(23±5)℃,且不应有腐蚀性气体及影响检测的振动源。

　　(2)试件宜取0.2m长的组装构件,试验前应将试件直接置于标准温度(23±5)℃下,静置24h,使试样内外温度一致。

　　(3)在试验机的承载板上固定异型钢,使异型钢型腔处于同一水平面上,高差应小于1mm。水平油缸、负荷传感器的轴线和橡胶密封垫的对称轴重合。

　　(4)具体试验步骤如下:①以0.05~0.10kN/s速度连续均匀加载水平力,使水平力加载至0.2kN,持荷15min,观察橡胶密封带是否脱落、是否产生细裂纹;②以连续、均匀速度卸载至无水平力,静置5min;③重复上述两步骤,加载过程连续进行3次;④若3次加持性能试验均未出现橡胶密封带脱落和细裂纹，则橡胶密封带的夹持性能符合要求。

【2024 真题】

20. 根据《公路桥梁板式橡胶支座》（JT/T 4—2019），外观尺寸为 300mm×400mm 的板式橡胶支座，钢板尺寸为 290mm×390mm，中间层橡胶厚度为 8mm，计算其抗压弹性模量指标时支座形状系数为（　　）。

  A. 10.4　　　　　B. 10.71　　　　　C. 20.79　　　　　D. 21.43

解析：支座形状系数，对于矩形板式支座为：

$$S=\frac{a'\cdot b'}{2t_1(a'+b')}=\frac{290\times390}{2\times8\times(290+390)}=10.40$$

【2024 真题】

21. 根据《预应力混凝土桥梁用塑料波纹管》（JT/T 529—2016），塑料波纹管进行局部横向荷载试验时，施加荷载规定值为（　　）。

  A. 6kN/m²　　　B. 6kN　　　　　C. 800N　　　　　D. 800kN

解析：预应力混凝土桥梁用塑料波纹管局部横向荷载试验时，在 30s 内加载至规定荷载值 800N，持荷 2min 后观察管材表面是否破裂。

【2024 真题】

22. 根据《公路桥梁伸缩装置通用技术条件》（JT/T 327—2016），多缝模数式伸缩装置试验时，若受试验设备限制不能对整体试件进行试验，取样须满足的要求是（　　）。

  A. 试件长度不小于 4m

  B. 试件长度不小于 4m 或一个单元

  C. 试件长度不小于一个桥梁断面长度

  D. 试件长度不小于 4m，且不少于 4 个位移箱

解析：桥梁伸缩装置的试验对象分为材料试件，构件试件和整体试件 3 类。材料试件应按试验要求取样。构件试件取足尺产品。整体试件采用整体装配后的伸缩装置：当受试验设备限制不能对整体试件进行试验时，试件截取长度不得小于 4m；多缝模数式伸缩装置应不少于 4 个位移箱；梳齿板式伸缩装置应不小于一个单元。

【2024 真题】

23. 根据《公路桥梁预应力钢绞线用锚具、夹具和连接器》（JT/T 329—2010），锚固 12 根直径 12.7mm 钢绞线的圆锚固定端挤压式锚具，其型号表示为（　　）。

  A. YMB12-12　　B. YMH13-12　　C. YMP13-12　　D. YMJ12-12

解析：依据《公路桥梁预应力钢绞线用锚具、夹具和连接器》（JT/T 329—2010），锚具、夹具及连接器的标记由产品代号、预应力钢绞线直径和预应力钢绞线根数 3 部分组成。圆锚张拉端锚具代号 YM，扁锚张拉端锚具代号 YMB，圆锚固定端压花锚具代号 YMH，扁锚固定端压花锚具代号 YMHB，圆锚固定端挤压式锚具代号 YMP，扁锚固定端挤压式锚具代号 YMHB。

【2024 真题】

24. 某试验人员对 4.9m 长的土工织物样品进行幅宽测量（数据见下表），根据《公路土工合成材料试验规程》（JTG E50—2006），该样品的幅宽值试验结果为（ ）。

距端点距离/m	0.9	1.5	2.0	2.5	3.0
幅宽测量值/mm	394	400	399	401	399

A. 398mm B. 398.6mm C. 399mm D. 400mm

解析：《公路工程土工合成材料试验规程》（JTG E50—2006）第17页。对土工合成材料长度小于5m的样品：将样品平放在测定桌上，除去张力，以大致相等的间距标出至少4个标记，但第一个和最后一个标记不应标在距样品两端小于样品长度五分之一处。测量每一标记处的幅宽，测量精确到1mm。幅宽值试验结果取按照要求测定的平均值，精确至1mm。此题，距端点距离0.9m（4.9×1/5=0.98）的不满足测点要求，不作为计算点，取其余4个测量位置的数值的算术平均值为400mm。

【2020 年真题】

25. 《公路桥涵设计通用规范》（JTG D60—2015）规定伸缩装置设计使用年限为15年。
    A. 正确　　　　　　　　　　　　　　　B. 错误

解析：伸缩装置设计使用年限不应低于15年。

二、判断题

【2021 年真题】

26. 进行防水卷材热处理尺寸变化率试验时，热处理尺寸变化率应为3块试样尺寸变化率的平均值。
    A. 正确　　　　　　　　　　　　　　　B. 错误

解析：进行防水卷材热处理尺寸变化率试验时，分别计算3块试样纵向和横向尺寸变化率的平均值作为纵向或横向的试验结果。

【2019 年真题】

27. 桥梁锚具静载锚固性能试验结果如有一个组装件不符合要求，则应另取双倍数量的样品重新试验，如仍有一个试件不合格，则该批产品为不合格。
    A. 正确　　　　　　　　　　　　　　　B. 错误

解析：对于静载锚固性能：三个组装件中有两个组装件不符合要求，则判断该批产品为不合格品；如有一个组装件不符合要求，应取双倍数量的样品重新试验；若仍有不符合要求者，判断该批产品为不合格品。

【2019 年真题】

28. 隧道用防水卷材性能检测时，可以同类同型的10000m² 卷材为一批。在该批次产品

中随机抽取3卷进行理化性能检验。

  A. 正确   B. 错误

  解析：合成高分子防水卷材应按成批提交验收。以同类同型的 $10000m^2$ 卷材为一批。在该批产品中随机抽取3卷进行尺寸偏差和外观检查，在上述检查合格的样品中任取一卷，在距外层端部500mm处截取3m（出厂检验为1.5m）进行理化性能检验。

【2019年真题】

29. 桥梁球型支座竖向承载力试验，受试验设备能力限制时，可选用有代表性的小型支座进行试验。

  A. 正确   B. 错误

  解析：桥梁球型支座竖向承载力试验，受试验设备能力限制时，经与客户协商后可选用有代表性的小型支座进行试验。

【2021年真题】

30. 在正常设计、生产、安装、运营养护条件下，伸缩装置设计使用年限不应低于15年。

  A. 正确   B. 错误

  解析：在车辆轮载作用下，伸缩装置各部件及连接应安全可靠。在正常设计、生产、安装、运营养护条件下，伸缩装置设计使用年限不应低于15年。

【2021年真题】

31. 板式橡胶支座力学性能试验中，承载力按支座钢板面积计算，水平拉力按支座公称面积计算。

  A. 正确   B. 错误

  解析：抗剪弹性模量试验、抗剪老化试验、抗剪黏结试验、摩擦系数试验计算承载力 R 时，按支座有效承压面积（钢板面积）A_0 计算；计算水平拉力时，按支座平面毛面积（公称面积）A 计算。

【2021年真题】

32. 预应力筋-锚具组装件的破坏形式应是锚具失效导致试验终止，而不是预应力筋的破坏。

  A. 正确   B. 错误

  解析：锚具、夹具、连接器的力学性能要求：组装件破坏应是预应力筋的破断，而不应是夹具的失效导致试验终止。

【2021年真题】

33. 根据《氯化聚乙烯防水卷材》（GB 12953—2003），高分子防水卷材试样截取前，应在温度23℃±2℃，相对湿度60%±15%的标准环境下进行状态调整的时间不少于24h。

A. 正确　　　　　　　　　　　　　　B. 错误

解析：试样截取前，在温度（23±2）℃、相对湿度（60±15）%的标准环境下进行状态调整，时间不少于24h。

【2021年真题】

34. 根据《公路桥梁盆式支座》（JT/T 391—2019）盆式支座型号一般由支座名称代号、支座系列、设计竖向承载力（MN）、设计水平承载力（%）、使用性能分类代号、活动支座顺桥向位移量（mm）、适用温度分类代号组成。

A. 正确　　　　　　　　　　　　　　B. 错误

解析：盆式支座型号一般由支座名称代号、支座系列、设计竖向承载力（MN）、设计水平承载力（%）、使用性能分类代号、活动支座顺桥向位移量（mm）、适用温度分类代号组成。

【2023真题】

35. 公路桥梁盆式支座组装后高度偏差测量时，可对支座加载50~100kN的压力，以消除组装间隙及空气夹层。

A. 正确　　　　　　　　　　　　　　B. 错误

解析：《公路桥梁盆式支座》（JT/T 391—2019）第7页。公路桥梁成品盆式支座组装后高度偏差应满足下表的要求。量测时，可对支座加载50~100kN的竖向荷载，以消除各部件缝隙及空气夹层。

支座竖向设计承载力/kN	1~20	22.5~60	65~80
组装后高度偏差/mm	±3	±4	±5

【2023真题】

36. 伸缩装置总体性能试验中，若检验项目有一项不合格，则应从该批产品中再随机抽取双倍数目的试样，对不合格项目进行复检，若仍有一项不合格则判定该批产品不合格。

A. 正确　　　　　　　　　　　　　　B. 错误

解析：桥梁伸缩装置总体性能试验，全部项目满足规范规定的要求时为合格。若检验项目中有一项不合格，则应从该批产品中再随机抽取双倍数目的试样，对不合格项目进行复验，若仍有一项不合格，则判定该批产品不合格。

【2023真题】

37. 盆式支座在竖向设计承载力作用下压缩变形不得大于支座总高度的1%。

A. 正确　　　　　　　　　　　　　　B. 错误

解析：

盆式橡胶支座成品力学性能要求

项目	指标		
	压缩变形	径向变形	残余变形
竖向承载力	在竖向设计承载力作用下支座压缩变形不大于支座总高度的2%（和3mm中的较大者*）	在竖向设计承载力作用下盆环上口径向变形不得大于盆环外径的0.05%	卸载后，支座残余变形小于设计荷载下相应变形的5%
水平承载力	固定支座、纵向活动支座和横向活动支座	减震型固定支座、减震型纵向活动支座和减震型横向活动支座	
	不小于支座竖向承载力的10%或15%	不小于支座竖向承载力的20%	
转角	支座设计竖向转动角度不小于0.02rad（且不大于0.03rad*）		
摩擦系数（加5201硅脂润滑后）	常温型活动支座	耐寒型活动支座	
	不大于0.03	不大于0.05**	

* 表示 GB/T 20688.4—2023 新增要求；** 表示 GB/T 20688.4—2023 不再要求。

【2024 真题】

38. 根据《公路桥梁盆式支座》（JT/T 391—2019），在正常设计生产安装、运营养护条件下，盆式支座使用年限不应低于50年。

A. 正确　　　　　　　　　　　B. 错误

解析：《公路桥梁盆式支座》（JT/T 391—2019）第 6 页。5.1.1 使用年限：在正常设计、生产、安装、运营和养护条件下，支座使用年限不应低于50年。

三、多项选择题

【2021 年真题】

39. 预应力混凝土桥梁用塑料波纹管力学性能检测项目包括（　　）。

A. 环刚度　　　　B. 局部横向荷载　　　C. 柔韧性　　　　D. 抗冲击性

解析：预应力混凝土桥梁用塑料波纹管力学性能检测项目包括：环刚度、局部横向荷载、柔韧性、抗冲击性。

【2019 年真题】

40. 根据《公路桥梁伸缩装置通用技术条件》（JT/T 327—2016），伸缩装置按照伸缩结构的不同分为（　　）几类。

A. 模数式　　　　B. 单向式　　　　C. 梳齿板式　　　　D. 无缝式

解析：公路桥梁伸缩装置（简称伸缩装置）按伸缩结构分为模数式伸缩装置，代号 M；梳齿板式伸缩装置，代号 S；无缝式伸缩装置，代号 W。模数式伸缩装置按橡胶密封带的数

量分为单缝、多缝，代号 MA、MB。梳齿板式伸缩装置按梳齿板受力状况分为悬臂、简支，代号 SC、SS。简支梳齿板式伸缩装置分为活动梳齿板的齿板位于伸缩缝一侧的 SSA 和活动梳齿板的齿板跨越伸缩缝的 SSB。

【2019 年真题】

41. 锚具、夹具和连接器按锚固方式不同可分为（　　）。
A. 夹片式　　　　B. 支撑式　　　　C. 锥塞式　　　　D. 握裹式

解析：《预应力钢筋用锚具、夹具和连接器》（GB/T 14370—2015）将锚具、夹具和连接器按锚固方式不同分为夹片式、支承式、组合式和握裹式四种基本类型。

【2019 年真题】

42. 桥梁预应力筋用锚具、夹具、连接器的静载锚固性能试验取样和初应力要求，（　　）。
A. 试样组装件 3 个（3 个锚环及相配套的夹片、钢绞线）
B. 试样组装件 3 个（6 个锚环及相配套的夹片、钢绞线）
C. 初应力为预应力钢材抗拉强度标准值的 10%
D. 初应力为预应力钢材抗拉强度标准值的 10%~15%

解析：按照《公路桥梁预应力钢绞线用锚具、夹具和连接器》（JT/T 329—2010）规定：
（1）试样准备：试样数量为组装件 3 个（6 个锚环及相配套的夹片、钢绞线）。
（2）组装：组装前必须把锚固零件擦拭干净，然后将钢绞线、锚具与试验台组装。将钢绞线、锚具与试验台组装，各根钢绞线初应力调试均匀，初应力可取钢绞线抗拉强度标准值的 10%。测量总应变的量具，其标距不宜小于 1m。

【2021 年真题】

43. 静载锚固性能试验应分级加载，分级加载包括（　　）。
A. 0.2　　　　　B. 0.4　　　　　C. 0.6　　　　　D. 0.8

解析：加载：（1）按钢绞线抗拉强度标准值的 20%、40%、60%、80%分四级等速加载，加载速率为每分钟约 100MPa，达到 80%后，持荷 1h。
（2）若用试验机进行单根钢绞线-锚具组装件静载试验，在应力达到 0.8 时，持荷时间可以缩短，但不应少于 10min。
（3）随后逐步缓慢加载至破坏，加载速度每分钟不宜超过钢绞线抗拉强度标准值的 1%。

【2019 年真题】

44. 下列桥梁支座可用于活动支座（　　）。
A. 矩形板式橡胶支座　　　　B. 矩形四氟板式橡胶支座
C. 盆式橡胶支座　　　　　　D. 盆式四氟板式橡胶支座

解析：选项 A 不可活动，选项 D 没有此种说法。

【2023 真题】

45. 模数式伸缩装置外观检查内容包括（　　）。
A. 外观表面　　　　B. 橡胶表面　　　　C. 焊缝　　　　D. 涂装表面

解析：《公路桥梁伸缩装置通用技术条件》（JT/T 327—2016）第 4 至第 5 页。模数式伸缩装置的外观规定如下：（1）外观表面应平整洁净，无机械损伤，无毛刺，无锈蚀。产品铭牌标记清晰。（2）橡胶表面应光滑平整，无缺陷。（3）焊缝应均匀，不应有气孔、夹渣等缺陷。（4）涂装表面应平整，不应有脱落、留痕、褶皱等现象。

【2024 真题】

46. 某常温型板式橡胶支座实测抗剪弹性模量 G_1 为 0.91MPa，下列实测老化后抗剪弹性模量 G_2 符合《公路桥梁板式橡胶支座》（JT/T 4—2019）力学性能指标要求的是（　　）。
A. 0.67 MPa　　　　B. 0.78MPa　　　　C. 0.99MPa　　　　D. 1.05MPa

解析： 板式橡胶支座成品力学性能要求见下表。此题，老化后抗剪弹模的范围为 $0.91 \times (0.85 \sim 1.15) = (0.7735 \sim 1.0465)$ MPa。

板式橡胶支座成品力学性能要求

项目	指标	
	JT/T 4—2019	GB/T 20688.4—2023
实测抗压刚度 K_c/（kN/mm）	—	$K_{c,m} = K_{c,e} \times 20\%$
压缩变形量 K/mm	—	设计荷载下，平均压缩变形量不大于橡胶层总厚度的 7%
极限抗压强度 R_c/MPa	≥70	压应力≥90MPa 时，支座侧面橡胶凸起均匀，无橡胶开裂、脱胶、钢板断裂现象
实测抗压弹性模量 E_1/MPa	$E = E \times 20\%$	—
实测抗剪弹性模量 G_1/MPa		$G = G \times 15\%$
实测老化后抗剪弹性模量 G_2/MPa	$G_1 = G \times 15\%$	$G_1 = G \times 15\%$
抗剪黏结性能（$\tau = 2$MPa 时）	无橡胶开裂和脱胶现象	
实测转角正切值 $\tan\theta$ 混凝土桥	≥1/300	
实测转角正切值 $\tan\theta$ 钢桥	≥1/500	
实测四氟板与不锈钢板表面摩擦系数 μ_1（加硅脂时）	≤0.03	

四、综合题

【2019 年真题】

47. 土工布用于公路工程中，《公路工程土工合成材料试验规程》（JTG E50—2006）对土工布的物理性能试验、力学性能试验、水力性能试验等都进行了详细规定，请结合规范回答以下问题。

1）关于土工布单位面积质量、厚度等试验数据整理与计算，以下描述正确的是（　　）。
A. 需要计算标准差 σ
B. 需要计算变异系数 C_v
C. 按 K 倍标准差作为取舍标准，舍去在 $x \pm K\sigma$ 范围以外的测定值（K 与试件数量相关）
D. 按 K 倍标准差作为取舍标准，舍去在 $x \pm KC_v$ 范围以外的测定值（K 与试件数量相关）

解析：试验数据整理包括：（1）算术平均值 x。（2）标准差 σ。（3）变异系数 C_v。（4）在资料分析时，可疑数据的舍弃，以 K 倍标准差作为舍弃标准，即舍弃在 $x \pm K\sigma$ 范围以外的测定值。对不同的试件数量，K 值按下表选用。

统计量的临界值

试件数量	3	4	5	6	7	8	9	10	11	12	13	14
K	1.15	1.45	1.67	1.82	1.94	2.03	2.11	2.18	2.23	2.28	2.33	2.37

2）土工布调湿温度与相对湿度范围分别是（　　）。
A. 20℃±2℃，60%±2%
B. 20℃±2℃，65%±5%
C. 23℃±2℃，65%±5%
D. 23℃±2℃，60%±2%

解析：对于土工织物，试样一般应置于温度为（20±2）℃，相对湿度为（65±5）%和标准大气压的环境中调湿24h。对于塑料土工合成材料，在温度（23±2）℃的环境下，进行状态调节的时间不得少于4h。

3）土工布宽条拉伸试验中，用夹具位移和伸长计测量时，名义夹持长度分别为（　　）。
A. 100mm、100mm　　B. 60mm、60mm　　C. 100mm、60mm　　D. 60mm、100mm

解析：（1）调整两夹具的初始间距为（100±3）mm。两个夹具中要求其中一个的支点能自由旋转或万向接头，保证两个夹具平行并在同一平面内。

（2）选择拉力机的满量程范围，使试样的最大断裂力在满量程的30%~90%范围内，设定拉伸速率为名义夹持长度的（20%±1%）/min。名义夹持长度是指在试样的受力方向上，标记的两个参考点间的初始距离，一般为60mm。

4）某土工布横向拉伸最大力试验数据分别为6269N、6530N、6385N、6313N、6365N，已知试样宽为200mm，标距为100mm，$K=1.67$（$n=5$）。该试样的拉伸强度为（　　）。
A. 31.9kN/m　　B. 63.7kN/m　　C. 31.7kN/m　　D. 63.3kN/m

解析：拉伸最大力试验数据整理包括以下几项。
（1）算术平均值 $x = 6372.4$N。
（2）标准差 $\sigma = 99.08$N。
（3）变异系数 $C_v = 1.6\%$。
（4）在资料分析时，可疑数据的舍弃，以 K 倍标准差作为舍弃标准，即舍弃在 $x \pm K\sigma = (6372.4 \pm 99.08 \times 1.67) = (6206.9 \sim 6537.9)$ 范围以外的测定值，故此题没有数据需要舍弃。拉伸强度为 $6372.4/200 = 31.9$kN/m。

5) 土工布各实验参数取样数量不正确的是（　　）。
A. 单位面积质量试验裁取 5 块试样
B. 撕破强力试验纵向、横向各取 5 块试样
C. CBR 顶破强力试验取圆形试样 5 块
D. 刺破强力试验取圆形试样 5 块

解析：（1）单位面积质量测定试样数量不得少于 10 块，故选项 A 错误。（2）撕破强力试验试样数量为纵横向各取 10 块，故选项 B 错误。（3）CBR 顶破试验试样数量为直径 300mm 的圆形试样 5 块，故选项 C 正确。（4）刺破强力试验试样数量为圆形试样 10 块，故选项 D 错误。

【2021 年真题】
48. 有关支座力学性能试验检测项目和结果判定，请回答下列问题。
1) 板式橡胶支座试验检测项目包括（　　）。
A. 抗压弹性模量　　B. 抗剪弹性模量　　C. 极限抗压强度　　D. 摩擦系数

解析：板式橡胶支座试验检测项目为抗压弹性模量、抗剪弹性模量、抗剪黏结性能、抗剪老化、摩擦系数、转角、极限抗压强度试验以及外观质量及尺寸检测等。

2) 板式橡胶支座试验结果判定：随机抽取（　　）块（或对）支座，若有（　　）块（或对）支座不能满足要求时，则应从该批产品中随机再抽取（　　）倍支座对不合格项目进行复检，若仍有不合格项，则判定该批产品不合格。
A. 3, 1, 1　　　　B. 3, 2, 1　　　　C. 3, 1, 2　　　　D. 3, 2, 2

解析：板式橡胶支座力学性能试验结果判定：随机抽取 3 块（或对）支座，若有两块（或对）不能满足要求，则认为该批产品不合格。若有 1 块（或对）支座不能满足要求时，则应从该批产品中随机再抽取双倍支座对不合格项目进行复检，若仍有不合格项，则判定该批产品不合格。

3) 盆式支座试验检测项目包括（　　）。
A. 竖向承载力　　B. 水平承载力　　C. 摩擦系数　　D. 转角

解析：盆式支座成品试验检测项目为竖向承载力、水平承载力、摩擦系数以及转动试验。

4) 盆式支座各项试验均为合格，判定该支座为合格支座。试验合格的支座，试验后（　　）继续使用。
A. 可以
B. 不可以
C. 再补测 P-δ 线性曲线后可以
D. 再补测某个参数后可以

解析：支座各项试验均为合格，判定该支座为合格支座，试验合格的支座，试验后可以继续使用。

5）球型支座试验检测项目包括（　　）。
A. 竖向承载力　　　　B. 极限抗压强度　　　　C. 摩擦系数　　　　D. 转动性能
解析：球型支座试验检测项目为竖向承载力、水平承载力、摩擦系数以及转动试验。

【2023 真题】
49. 收到 1 根长 2.6m，标称内径 90mm 的预应力塑料波纹管样品，根据《预应力混凝土桥梁用塑料波纹管》（JT/T 529—2016）开展环刚度检测，请回答下列问题。

1）下列关于试样长度符合要求的有（　　）
A. 289mm　　　　B. 304mm　　　　C. 306mm　　　　D. 311mm
解析：预应力塑料波纹管环刚度试验试样制备：从 5 根管材上各截取（300±10）mm 试样一段，两端与轴线垂直切平。

2）预应力塑料波纹管内径测量，在试样长度中部的横截面处，（　　）取算术平均值。
A. 每隔 45°依次测量 2 处　　　　B. 每隔 90°依次测量 2 处
C. 每隔 45°依次测量 4 处　　　　D. 每隔 90°依次测量 4 处
解析：分别测量 5 个试样的内直径。应通过横断面重点每隔 45°依次测量 4 处，取算术平均值，每次测量结果精确至内直径的 0.5%。

3）关于预应力塑料波纹管环刚度试验的概述，正确的有（　　）。
A. 放置试样时，应使试样的轴线平行于平板
B. 放置试样时，应使试样的轴线垂直与平板
C. 当试样垂直方向的内径变形量为原内径的 3%时，记录此时试样所受的负载
D. 当试样垂直方向的内径变形量为原内径的 5%时，记录此时试样所受的负载
解析：上压板下降速度（5±1）mm/min，当试样垂直方向的内径变形量为原内径的 3%时，记录此时试样所受的负荷。为了使试样内径变形，应该将试样水平放置在平板上。

4）经检测，5 根试样的环刚度分别为 17.20kN/m^2、16.97kN/m^2、13.77kN/m^2、17.12kN/m^2、16.95kN/m^2，则该管材环刚度值为（　　）。
A. 17.01kN/m^2　　　B. 16.40kN/m^2　　　C. 17.06kN/m^2　　　D. 13.77kN/m^2
解析：取 5 个试样试验结果的算术平均值作为试验结果。故此题为：（17.20+16.97+13.77+17.12+16.95）/5＝16.40kN/m^2。

5）某预应力塑料波纹管环刚度试验结果为合格，下列结果可能正确的有（　　）。
A. 4kN/m^2　　　　B. 8kN/m^2　　　　C. 12kN/m^2　　　　D. 16kN/m^2
解析：《预应力混凝土桥梁用塑料波纹管》（JT/T 529—2016）规定：圆形塑料波纹管环刚度不应小于 6kN/m^2，扁形塑料波纹管环刚度不应小于 4kN/m^2。此题为圆形塑料波纹管，故选 BCD。

【2024 真题】

50. 桥梁支座承担着将上部结构承受的荷载和变形可靠地传递给桥梁下部结构的功能，是连接桥梁上、下部结构的重要组成部分，请回答下列问题。

1) 下列支座中，可由滑动元件提供水平滑移功能的是（　　）。
A. 普通板式橡胶支座　　　　　　　B. 四氟滑板式橡胶支座
C. 盆式支座　　　　　　　　　　　D. 球形支座

解析： 板式橡胶支座分为普通板式橡胶支座和四氟滑板橡胶支座，盆式支座分为活动盆式支座和固定盆式支座。球型支座分为活动球型支座和固定球型支座。

2) （　　）属于盆式支座成品试验内容。
A. 竖向承载力试验　　B. 水平承载力试验　　C. 老化试验　　D. 转动试验

解析： 盆式支座成品试验检测项目为竖向承载力、水平承载力、摩擦系数以及转动试验。

3) 下列符合《公路桥梁盆式支座》（JT/T 391—2019）要求的是（　　）。
A. 盆式支座涂装表面应光滑，不应有脱落、流痕、褶皱等现象
B. 减震型横向活动支座的非滑动方向水平设计承载力为支座竖向设计承载力的20%
C. 盆式支座出厂检验应根据该批生产数量随机抽取 2~3 个样品单元
D. 出厂检验中不符合标准要求的成品支座，应对不合格部件进行一次更换或修补

解析：《公路桥梁盆式支座》（JT/T 391—2019）第 6 页、第 16 页。

5.2 外观

5.2.1 支座外露表面应平整、美观、焊缝均匀，涂装表面应光滑，不应有脱落、流痕、褶皱等现象。

5.2.2 支座组装后顶板与钢盆应平行。纵向活动支座、减震型纵向活动支座、横向活动支座及减震型横向活动支座相关规定包含在内。

5.1.3 水平设计承载力

5.1.3.1 固定支座、纵向活动支座和横向活动支座的非滑移方向水平设计承载力分 2 级，即支座竖向设计承载力的 10%、15%。

5.1.3.2 减震型固定支座、减震型纵向活动支座和减震型横向活动支座的非滑移方向水平设计承载力为支座竖向设计承载力的 20%。

7.2.2 抽样

7.2.2.1 型式检验应从该批正常生产产品中随机抽取 2 个样品单元。

7.2.2.2 出厂检验应根据该批生产数量随机抽取 2~3 个样品单元。

7.3.2 出厂检验

出厂检验中不符合本标准要求的成品支座，应对不合格部件进行一次更换或修补，全部检验项目均为合格，方可出厂。

4) 竖向设计承载力 15MN 的双向活动盆式支座，在进行竖向承载力试验时，其检验荷载、预压荷载及初始荷载分别为（　　）。

A. 15MN、15MN、0.3MN　　　　　　B. 15MN、22.5MN、0.15MN
C. 22.5MN、15MN、0.15MN　　　　　D. 22.5MN、15MN、0.3MN

解析：检验荷载＝1.5×15＝22.5MN；预压荷载为15MN；初始荷载＝1.0%×15＝0.15MN。

5）上题中的支座试验结束后，下列试验结果应判定为合格的是（　　　）
A. 竖向压缩变形符合规定，变形曲线呈线性关系
B. 支座转动角度为0.03rad
C. 支座摩擦系数为0.02
D. 盆环有明显径向变形，但未开裂

解析：试验支座的竖向压缩变形和盆环径向变形满足下表的规定，实测的荷载—竖向压缩变形曲线和荷载—盆环径向变形曲线呈线性关系，且卸载后残余变形小于支座设计荷载下相应变形的5%，该支座的竖向承载力为合格。

盆式橡胶支座成品力学性能要求

项目	指标		
	压缩变形	径向变形	残余变形
竖向承载力	在竖向设计承载力作用下支座压缩变形不大于支座总高度的2%（和3mm中的较大者*）	在竖向设计承载力作用下盆环上口径向变形不得大于盆环外径的0.05%	卸载后，支座残余变形小于设计荷载下相应变形的5%
水平承载力	固定支座、纵向活动支座和横向活动支座	减震型固定支座、减震型纵向活动支座和减震型横向活动支座	
	不小于支座竖向承载力的10%或15%	不小于支座竖向承载力的20%	
转角	支座设计竖向转动角度不小于0.02rad（且不大于0.03rad*）		
摩擦系数（加5201硅脂润滑后）	常温型活动支座	耐寒型活动支座	
	不大于0.03	不大于0.05**	

＊表示GB/T 20688.4—2023新增要求；＊＊表示GB/T 20688.4—2023不再要求。

答案：1. B　2. B　3. A　4. C　5. B　6. A　7. D　8. B　9. D　10. C　11. A　12. D　13. C　14. B　15. C　16. B　17. A　18. A　19. A　20. A　21. C　22. D　23. C　24. D　25. B　26. A　27. A　28. B　29. B　30. A　31. A　32. B　33. A　34. A　35. A　36. A　37. B　38. A　39. A、B、C、D　40. A、C、D　41. A、B　42. C　43. A、B、D　44. B、C　45. A、B、C、D　46. B、C　47. 1）A、B、C, 2）B, 3）C, 4）A, 5）A、B、D　48. 1）A、B、C、D, 2）C, 3）A、B、C, 4）A, 5）A、C、D　49. 1）B、C, 2）C, 3）A、C, 4）B, 5）B、C、D　50. 1）B、C、D, 2）A、B、D, 3）A、B、C、D, 4）C, 5）B、C

第三章　构件材质状况无损检测

一、单项选择题

【2019 年真题】

1. 某涵洞遭受了火灾，为确定火灾后墙身混凝土的强度，可采用（　　）进行检测。

A. 回弹法　　　　　B. 超声法　　　　　C. 超声回弹综合法　　D. 钻芯法

解析：钻芯法检测结构混凝土强度的适用情况：（1）对试块抗压强度的测试结果有怀疑时；（2）因材料、施工或养护不良而发生混凝土质量问题时；（3）混凝土遭受冻害、火灾、化学侵蚀或其他损害时。（4）需检测经多年使用的建筑结构或构筑物中混凝土强度时。

【2021 年真题】

2. 粒径相同的卵石、碎石为粗骨料的混凝土，当混凝土强度相同时，碎石混凝土与卵石混凝土的超声声速相比（　　）。

A. 偏高　　　　　　B. 偏低　　　　　　C. 相等　　　　　　D. 无法判定

解析：当无专用测强曲线或地区测强曲线时，按《超声回弹综合法检测混凝土抗压强度技术规程》（T/CECS 02—2020）附录 E 的有关规定通过验证后，按该规程附录 F 的有关规定对测区混凝土抗压强度进行换算，也可按下式计算：

$$f_{cu,i}^c = 0.0286 v_{ai}^{1.999} R_{ai}^{1.155} \tag{3-23}$$

式中　$f_{cu,i}^c$ ——第 i 个测区的混凝土抗压强度换算值（MPa），精确至 0.1MPa；

　　　v_{ai} ——第 i 个测区修正后的测区声速代表值；

　　　R_{ai} ——第 i 个测区修正后的测区回弹代表值。

由公式可以看出混凝土强度相同时，声速值是相同的，与卵石和碎石无关。

【2019 年真题】

3. 在进行钢材焊缝内部缺陷无损探伤时，主要采用（　　）。

A. 超声探伤、磁粉探伤　　　　　　　　B. 超声探伤、射线探伤

C. 超声探伤、渗透探伤　　　　　　　　D. 磁粉探伤、渗透探伤

解析：钢结构无损检测有四种方法，超声波检测和射线探伤可检测内部缺陷，磁粉检测和渗透检测可检测表面缺陷。

【2019年真题】

4. 用半电池电位法检测钢筋锈蚀的方法以电位水平作为判据，判断其无锈蚀活动性或锈蚀活动不确定对应的电位水平界限是（ ）。

A．-150mV　　　　B．-200mV　　　　C．-250mV　　　　D．-300mV

解析：

混凝土桥梁钢筋锈蚀电位评定标准

电位水平/mV	钢筋状况	评定标度
≥-200	无锈蚀活动性或锈蚀活动性不确定	1
(-200，-300]	有锈蚀活动性，但锈蚀状态不确定，可能锈蚀	2
(-300，-400]	有锈蚀活动性，发生锈蚀概率大于90%	3
(-400，-500]	有锈蚀活动性，严重锈蚀可能性极大	4
<-500	构件存在锈蚀开裂区域	5

注：1. 量测时，混凝土桥梁结构或构件应为自然状态。
　　2. 表中电位水平为采用铜/硫酸铜电极时的量测值。

【2021年真题】

5. 对混凝土中氯离子含量测定与评定表述不正确的是（ ）。

A．氯化物浸入混凝土可引起钢筋的锈蚀，其锈蚀危险性受到多种因素的影响，如碳化深度、混凝土含水率、混凝土质量等

B．根据每一取样层氯离子含量的测定值，做出氯离子含量的深度分布曲线，判断氯化物是混凝土生成时已有的，还是结构使用过程中由外界渗入及浸入的

C．在对已处理的数据进行判读之前，按惯例将这些数据加入负号，绘制等电位图，然后进行判读

D．应根据构件工作环境条件及构件本身质量状况确定测区，每一测区取粉钻孔数量不宜少于3个

解析：（1）氯离子浸入混凝土可引起钢筋的锈蚀，其锈蚀危险性受到多种因素的影响，如碳化深度、混凝土含水率、混凝土质量等，因此应进行综合分析。（2）根据每一取样层氯离子含量的测定值，做出氯离子含量的深度分布曲线，判断氯化物是混凝土生成时已有的，还是结构使用过程中由外界渗入及浸入的。选项A和选项B正确。（3）钢筋锈蚀电位评定时，在对已处理的数据（已进行稳定修正）进行判读之前，按惯例将这些数据加入负号，绘制等电位图，然后进行判读。选项C错误。（4）每一测区取粉的钻孔数量不宜少于3个，取粉孔可与碳化深度测量孔合并使用。选项D正确。

【2020年真题】

6. 采用半电池电位法对混凝土桥梁主要构件混凝土中钢筋锈蚀电位检测时，每一测区的测点数一般不宜少于（ ）个。

A．8　　　　　　　B．12　　　　　　　C．16　　　　　　　D．20

解析：在测区上布置测试网格，网格节点为测点，网格间距可选20cm×20cm、30cm×

30cm、20cm×10cm 等，根据构件尺寸而定，测点位置距构件边缘应大于 5cm，一般不宜少于 20 个测点。

【2021 年真题】

7. 用超声法进行不密实区、空洞或混凝土结合面质量检测时，测点间距不宜为（　　）。

　　A. 100mm　　　　B. 200mm　　　　C. 300mm　　　　D. 500mm

解析：测点间距应根据被测结构尺寸和结合面的外观质量情况确定，一般为 100～300mm，间距过大易造成缺陷漏检。

【2020 年真题】

8. 在采用地质雷达法检测混凝土背后回填密实性时，当混凝土反射信号弱，图像均一且反射界面不明显时，则通常判定为（　　）。

　　A. 空洞　　　　B. 不密实　　　　C. 密实　　　　D. 离析

解析：混凝土结构背后回填密实性分析：（1）密实：反射信号弱，图像均一且反射界面不明显。（2）不密实：反射信号强，图像变化杂乱。（3）空洞：反射信号强，图像为弧形且反射界面明显。故选 C。

【2019 年真题】

9. 中型回弹仪为标准状态时仪器的冲击能量等于或接近于 2.207J，在 HRC 为 60±2 钢砧上的率定值为（　　）。

　　A. 72±2　　　　B. 76±2　　　　C. 78±2　　　　D. 80±2

解析：对中型回弹仪的技术要求：（1）水平弹击时，弹击锤脱钩的瞬间，中型回弹仪的标称能量应为 2.207J。（2）弹击锤与弹击杆碰撞的瞬间，弹击拉簧应处于自由状态，此时弹击锤起跳点应相对于指针指示刻度尺"0"处。（3）在洛氏硬度为（60±2）HRC 的钢砧上，回弹仪的率定值应为 80±2。（4）数字式回弹仪应带有指针直读示值系统，数字显示的回弹值与指针显示值相差应不超过 1。（5）回弹仪使用时的环境温度应为 –4～40℃。

【2023 真题】

10. 根据《公路桥梁承载能力检测评定规程》(JTG/T J21—2011) 对混凝土桥梁进行承载能力评定时，钢筋锈蚀电位评定标度达到（　　）的主要构件或主要受力部位，应进行混凝土电阻率检测。

　　A. 1　　　　B. 1、2　　　　C. 2、3、4　　　　D. 3、4、5

解析：《公路桥梁承载能力检测评定规程》(JTG/T J21—2011) 第 13 页。对钢筋锈蚀电位评定标度值为 3、4、5 的主要构件或主要受力部位，应进行混凝土电阻率测量。被测构件或部位的测区数量不宜少于 30 个。

【2023 真题】

11. 下列涂层厚度只能采用划叉法检测的是（　　）。

A. 50μm B. 150μm C. 250μm D. 350μm

解析：目前现存检测涂层抗性等级的测试方法有划格法和划叉法。其中划格法适用于厚度不超过250μm的涂层，划叉法不受涂层厚度的限制。对于硬涂层，应采用划叉法。

【2023 真题】

12. 混凝土碳化深度平均值与实测保护层厚度平均值的比值用 K_c 表示，同等条件下 K_c 与钢筋锈蚀概率的关系是（　　）。

A. K_c 值越小，钢筋越易发生锈蚀
B. K_c 值越大，钢筋越易发生锈蚀
C. K_c 值越小，钢筋锈蚀越严重
D. K_c 值越大，钢筋锈蚀越严重

解析：

混凝土碳化深度对钢筋锈蚀影响的评定，可取构件的碳化深度平均值与该类构件保护层厚度平均值之比 K_c，并考虑其离散情况，参考下表对单个构件进行评定。

混凝土碳化评定标准

K_c	评定标度	K_c	评定标度
<0.5	1	[1.5, 2.0)	4
[0.5, 1.0)	2	≥2.0	5
[1.0, 1.5)	3		

从表中可以看出，比值越大，评定标度越大，影响越大。

【2024 真题】

13. 根据《回弹法检测混凝土抗压强度技术规程》（JGJ/T 23—2011），某检测人员在回弹值测量完毕后，对4个构件的碳化深度值检测。构件号和碳化深度值极差依次为：1# 1.5mm、2# 2.0mm、3# 2.5mm、4# 1.0mm，需要对每一测区分别测量碳化深度值的构件是（　　）。

A. 1#　　B. 2#　　C. 3#　　D. 4#

解析：回弹值测量完毕后，应在有代表性的位置上测量碳化深度值，测点数不应少于构件测区数的30%，取其平均值为该构件每测区的碳化深度值。当碳化深度值极差大于2.0mm时，应在每一测区测量碳化深度值。

【2024 真题】

14. 地质雷达法进行混凝土衬砌质量检测，在已知厚度为55cm的部位测得电磁波时程为9.0ns，则待测混凝土的电磁波速为（　　）。

A. 1.22×10^8 m/s B. 6.11×10^7 m/s C. 3.06×10^5 m/s D. 6.11×10^2 m/s

解析：

$$v=\frac{2d}{t}=\frac{2\times0.55}{9\times10^{-9}}=1.22\times10^8$$

【2024 真题】

15. 根据《公路桥梁承载能力检测评定规程》（JTG/T J21—2011），某公路混凝土主梁钢筋保护层厚度实测值（单位：mm）分别为：26、28、25、28、29、23、28、29、30、23、27、26、28、27、29、30，设计图纸中的保护层设计值为25mm，则该主梁钢筋保护层厚度评定的标度为（　　）。

钢筋保护层厚度判定系数

n	10~15	16~24	≥25
K_p	1.695	1.645	1.595

钢筋保护层厚度评定标准

D_{ne}/D_{nd}	评定标度
>0.95	1
(0.85, 0.95]	2
(0.70, 0.85]	3
(0.55, 0.70]	4
≤0.55	5

A. 1　　　　B. 2　　　　C. 3　　　　D. 4

解析：根据测量部位实测保护层厚度特征值 D_{ne}（平均值－合格判定系数值×标准差）与其设计值 D_{nd} 的比值，混凝土保护层厚度对结构钢筋耐久性的影响评判可参考下表的经验值。经计算此题，平均值为27.3mm，标准偏差为2.2mm，检测数量为16点，对应的系数为1.645，故特征值为27.3－1.645×2.2＝23.7mm，比值为23.7/25＝0.948，评定标度为2。

二、判断题

【2019年真题】

16. 芯样试件抗压前，按自然干燥状态进行试验时，芯样应在室内自然干燥40~48小时；按潮湿状态进行试验时，芯样应在清水中浸泡72小时。

A. 正确　　　　　　　　　　　　B. 错误

解析：（1）芯样试件应在自然干燥状态下进行抗压试验。

（2）当结构工作条件比较潮湿，需要确定潮湿状态下混凝土的抗压强度时，芯样试件宜在（20±5）℃的清水中浸泡40~48h，从水中取出后应立即进行抗压试验。

【2021年真题】

17. 钢结构无损探伤一般采用冲击回波法。

A. 正确　　　　　　　　　　　　B. 错误

解析：《钢结构工程施工质量验收标准》（GB 50205—2020）规定，设计要求的一、二级焊缝应全数进行内部缺陷的无损检测，检验方法采用超声波或射线探伤。

【2019 年真题】

18. 混凝土中钢筋分布及保护层检测是针对主要承重构件或承重构件中的主要受力部位的。

   A. 正确　　　　　　　　　　　　　　B. 错误

   解析：混凝土中钢筋分布及保护层厚度的检测针对主要承重构件或承重构件的主要受力部位，或钢筋锈蚀电位测试结果表明钢筋可能锈蚀活化的部位，以及根据结构检算及其他检测需要确定的部位。在下列情况需要进行检测：（1）用于估测混凝土中钢筋的位置、深度和尺寸。（2）在无资料或其他原因需要对结构进行调查的情况下。（3）进行其他测试之前需要避开钢筋进行的测试。

【2021 年真题】

19. 混凝土氯离子测定试验，同一测区不同取样孔相同深度的粉末可收集在一个袋中。

   A. 正确　　　　　　　　　　　　　　B. 错误

   解析：同一测区不同孔相同深度的粉末可收集在一个塑料袋内，质量应不少于25g，若不够可增加同一测区测孔数量。不同测区测孔相同深度的粉末不应混合在一起。

【2021 年真题】

20. 地质雷达探测时介电常数现场标定。

   A. 正确　　　　　　　　　　　　　　B. 错误

   解析：检测前应对喷射混凝土或二次衬砌的相对介电常数或电磁波波速做现场标定，且每座隧道应不少于1处，每处实测不少于3次，取平均值，即为该隧道的相对介电常数或电磁波波速。当隧道长度大于3km、衬砌材料或含水率变化较大时，应增加标定处数。

【2021/2020 年真题】

21. 高强螺栓连接副预应力复验时，每套连接副可进行多次试验。

   A. 正确　　　　　　　　　　　　　　B. 错误

   解析：每套连接副只应做一次试验，不得重复使用。在紧固中垫圈发生转动，应更换连接副，重新试验。

【2019 年真题】

22. 钢筋锈蚀状况检测完成后应根据钢筋尺寸和钢筋保护层厚度对测试成果进行修正，根据修正后的锈蚀电位水平进行锈蚀概率和活化程度的判断。

   A. 正确　　　　　　　　　　　　　　B. 错误

   解析：测试与这些钢筋的尺寸和混凝土中的深度无关。可以在构件的使用寿命中的任何时间使用。

【2019 年真题】

23. 超声回弹综合法中，当构件材料与制定测强曲线的材料有较大差异时，必须用同条件的混凝土试块或者钻芯取样对测区混凝土强度进行修正。

  A. 正确   B. 错误

  解析： 当结构或构件所采用的的材料及其龄期与制定测强曲线所采用的材料及其龄期有较大差异时，应采用在构件上钻取芯样或同条件立方体试件对测区混凝土抗压强度换算值进行修正。

【2021/2019 年真题】

24. 混凝土碳化状况可采用在混凝土新鲜断面观察酸碱指示剂颜色变化的方法测定。

  A. 正确   B. 错误

  解析： 混凝土碳化状况的检测通常采用在混凝土新鲜断面喷洒酸碱指示剂，通过观察酸碱指示剂颜色变化来判定混凝土碳化深度的方法。

【2019 年真题】

25. 当钢筋保护层厚度测试仪的探头位于与钢筋轴线平行且位于钢筋正上方时，其指示信号最强。

  A. 正确   B. 错误

  解析： 进行保护层厚度测读前，应先在测区内确定钢筋的位置与走向，做法如下：（1）将保护层测试仪传感器在构件表面平行移动，当仪器显示值为最小时，传感器正下方即是所测钢筋的位置。（2）找到钢筋位置后，将传感器在原处左右转动一定角度，仪器显示最小值时传感器长轴线的方向即为钢筋走向。（3）在构件测区表面画出钢筋位置与走向。

【2021 年真题】

26. 桥梁无损检测中，对于混凝土电阻率的测量，通常混凝土电阻率越大，说明钢筋锈蚀发展速度越快。

  A. 正确   B. 错误

  解析： 混凝土电阻率大，若钢筋发生锈蚀，则发展速度慢，扩散能力弱；混凝土电阻率小，锈蚀发展速度快，扩散能力强。

【2019 年真题】

27. 超声单面平测法测试时，真正的测距应通过两换能器的测量值加上或者减去用时距回归计算的修正值得出。

  A. 正确   B. 错误

  解析： 每一测点的超声实际传播距离为两换能器边缘间距加上"时-距"图中的截距或回归直线方程的常数项。而测距就是实际测量得出的。

【2021 年真题】

28. 回弹法测混凝土强度时，操作要求仪器的轴线始终垂直于混凝土构件表面。

  A. 正确   B. 错误

解析：回弹仪的操作：将弹击杆顶住混凝土的表面，轻压仪器，松开按钮，弹击杆徐徐伸出。使仪器对混凝土表面缓慢均匀施压，待弹击锤脱钩，冲击弹击杆后即回弹，带动指针向后移动并停留在某一位置上，即为回弹值。继续顶住混凝土表面并在读取和记录回弹值后，逐渐对仪器减压，使弹击杆自仪器内伸出重复进行上述操作，即可测得被测构件或结构的回弹值。操作中注意仪器的轴线应始终垂直于混凝土构件的检测面，缓慢施压，准确读数，快速复位。

【2023 真题】

29. 结构混凝土的均匀性一般采用平面式换能器进行穿透对测法检测。
A. 正确　　　　　　　　　　　　　　B. 错误

解析：结构混凝土的均匀性一般宜采用平面式换能器进行穿透对测法进行检测。

【2023 真题】

30. 高强螺栓连接副抗滑移系数试验可采用双摩擦面的三栓拼接拉力试件。
A. 正确　　　　　　　　　　　　　　B. 错误

解析：高强度螺栓连接副抗滑移系数试验应按照《公路桥涵施工技术规范》（JTG/T 3650—2020）的规定执行。基本要求：（1）制造厂和安装单位应分别以钢结构制造批为单位进行抗滑移系数试验。制造批可按单位工程划分规定的工程量，每2000t为一批，不足2000t的可视为一批。选用两种及两种以上表面处理工艺时，每种处理工艺应单独检验。每批3组试件。（2）抗滑移系数试验应采用双摩擦面的两栓拼接的拉力试件。

【2023 真题】

31. 混凝土的电阻率反映其导电性，电阻率大，锈蚀发展速度快，扩散能力强。
A. 正确　　　　　　　　　　　　　　B. 错误

解析：混凝土的电阻率反映其导电性。混凝土电阻率大，若钢筋发生锈蚀，则发展速度慢，扩散能力弱；混凝土电阻率小，锈蚀发展速度快，扩散能力强。因此，测量混凝土的电阻率是对钢筋状况进行检测评定的一项重要内容。

【2023 真题】

32. 钢筋保护层厚度测定仪可根据保护层厚度估测钢筋直径。
A. 正确　　　　　　　　　　　　　　B. 错误

解析：混凝土中钢筋分布及保护层厚度的检测方法为采用电磁无损检测方法确定钢筋位置，辅以现场修正确定保护层厚度，估测钢筋直径，量测值精确至1mm。

【2024 真题】

33. 钢结构的焊接外观检验需冷却到环境温度后方可进行。
A. 正确　　　　　　　　　　　　　　B. 错误

解析：《钢结构工程施工质量验收标准》（CB 50205—2020）第18页。5.1.3 焊缝应冷却到环境温度后方可进行外观检测，无损检测应在外观检测合格后进行，具体检测时间应符合现行国家标准《钢结构焊接规范》（GB 50661—2011）的规定。

【2024 真题】

34. 超声波脉冲反射法在桥涵钢结构焊缝检测时，检测面与探头接触面大于 0.5mm 间隙应充填耦合剂。

　　A. 正确　　　　　　　　　　　　B. 错误

解析：《焊缝无损检测超声波检测技术、检测等级和评定》（GB/T 11345—2013）第 6 页。探头移动区应足够宽，以保证声束能覆盖整个检测区域。增加探测面，比如在焊接接头双面进行扫查，可缩短探头移动区宽度。探头移动区表面应平滑，无焊接飞溅、铁屑、油垢及其他外部杂质。探头移动区表面的不平整度，不应引起探头和工件的接触间隙超过 0.5mm。如果间隙超标，应修整探头移动区表面。当焊缝表面局部变形导致探头与焊缝的间隙大于 1mm，可在受影响位置用其他角度探头进行补充扫查。如果该扫查能弥补未扫查到的检测区域，此局部变形是允许的。探头移动区和声束反射面应允许无干扰的耦合剂和反射物。

【2024 真题】

35. 某混凝土空心板底回弹值测试完毕后，布置 3 个碳化深度测区，该构件的碳化深度为 3 个测区平均值。

　　A. 正确　　　　　　　　　　　　B. 错误

解析：回弹值测量完毕后，应在有代表性的位置上测量碳化深度值，测点数不应少于构件测区数的 30%，取其平均值为该构件每测区的碳化深度值。当碳化深度值极差大于 2.0mm 时，应在每一测区分别测量碳化深度值。

【2024 真题】

36. 混凝土电阻率反映混凝土导电性能，可直接评判钢筋的可能锈蚀速度。

　　A. 正确　　　　　　　　　　　　B. 错误

解析：混凝土的电阻率反映其导电性。混凝土电阻率大，若钢筋发生锈蚀，则发展速度慢，扩散能力弱；混凝土电阻率小，锈蚀发展速度快，扩散能力强。因此，测量混凝土的电阻率是对钢筋状况进行检测评定的一项重要内容。混凝土电阻率检测区，应根据钢筋锈蚀电位测量结果确定，对经钢筋锈蚀电位测试结果表明钢筋可能锈蚀活化的区域，应进行混凝土电阻率测量。

【2024 真题】

37. 氯化物浸入混凝土可引起钢筋锈蚀，其锈蚀危险性受混凝土质量、碳化深度等影响，应综合分析。

　　A. 正确　　　　　　　　　　　　B. 错误

解析：氯化物浸入混凝土可引起钢筋的锈蚀，其锈蚀危险性受到多种因素的影响，如碳

化深度、混凝土含水率、混凝土质量等，因此应进行综合分析。

【2024 真题】

38. 钢筋表面钝化膜局部破坏，则钝化膜处就会形成阴极，而周围钝化膜完好的部位构成阳极，从而形成了若干个微电池。

　　A. 正确　　　　　　　　　　　　　　B. 错误

　　解析：一旦钢筋表面钝化膜局部破坏或变得致密度差，即不完整，则钝化膜处就会形成阳极，而周围钝化膜完好的部位构成阴极，从而形成了若干个微电池。虽然有些微电池处于抑制状态，但在一定条件下可以激化，从而使其处于活化状态发生氧化还原反应，这样就造成钢筋的锈蚀，宏观上混凝土和握裹其中的钢筋形成半电池，而我们也正是通过检测以上所述的处于活化状态的钢筋锈蚀半电池电位来判断当下混凝土内的钢筋锈蚀活化程度。

【2024 真题】

39. 根据《公路工程质量检验评定标准 第一册 土建工程》（JTG F80/1—2017），隧道施工阶段检测衬砌背后空洞时，测线应以横向布置为主、纵向布置为辅。

　　A. 正确　　　　　　　　　　　　　　B. 错误

　　解析：喷射混凝土厚度、二次衬砌混凝土厚度、仰拱深度、混凝土衬砌内部情况及空洞等均可采用地质雷达法检测，其检测和数据处理方法均相同，差别在于各自的反射图像特征不同。测线布置：隧道施工过程中质量检测以纵向布线为主，环向（横向）布线为辅。

三、多项选择题

【2019 年真题】

40. 使用半电池电位法检测桥梁结构钢筋锈蚀点位时，当测点读数显示变动不超过（　　）mV，重复测读的差异不超过（　　）mV 时，可视为稳定。

　　A. 2　　　　　B. 10　　　　　C. 20　　　　　D. 5

　　解析：测点读数变动不超过 2mV，可视为稳定。同一测点，同一支参考电极重复测读的差异不应超过 10mV；不同参考电极重复测读的差异不应超过 20mV。若不符合读数稳定要求，应检查测试系统的各个环节。由于题干没有说明是同一参考电极还是不同参考电极，故 B、C 都选。

【2019 年真题】

41. 混凝土桥梁钢筋保护层厚度检测部位应包括（　　）。

　　A. 主要构件或主要受力部位

　　B. 钢筋锈蚀电位测试结果表明钢筋可能锈蚀活化的部位

　　C. 发生钢筋锈蚀膨胀的部位

　　D. 布置混凝土碳化测区的部位

　　解析：混凝土中钢筋分布及保护层厚度的检测主要针对主要承重构件或承重构件的主要

受力部位，或钢筋锈蚀电位测试结果表明钢筋可能锈蚀活化的部位，以及根据结构检算及其他检测需要确定的部位。在下列情况下需进行检测：（1）用于估测混凝土中的钢筋位置、深度和尺寸。（2）在无资料或其他原因需要对结构进行调查的情况下。（3）进行其他测试之前需要避开钢筋进行的测试。《公路桥梁承载能力检测评定规程》（JTG/T J21—2011）

5.8.2 混凝土桥梁钢筋保护层厚度检测部位应包括：1. 主要构件或主要受力部位；2. 钢筋锈蚀电位测试结果表明钢筋可能锈蚀活化的部位；3. 发生钢筋锈蚀胀裂的部位；4. 布置混凝土碳化测区的部位。

【2019 年真题】

42. 超声波检测混凝土缺陷的主要内容包括（　　）。
A. 裂缝深度　　　　　　　　　　　　B. 不密实度区
C. 新老混凝土结合质量　　　　　　　D. 裂缝宽度

解析： 超声法适用于常见公路桥梁结构内部缺陷与表层损伤的检测。涉及的检测内容主要包括：混凝土内部空洞和不密实区的位置与范围、裂缝深度、表面损伤厚度以及不同时间浇筑的混凝土结合面质量和钢管混凝土中的缺陷等。

【2019 年真题】

43. 芯样试件尺寸偏差及外观质量超过下列要求时，相应的测试数据无效（　　）。
A. 沿芯样试件高度的任一直径与平均直径相差大于 1mm
B. 抗压芯样试件断面的不平整度在 100mm 长度内大于 0.1mm
C. 芯样试件的实际高径比小于要求高径比的 95% 或大于 105%
D. 芯样试件断面与轴线的不垂直度大于 1°

解析： 抗压芯样试件尺寸偏差及外观质量超过下列数值时，相应的芯样试件不宜进行试验：
（1）芯样试件的实际高径比（H/d）小于要求高径比的 0.95 或大于 1.05。
（2）芯样试件端面与轴线的不垂直度超过 1°。
（3）芯样试件端面的不平整度在每 100mm 长度内超过 0.1mm。
（4）沿芯样试件高度的任一直径与平均直径相差超过 1.5mm。
（5）芯样有较大缺陷。

【2020 年真题】

44. 有害物质侵入混凝土将会影响结构的耐久性，以下关于有害物质描述正确的有（　　）。
A. 氯离子的侵入可引起并加速钢筋的锈蚀
B. 硫酸盐的侵入可使混凝土成为易碎松散状态、强度下降
C. 碱的侵入在集料具有碱活性时，引起碱-集料反应破坏
D. 碳的侵入可引起混凝土强度降低

解析： 氯离子可引起并加速钢筋的锈蚀；硫酸盐的侵入可使混凝土成为易碎松散状态、

强度下降；碱的侵入在集料具有碱活性时，可能引起碱-集料反应破坏。D选项，碳的侵入主要指CO_2，与混凝土中的碱性成分起反应，导致混凝土碳化，使得混凝土的pH值降低，破坏钢筋表面的致密钝化膜。

【2019年真题】

45. 超声法检测混凝土缺陷的主要内容包括（　　）。
 A. 裂缝深度　　　　B. 不密实度区　　　　C. 裂缝宽度　　　　D. 蜂窝麻面
 解析：超声法适用于常见公路桥梁结构内部缺陷与表层损伤的检测。涉及的检测内容主要包括：混凝土内部空洞和不密实区的位置与范围、裂缝深度、表面损伤厚度、以及不同时间浇筑的混凝土结合面质量和钢管混凝土中的缺陷等。

【2019年真题】

46. 建设方组织的现场质量抽查采用回弹法，发现预制混凝土T梁强度不满足设计要求，要求第三方检测单位复测，可采用（　　）。
 A. 回弹法结合取芯修正法　　　　B. 回弹法结合预留试块修正
 C. 超声法　　　　D. 钻芯法
 解析：减小回弹法误差的方法是：可采用同条件试块或钻芯法对测区混凝土换算值进行修正，试块或钻取芯样数目不应少于6个，钻取芯样时每个部位应钻取一个。

【2023真题】

47. 在高强度螺栓连接副抗滑移系数试验中，当拉伸试验（　　）时对应的荷载为测定的滑移荷载。
 A. 试验机发生回针现象　　　　B. 试件侧面画出的标记线发生错位
 C. 记录仪上显示的力-位移曲线发生突变　　D. 试件突然发生"嘣"的响声
 解析：在进行高强度螺栓连接副抗滑移系数试验中，当发生以下情况之一时，所对应的荷载可定为试件的滑移荷载：（1）试验机发生回针现象。（2）试件侧面画出的标记线发生错位。（3）记录仪上显示的力-位移曲线发生突变。2024教材删除了D选项说法。

【2023真题】

48. 钢结构构件焊接质量检验一般分为（　　）检验阶段。
 A. 原材　　　　B. 焊前　　　　C. 焊接过程中　　　　D. 焊后成品
 解析：桥梁建造工程中许多构件需焊接加工，其焊接质量的好坏直接影响着构件的质量，故钢结构构件焊接质量的检验工作是确保产品质量的重要措施。根据焊接工序的特点，检验工作是贯穿焊接始终的。一般分为三个阶段，即焊前检验、焊接过程中检验和焊后成品的检验。

【2023真题】

49. 钻芯法检测结构混凝土强度时，在桥梁上钻取试件应选择（　　），并应采取措施保证结构安全。

A. 结构或构件受力较大的部位　　B. 结构或构件受力较小的部位
C. 混凝土强度具有代表性的部位　　D. 避开主筋、预埋件的位置

解析：钻取芯样部位：(1) 结构或构件受力较小的部位。(2) 混凝土强度质量具有代表性的部位。(3) 便于钻芯机安放与操作的部位。(4) 宜采用钢筋探测仪测试或局部剔凿的方法避开主筋、预埋件和管线。

【2023 真题】

50. 关于混凝土结构中氯离子含量检测表述正确的有（　　）。

A. 测区选择宜参考钢筋锈蚀电位测量结果确定
B. 每一测区取粉的钻孔数不宜少于 3 个，不得与碳化深度测孔合并使用
C. 同一测区不同孔相同深度的粉末可收集在一个塑料袋内
D. 不同测区测孔相同深度的粉末不应混合在一起

解析：混凝土中氯离子含量测定的混凝土粉末分析样品的取样部位和数量：(1) 分析样品的取样部位可参照钢筋锈蚀电位测试测区布置原则确定。选项 A 正确。(2) 测区的数量应根据钢筋锈蚀电位检测结果以及结构的工作环境条件确定。在电位水平不同部位，工作环境条件、质量状况有明显差异的部位布置测区。(3) 每一测区取粉的钻孔数量不宜少于 3 个，取粉孔可以与碳化深度测量孔合并使用。选项 B 错误。(4) 测区、测孔应统一编号。(5) 同一测区不同孔相同深度的粉末可收集在一个塑料袋内，质量应不少于 25g，若不够可增加同一测区测孔数量。不同测区测孔相同深度的粉末不应混合在一起。选项 C 和选项 D 正确。

【2024 真题】

51. 关于高强度大六角头螺栓连接副扭矩系数的复验方法正确的是（　　）。

A. 复验用的螺栓应在施工现场待安装的螺栓批中随机抽取
B. 每批应抽取 6 套连接副进行复验
C. 每套连接副只应做一次试验，不得重复使用
D. 在紧固中垫圈发生转动时，试验无效

解析：复验用的螺栓应在施工现场待安装的螺栓批中随机抽取，每批应抽取 8 套连接副进行复验。连接副的扭矩系数试验在轴力计上进行，每一连接副只能试验一次，不得重复使用。组装连接副时，螺母下的垫圈有倒角的一侧应朝向螺母支承面。试验时，垫圈不得发生转动，否则试验无效。

【2024 真题】

52. 关于钢结构渗透检测表述正确的是（　　）。

A. 可以同时显示各个不同方向的各类缺陷
B. 渗透探伤可用于大型构件和不规则零件以及现场机件的检查
C. 渗透探伤可对埋藏于表皮层以下的缺陷直观显示

D. 液体渗透探伤分为荧光渗透探伤和着色渗透探伤

解析： 液体渗透检测的优点是应用不受限制，原理简明易懂，检查经济，设备简单，显示缺陷直观，并可以同时显示各个不同方向的各类缺陷，选项 A 正确。渗透探伤对大型构件和不规则零件的检查以及现场机件的检查，更能显示其特殊的优点，选项 B 正确。但渗透探伤对埋藏于表皮层以下的缺陷是无能为力的，选项 C 错误，它只能检查开口暴露于表面的缺陷，另外，还有操作程序繁杂等缺点。在现代工业探伤中应用的液体渗透探伤分成两大类，即荧光渗透探伤和着色渗透探伤，选项 D 正确。随着化学工业的发展，这两种渗透探伤技术已日益完善，基本上具有同等的检测效果，被广泛应用于建筑、机械、航空、仪表、压力容器和化工等各个领域。

【2024 真题】

53. 关于钢结构用超声波探伤表述正确的是（　　）。

A. 穿透能力大

B. 对平面型缺陷如裂纹、夹层等，探伤灵敏度较高，并可测定缺陷的深度和相对大小

C. 特别适用于形状复杂的构件

D. 要求确保充分耦合

解析： 超声波检测的优点有：①穿透能力大，在钢中的有效探测深度可达 1m 以上；②对平面型缺陷如裂纹、夹层等，探伤灵敏度较高，并可测定缺陷的深度和相对大小；③设备轻便，操作安全，现场即可获得结果，易于实现自动化检验。

缺点有：①对形状复杂的构件不易检查，选项 C 错误；②要求被检查表面有一定的光洁度，且需要耦合剂充填满探头和被检查表面之间的空隙，确保充分的声耦合；③对于有些粗晶粒的铸件和焊缝，因易产生杂乱反射波而较难应用；④超声波检测对检验人员的经验要求较高，检验人员应熟悉焊接材料、焊接工艺和焊接缺陷，通过经验根据缺陷反射波来进行检测结果判断。

【2024 真题】

54. 根据《钢结构工程施工质量验收标准》（GB 50205—2020），无疲劳验算要求的钢结构二级焊缝外观检验不允许出现的缺陷是（　　）。

A. 裂纹

B. 个别电弧擦伤

C. 缺口深度为 0.2mm，且 ≤0.05t 的一处接头不良

D. 表面夹渣

解析：《钢结构工程施工质量验收标准》（GB 50205—2020）第 21 页。

无疲劳验算要求的钢结构焊缝外观质量要求

检验项目	焊缝质量等级		
	一级	二级	三级
裂纹	不允许	不允许	不允许

续表

检验项目	焊缝质量等级		
	一级	二级	三级
未焊满	不允许	≤0.2mm+0.02t 且 ≤1mm，每 100mm 长度焊缝内未焊满累积长度≤25mm	≤0.2mm+0.04t 且 ≤2mm，每 100mm 长度焊缝内未焊满累积长度≤25mm
根部收缩	不允许	≤0.2mm+0.02t 且<1mm，长度不限	≤0.2mm+0.04t 且 ≤2mm，长度不限
咬边	不允许	≤ 0.05t 且 ≤ 0.5mm，连续长度 ≤ 100mm，且焊缝两侧咬边总长 ≤10% 焊缝全长	≤ 0.1t 且<1mm，长度不限
电弧擦伤	不允许	不允许	允许存在个别电弧擦伤
接头不良	不允许	缺口深度 ≤ 0.05t 且 ≤ 0.5mm，每 1000mm 长度焊缝内不得超过 1 处	缺口深度 ≤0.1t 且 ≤1mm，每 1000mm 长度焊缝内不得超过 1 处
表面气孔	不允许	不允许	每 50mm 长度焊缝内允许存在直径<0.4t 且 ≤3mm 的气孔 2 个，孔距应 ≥6 倍孔径
表面夹渣	不允许	不允许	深 ≤ 0.2t，长 ≤ 0.5t 且 ≤20mm

【2024 真题】

55. 关于半电池电位法测定钢筋锈蚀状态的原理及适用条件表述正确的是（　　）。

A. 通过测定混凝土内部的铜/硫酸铜电极电位，来评定混凝土中钢筋的锈蚀活化程度

B. 已经干燥到绝缘状态的混凝土表面，不适用本方法

C. 已经发生脱空、层离的混凝土表面，不适用本方法

D. 对特殊环境，如海水浪溅区、处于盐雾中的混凝土结构等、不具有普遍性。

解析：半电池电位法是指利用混凝土中钢筋锈蚀的电化学反应引起的电位变化来测定钢筋锈蚀状态。通过测定钢筋/混凝土半电池电极与在混凝土表面的铜/硫酸铜参考电极之间电位差的大小，来评定混凝土中钢筋的锈蚀活化程度。半电池电位法用于检测混凝土中钢筋的锈蚀活化程度。已经干燥到绝缘状态的混凝土或已发生脱空层离的混凝土表面，测试时不能提供稳定的电回路，不适用本方法。对特殊环境，如海水浪溅区、处于盐雾中的混凝土结构等，不具备普遍适用性。

【2024 真题】

56. 关于地质雷达检测混凝土衬砌时遇到反射波图像不够清晰、有明显干扰时常用的有效数据处理方法表述正确的是（　　）。

A. 降低增益可减少干扰信号或幅度过大对波形的影响

B. 数据距离归一化宜选在直达波正波中心位置

C. 水平光滑滤波目的是增强层位的连续性

D. 水平背景去除滤波可用于消除强反射条带

解析：

（1）回波起始点（零点）的确定方法：根据已在现场采用的探测方式和拟判定的目标性质，可采用彩色灰度图或黑白灰度图、Wiggle方式进行处理，或以其混合方式进行数据分析，但建议起始零点宜选定在直达波正波的中心位置。

（2）数据距离归一化处理：距离归一化处理是按处理者要求的标记间扫描数对整个数据文件每一个标记间扫描数做等间距的处理方式，通俗理解是使每个距离标记间数据长度相同。

（3）滤波处理：在反射波图像不够清晰、有明显干扰时须进行滤波，常用的有效方法有水平光滑滤波、水平背景去除滤波、降低增益，应根据需要选择。

① 水平光滑滤波：水平道间叠加，用于压制水平方向上的随机干扰，光滑记录，增强层位的连续性。

② 水平背景去除滤波：用于改善识别小目标和消除水平干扰（水平干扰条带、强反射条带），如处理后可分辨出被"背景淹没"的钢筋、钢拱架、反射界面等。

③ 对采集窗口段的波形降低显示增益，可有效减小干扰或信号幅度过大对波形的影响。

【2019年真题】

57. 对某钢桥应用超声波检测技术进行焊缝检测，应注意如下问题。
钢结构焊缝无损检测的人员应该（　　）。
A. 取得超声检测相关的资格等级证书　　B. 受到专业培训和操作授权
C. 掌握焊缝超声检测通用知识　　D. 具有足够焊缝超声检测经验

解析：《焊缝无损检测超声波检测技术、检测等级和评定》（GB/T 11345—2013）第3页。实施检测的人员应进行资格鉴定与认证，取得超声检测相关工业门类的资格等级证书，并由雇主或其代理对其进行职位专业培训和操作授权。从事焊缝检测人员应掌握焊缝超声检测通用知识，具有足够的焊缝超声检测经验，并掌握一定的材料和焊接基础知识。

【2019年真题】

58. 对某钢桥应用超声波检测技术进行焊缝检测，应注意如下问题。
下面哪种缺陷通常与焊接工艺有关（　　）。
A. 未焊透　　　B. 白点　　　C. 缝隙　　　D. 分层

解析： 白点属于材料的缺陷。

【2019年真题】

59. 对某钢桥应用超声波检测技术进行焊缝检测，应注意如下问题。
探伤时采用较高的探测频率，可有利于（　　）。
A. 发现较小的缺陷　　B. 区分开相邻的缺陷　　C. 改善声束指向性　　D. 改善反射波形

解析： 较高的探测频率，会使得波形更便于识别，故能发现较小的缺陷；同时频率较高，采样时间间隔较小，便于区分开相邻的缺陷，改善声束指向性。探测频率高低不能改善波形，故D不选。

【2019 年真题】

60. 对某钢桥应用超声波检测技术进行焊缝检测,应注意如下问题。

焊缝检测中,探头角度的选择与（　　　）有关。

A. 钢板的厚度　　　　B. 缺陷方向　　　　C. 缺陷的部位　　　　D. 钢材的强度

解析：《钢结构超声探伤及质量分级法》（JG/T 203—2007）第 5 页。根据板厚、坡口形式及预期发现的板节点主要缺陷选择探头。与钢材强度无关。

【2019 年真题】

61. 对某钢桥应用超声波检测技术进行焊缝检测,应注意如下问题。

为探出焊缝中不通过角度的缺陷,应采取（　　　）方法。

A. 提出检测频率　　　　　　　　　　　　B. 修磨检测面

C. 用多种折射角度的探头　　　　　　　　D. 增加采样时间

解析：《钢结构超声波探伤及质量分级法》（JG/T 203—2007）第 4 页。检验等级中检测的完善程度 A 级最低,B 级一般,C 级最高。检测工作的难度系数按 A、B、C 顺序增高。检验等级类别作如下规定：(1) A 级检测,采用一个角度的探头在焊缝的单面单侧进行检测,一般不要求作横向缺陷检测。母材厚度大于 50mm,不宜采用 A 级检测。(2) B 级检测,采用一种角度探头单面双侧检测。母材厚度大于 100mm 时,双面双侧检测。条件许可应作横向缺陷检测。(3) C 级检测,至少采用两种角度探头单面双侧检测。同时要作两个扫查方向和两种探头角度的横向缺陷检测。母材厚度大于 100mm 时,采用双面双侧检测。并且要求对接焊缝余高应磨平,以便探头在焊缝上作平行扫查；母材扫查部分应用直探头检查；焊缝母材厚度不小于 100mm,窄间隙焊缝母材厚度不小于 40mm 时,一般要增加串列式扫查,将探头放在焊缝及热影响区上作两个方向的平面扫查,母材厚度超过 100mm 时,应在焊缝的两面作平行扫查或者采用两种角度探头（45°和 60°或 45°和 70°并用）作单面两个方向的平行扫查；亦可用两个 45°探头作串列式平行扫查。

【2020 年真题】

62. 高速公路运营隧道二次衬砌进行地质雷达无损专项检测。

做衬砌厚度检测时,宜采用地质雷达（　　　）Hz 的天线。

A. 100M　　　　　B. 400M　　　　　C. 600M　　　　　D. 1500M

解析：二衬厚度通常是 30~50cm。地质雷达天线的选择：(1) 对于探测深度≤1.3m 的混凝土结构（如隧道衬砌结构、路基路面密实性）宜采用 400~600MHz 天线；900MHz 天线探测深度<0.5m；900MHz 加强型天线探测深度<1.1m；1.5GHz 天线探测深度<0.25m,宜作为辅助探测。(2) 对于探测深度为 1.3~15m 的混凝土结构（如仰拱深度、厚度等）或较大不良地质（空洞、溶洞、采空区等）宜采用 100MHz 和 200MHz 天线。故宜选择 400~600MHz 之间的。

【2020 年真题】

63. 高速公路运营隧道二次衬砌进行地质雷达无损专项检测。

地质雷达检测时，可能对结果数据产生干扰的物体有（　　）。
A. 渗水　　　　　　B. 电缆　　　　　　C. 铁架　　　　　　D. 埋管件

解析：应随时记录可能对测量产生电磁影响的物体，如渗水、电缆、铁架、埋管件等及其位置。

【2020年真题】

64. 高速公路运营隧道二次衬砌进行地质雷达无损专项检测。

检测前，用收发一体天线在明洞端墙部位（厚度60cm）标定电磁波速，测得电磁波时程为10ns，则本隧道混凝土的电磁波传播速度约为（　　）m/s。
A. $1.2×10^8$　　　B. $2×10^8$　　　C. $0.6×10^8$　　　D. $2×10^8$

解析：行程除以时程即为波速，注意时程为双程走时，即行程为厚度60cm的2倍。$V = 2d/t = (2×0.6)/(10×10^{-9}) = 1.2×10^8$ m/s。

【2020年真题】

65. 高速公路运营隧道二次衬砌进行地质雷达无损专项检测。

本隧道通过明洞段标定计算所得的混凝土相对介电常数为（　　）。
A. 9.50　　　　　　B. 8.25　　　　　　C. 7.50　　　　　　D. 6.25

解析：根据公式计算，相对介电常数 $=c^2/v^2$，式中 c 为真空中雷达波速度，取 $3×10^8$ m/s；v 为实测雷达波速度，根据上一题计算结果为 $1.2×10^8$ m/s。

故 $(3×10^8)^2/(1.2×10^8)^2 = 6.25$。

【2020年真题】

66. 高速公路运营隧道二次衬砌进行地质雷达无损专项检测。

若衬砌有配筋和局部不密实，雷达数据有（　　）特征。
A. 反射信号弱，图像均匀且反射界面不明显
B. 反射信号强，信号同相轴呈绕射弧形，不连续且分散杂乱
C. 反射信号强，图像呈小双曲线形
D. 反射信号弱，图像不均匀

解析：混凝土结构背后回填密实性分析：
（1）密实：反射信号弱，图像均一且反射界面不明显。（2）不密实：反射信号强，信号同相轴呈绕射弧形，不连续且分散、杂乱。（3）空洞：反射信号强，反射界面明显，下部有多次反射信号，两组信号时程差较大。

混凝土内部钢架、钢筋、预埋管件判定：（1）钢架、预埋管件，反射信号强，图像呈分散的月牙状。（2）钢筋，反射信号强，图像呈连续的小双曲线形。

四、综合题

【2020年真题】

67. 某预应力混凝土T梁桥遭受火灾后，开展检测评定，现场混凝土强度检测除采用回

弹法外,还需进行取芯检测,最后修正得到混凝土实际强度,请根据相关条件回答下列问题。

1) 取样时需要收集的资料至少应包括(　　)。
A. 设计混凝土强度　　　　　　　　B. 竣工时混凝土强度
C. 混凝土试块抗压强度　　　　　　D. 结构或构件受火情况描述

解析:钻前准备资料:(1)工程名称及设计、施工、监理和建设单位名称。(2)结构或构件种类、外形尺寸及数量。(3)设计混凝土强度等级。(4)浇筑日期、配合比通知单和强度试验报告。(5)结构或构件质量状况和施工记录。(6)有关的结构设计施工图等。

2) 确定取芯位置应注意哪些问题?(　　)
A. 损伤或退化严重部位　　　　　　B. 非主要受力部位
C. 避开所有受力钢筋　　　　　　　D. 与回弹区域重合

解析:钻取芯样部位:(1)结构或构件受力较小的部位。(2)混凝土强度质量具有代表性的部位。(3)便于钻芯机安放与操作的部位。(4)避开主筋、预埋件和管线的位置,并尽量避开其他钢筋。当采用的间接检测方法为无损检测方法时,钻芯位置应与间接检测方法相应的测区重合。

3) 最小取芯样本量不宜少于(　　)个。
A. 3　　　　　B. 6　　　　　C. 12　　　　　D. 15

解析:当采用修正量的方法时,芯样试件的数量和取芯位置应符合下列要求:
(1) 直径100mm芯样试件的数量不应少于6个,小直径芯样试件数量不少于9个。
(2) 当采用的间接检测方法为无损检测方法时,钻芯位置应与间接检测方法相应的测区重合。
(3) 当采用的间接检测方法对结构构件有损伤时,钻芯位置应布置在相应测区的附近。

4) 应对芯样做如下处理(　　)。
A. 宜在磨平机上磨平端面
B. 可用环氧胶泥或聚合物水泥浆补平
C. 芯样试件端面与轴线的不垂直度不得大于1°
D. 芯样裂缝不得大于0.1m

解析:芯样端面处理:可采取在磨平机上磨平端面的处理方法,也可采用硫磺胶泥或环氧胶泥补平。抗压芯样试件尺寸偏差及外观质量超过下列数值时,相应的芯样试件不宜进行试验:(1)芯样试件的实际高径比小于要求高径比的0.95或大于1.05。(2)芯样试件端面与轴线的不垂直度超过1°。(3)芯样试件端面的不平整度在每100mm长度内超过0.1mm。(4)沿芯样试件高度的任一直径与平均直径相差超过1.5mm。(5)芯样有较大缺陷。

5) 最后结构或构件混凝土强度应采用检测批的(　　)。
A. 上限值　　　　　B. 下限值　　　　　C. 平均值　　　　　D. 推定值

解析： 钻芯法宜以上限值 $f_{cu,e1}$ 作为检测批混凝土强度的推定值。由钻芯修正方法确定检测批的混凝土强度推定值时，应采用修正后的样本算术平均值和标准差，并按回弹法的强度推定方法确定。

【2021 年真题】

68. 无损检测技术为混凝土桥梁材质状况与耐久性检测评定提供了手段，有关桥梁无损检测，请回答下列问题。

1）现场混凝土强度检测可适用的方法包括（　　）。
A. 回弹法　　　　　　　　　　B. 超声法
C. 取芯法　　　　　　　　　　D. 超声—回弹综合法

解析： 结构混凝土强度的检测可分为无损检测、半破损检测和破损检测。其中，无损检测最常用的方法有回弹法、超声回弹综合法等；半破损检测方法如拔出法、钻芯法、钻芯回弹综合法等。

2）下列有关半电池电位法检测钢筋锈蚀的说法正确的有（　　）。
A. 半电池电极接仪器的负极　　B. 半电池电极接仪器的正极
C. 钢筋接仪器的负极　　　　　D. 钢筋接仪器的正极

解析： 现场检测时，铜/硫酸铜电极一般接二次仪表正输入端，钢筋接二次仪表的负输入端。

3）可能影响钢筋保护层检测结果的主要因素有（　　）。
A. 外加磁场　　　　　　　　　B. 混凝土具有磁性
C. 钢筋品种　　　　　　　　　D. 不同的布筋状况

解析： 影响钢筋保护层厚度测量准确度的因素有：（1）应避免外加磁场的影响。选项 A 正确。（2）混凝土若具有磁性，测量值需加以修正。选项 B 正确。（3）钢筋品种对测量值有一定的影响，主要是高强钢筋，需加以修正。选项 C 不正确，题干问主要影响因素应该明确写高强钢筋。（4）布筋状况、钢筋间距影响测量值。选项 D 正确。

4）钢筋保护层检测结果修正的方法有（　　）。
A. 仪器比对　　　　　　　　　B. 声波探测
C. 用标准块综合修正　　　　　D. 用小直径钻头打标准孔修正

解析： 保护层厚度的修正：（1）用标准垫块进行综合修正；（2）用校准孔进行综合修正。

5）间接评价钢筋锈蚀活动性可测量（　　）。
A. 氯离子含量　　B. 碳化深度　　C. 缺陷与损伤　　D. 电阻率

解析：（1）混凝土中的氯离子可诱发并加速钢筋锈蚀，测量混凝土中氯离子含量可间接评判钢筋锈蚀活化的可能性。混凝土氯离子含量越高，钢筋发生锈蚀的可能性越大。

(2) 混凝土电阻率反映了混凝土的导电性能，可间接评判钢筋的可能锈蚀速率。通常混凝土电阻率越小，混凝土导电的能力越强，钢筋锈蚀发展速度越快。（3) 配筋混凝土构件中的钢筋通常由于碱性混凝土环境的保护而处于钝化状态，混凝土碳化将造成钢筋失去碱性混凝土环境的保护，钢筋就易发生锈蚀。通过测试混凝土的碳化深度，并结合钢筋保护层厚度状况，可评判及混凝土碳化对钢筋锈蚀的影响。

【2021年真题】

69. 对某混凝土构件进行钢筋分布及保护层厚度的检测，已知此构件保护层厚度设计值为 45mm，实测保护层厚度特征值为 39.4mm，请回答以下相关问题。

1) 钢筋位置及混凝土保护层厚度检测仪的工作原理是基于（　　）。
   A. 超声波透射　　　B. 电磁感应　　　C. 电化学反应　　　D. X 射线透射

   解析：钢筋位置及混凝土保护层厚度检测仪检测原理：仪器探头产生一个电磁场，当某条钢筋或其他金属物体位于这个电磁场内时，会引起这个电磁场磁力线的改变，造成局部电磁场强度的变化。电磁场强度的变化和金属物大小与探头距离存在一定的对应关系。如果把特定尺寸的钢筋和所要调查的材料进行适当标定，通过探头测量并由仪表显示出来这种对应关系，即可估测混凝土中钢筋的位置、深度和尺寸。

2) 对某一类构件的检测，可采取抽样的方法，关于抽样数量要求正确的有（　　）。
   A. 不少于同类构件数的 10%　　　　B. 不少于同类构件数的 30%
   C. 不少于 3 件　　　　　　　　　　D. 不少于 6 件

   解析：测区布置原则（1）按单个构件检测时，应根据尺寸大小，在构件上均匀布置测区，每个构件上的测区数不应少于 3 个。(2) 对于最大尺寸大于 5m 的构件，应适当增加测区数量。(3) 测区应均匀分布，相邻两测区的间距不宜小于 2m。(4) 测区表面应清洁、平整，避开接缝、蜂窝、麻面、预埋件等部位。(5) 测区应注明编号，并记录测区位置和外观情况。(6) 测点数量及要求：①构件上每一测区应不少于 10 个测点。②测点间距应小于保护层测试仪传感器长度。(7) 对某一类构件的检测：可采取抽样的方法，抽样数不少于同类构件数的 30%，且不少于 3 件，每个构件测区布置按单个构件要求进行。(8) 对结构整体的检测，可先按构件类型分类，再按类型进行检测。

3) 测区应均匀分布，相邻两测区的间距和测点选择要求正确的有（　　）。
   A. 测区间距不宜大于 2m　　　　　B. 测区间距不宜小于 2m
   C. 每个测区测点不少于 10 个　　　D. 每个测区测点不少于 20 个

   解析：测区布置原则（1）按单个构件检测时，应根据尺寸大小，在构件上均匀布置测区，每个构件上的测区数不应少于 3 个。(2) 对于最大尺寸大于 5m 的构件，应适当增加测区数量。(3) 测区应均匀分布，相邻两测区的间距不宜小于 2m。(4) 测区表面应清洁、平整，避开接缝、蜂窝、麻面、预埋件等部位。(5) 测区应注明编号，并记录测区位置和外观情况。(6) 测点数量及要求：①构件上每一测区应不少于 10 个测点。②测点间距应小于保护层测试仪传感器长度。(7) 对某一类构件的检测，可采取抽样的方法，抽样数不少于同类构件数的30%，且不少于3件，每个构件测区布置按单个构件要求进行。（8）对结构整体的检测，可先按构件类型分类，再按类型进行检测。

4) 影响测量准确度的因素有（　　）。

A. 外加磁场
B. 混凝土本身具有磁性
C. 钢筋品种
D. 布筋间距、钢筋间距

解析：影响测量准确度的因素：（1）应避免外加磁场的影响。（2）混凝土若具有磁性，测量值需加以修正。（3）钢筋品种对测量值有一定影响，主要是高强钢筋，需加以修正。（4）布筋状况、钢筋间距影响测量值，当 $D/S<3$ 时需修正测量值。其中，D 为钢筋净间距（mm），即钢筋边缘至边缘的间距；S 为保护层厚度（mm），即钢筋边缘至保护层表面的最小距离。

5) 根据实测结果，该混凝土构件保护层厚度评定结果为（　　）。

A. 对结构耐久性影响不显著，评定标度为1
B. 对结构耐久性有轻微影响，评定标度为2
C. 对结构耐久性有影响，评定标度为3
D. 对结构耐久性有较大影响，评定标度为4

解析：

钢筋保护层厚度评定标准

D_{ne}/D_{nd}	对结构钢筋耐久性的影响	评定标度
>0.95	影响不显著	1
(0.85, 0.95]	有轻度影响	2
(0.70, 0.85]	有影响	3
(0.55, 0.70]	有较大影响	4
≤0.55	钢筋易失去碱性保护，发生锈蚀	5

根据测量部位实测保护层厚度特征值 D_{ne} 与其设计值 D_{nd} 的比值（$D_{ne}/D_{nd}=39.4/45=0.88$，所以B选项正确）。对结构耐久性有轻微影响，评定标度为2。

【2021年真题】

70. 采用地质雷达法进行隧道超前地质预报，请回答以下问题。

1) 关于地质雷达法超前地质预报的相关特性描述，正确的包括（　　）。

A. 利用电磁波传播及反射特性，依据传播速度、反射走时及波形特征进行超前地质预报
B. 属于物探法的一种类型
C. 具有快速、无损、连续检测、实时显示等特点
D. 可进行长距离探测预报

解析：地质雷达法是一种用于确定地下介质分布的光谱（频率为1MHz~2GHz）电磁技术，在隧道内通过电磁波发射器向隧道衬砌发射高频宽频带短脉冲，电磁波经衬砌界面或空

洞的反射，再返回到接收天线。电磁波在介质中传播时，其路径、电磁场强度与波形将随所通过介质的电性质及几何形态而变化，根据接收到的电磁波传播时间（也称双程走时）、幅度与波形资料推断介质的结构，即可求得反射界面的深度。地质雷达法在一般地段预报距离宜控制在30m以内，在溶发育地段的有效预报长度则应根据雷达波形判定。连续预报时前后两次重叠长度宜在5m以上。

2）地质雷达法适用（　　）的探测和超前预报。
A. 煤层瓦斯　　　B. 前方地下水体　　　C. 岩溶　　　D. 浅部地层

解析： 电磁波反射法超前地质预报主要采用地质雷达法。地质雷达法探测是利用电磁波在隧道开挖工作面前方岩体中的传播与反射，根据传播速度、发射走时和波形特征进行超前地质预报的一种物探方法。地质雷达法用于探测浅部地层、岩溶、空洞、不均匀体，具有快速、无损伤、可连续可单点方式探测、实时显示等特点。

3）属于地质雷达信号的水平滤波器有（　　）。
A. 高通滤波　　　B. 低通滤波　　　C. 光滑滤波　　　D. 数字叠加

解析： 在反射波图像不够清晰、有明显干扰时须进行滤波。常用的有效方法有水平光滑滤波、水平背景去除滤波、降低增益，应根据需要选择。

4）地质雷达法的预报距离取决于（　　）。
A. 发射器信噪比　　　　　　　　B. 接收器的灵敏度
C. 介质的衰减系数　　　　　　　D. 目标的反射系数

解析： 预报距离：地质雷达工作天线频率越低，波长越大，能量衰减越慢，预报距离就越大，但相应的分辨率会降低。此外预报距离还取决于介质的衰减系数、接收器的信噪比和灵敏度、发射器发射功率、系统总增益、目标的反射系数、几何形状及其产状等。因此地质雷达法在一般地段预报距离宜控制在30m以内，在岩溶发育地段的有效预报长度则应根据雷达波形判定。连续预报时前后两次重叠长度宜在5m以上。

5）雷达数据处理包括（　　）。
A. 时差校正　　　B. FK滤波　　　C. 信号增益　　　D. 背景去噪

解析： 数据分析与解释（1）参与数据分析与解释的雷达剖面应清晰。（2）数据分析包括编辑、滤波、增益等处理。情况较复杂时，还宜进行FK滤波、正常时差校正、褶积、速度分析、消除背景干扰等处理。（3）数据解释应结合地质情况、电性特征、探测体的性质和几何特征综合分析。必要时应考虑影响相对介电常数的各种因素，制作雷达探测的正演和反演模型。

【2024真题】
71. 钢筋保护层厚度关系到混凝土结构桥梁耐久性的重要指标，对结构使用寿命至关重要

1) 钢筋保护厚度指的是混凝土结构表面至（　　）。
   A. 受力主筋中心距离　　　　　　　　B. 受力主筋外缘距离
   C. 最外层钢筋中心距离　　　　　　　D. 最外层钢筋外缘距离

   解析：《混凝土中钢筋检测技术标准》（JGJ/T 152—2019）第 8 页。当采用直接法量测混凝土保护层时，应按下列步骤进行：
   （1）采用无损检测方法确定被测钢筋位置；
   （2）采用空心钻头钻孔或剔凿去除钢筋外层混凝土直至被测钢筋直径方向完全暴露，且沿钢筋长度方向不宜小于 2 倍钢筋直径；
   （3）采用游标卡尺测量钢筋外轮廓至混凝土表面最小距离。

2) 对同类构件的检测，可采取抽样的方法，下列抽样原则正确的是（　　）。
   A. 不少于同类构件数的 20%　　　　　B. 不少于同类构件数的 30%
   C. 不少于 3 件　　　　　　　　　　　D. 不少于 6 件

   解析：测区布置：
   （1）按单个构件检测时，应根据尺寸大小，在构件上均匀布置测区，每个构件上的测区数不应少于 3 个，相邻两测区的间距不宜小于 2m。测区表面应清洁、平整，避开接缝、蜂窝、麻面、预埋件等部位。
   （2）对于最大尺寸大于 5m 的构件，应适当增加测区数量。
   （3）每一测区应不少于 10 个测点，测点间距应小于保护层测试仪传感器长度。
   （4）对某一类构件的检测，可采取抽样的方法，抽样数不少于同类构件数的 30%，且不少于 3 件，每个构件测区布置按单个构件要求进行。
   （5）对结构整体的检测，可先按构件类型分类，再按类型进行检测。

3) 对同一根钢筋同一位置进行检测时，两次测试值为 31mm、35mm，该处钢筋保护层厚度为（　　）。
   A. 31mm　　　　　B. 33mm　　　　　C. 35mm　　　　　D. 测试数据无效

   解析：《混凝土中钢筋检测技术标准》（JGJ/T 152—2019）第 7 页。当采用电磁法对钢筋保护层厚度进行检测时，应对同一根钢筋同一处检测 2 次，读取的 2 个保护层厚度值相差不大于 1mm 时，取二次检测数据的平均值为保护层厚度值，精确至 1mm；相差大于 1mm 时，该次检测数据无效，并应查明原因，在该处重新进行 2 次检测，仍不符合规定时，应该更换电磁感应法钢筋探测仪进行检测或采用直接法进行检测。

4) 可用于保护层测量值修正的方法是（　　）。
   A. 钢筋等效直径修正　　　　　　　　B. 标准垫块综合修正
   C. 校准孔综合修正　　　　　　　　　D. 经验修正

   解析：用标准垫块进行综合修正，这种方法适用于现场检测。用校准孔进行综合修正，也是现场校准测量值的有效方法。

5）根据《公路桥梁承载能力检测评定规程》（JTG/T J21—2011），钢筋保护层测试结果评定采用实测保护层厚度特征值 D_{ne} 与其设计值 D_{nd} 的比值，当测试结果 D_{ne}/D_{nd} ＝处于（0.70，0.85］范围时，表示（　　）。

A. 对结构钢筋耐久性的影响不显著　　　　B. 对结构钢筋耐久性有轻度影响
C. 对结构钢筋耐久性有影响　　　　　　　D. 钢筋易失去碱性保护，发生锈蚀

解析：

钢筋保护层厚度评定标准

D_{ne}/D_{nd}	对结构钢筋耐久性的影响	评定标度
＞0.95	影响不显著	1
(0.85，0.95]	有轻度影响	2
(0.70，0.85]	有影响	3
(0.55，0.70]	有较大影响	4
≤0.55	钢筋易失去碱性保护，发生锈蚀	5

答案： 1. D　2. C　3. B　4. B　5. C　6. D　7. B　8. C　9. D　10. D　11. D　12. B　13. C　14. A　15. B　16. B　17. B　18. A　19. A　20. A　21. A　22. B　23. B　24. A　25. A　26. B　27. B　28. A　29. A　30. B　31. B　32. A　33. A　34. B　35. B　36. B　37. A　38. B　39. B　40. A、B、C　41. A、B、C、D　42. A、B、C　43. B、C、D　44. A、B、C　45. A、B　46. A、B、D　47. A、B、C　48. B、C、D　49. B、C、D　50. A、C、D　51. A、C、D　52. A、B、D　53. A、B、D　54. A、B、C　55. B、C、D　56. A、C、D　57. A、B、C、D　58. A、C、D　59. A、B、C　60. A、B、C　61. C　62. C　63. A、B、C、D　64. A　65. D　66. B、C　67.1) A、C、D，2) A、B、C，3) B，4) A、C，5) D　68.1) A、D，2) B、C，3) A、B、D，4) C、D，5) A、B、D　69.1) B，2) B、C，3) B、C，4) A、B、C、D，5) B　70.1) A、B、C，2) C、D，3) C，4) B、C、D，5) A、B、D　71.1) D，2) B、C，3) D，4) B、C，5) C

第四章 地基与基础试验检测

一、单项选择题

【2021年真题】

1. 用声波透射法检测钻孔灌注桩时,所依据的基本物理量是接收信号的频率变化和接收波形畸变,此外还有（　　）。
   A. 混凝土强度
   B. 声程值和缺陷大小
   C. 声时值和波幅变化
   D. 混凝土强度等级及缺陷位置

   解析： 声波透射法是在灌注桩中预埋两根或两根以上的声测管作为检测通道,管中注满水作为耦合剂,将超声发射换能器和接收换能器置于声测管中,由超声仪激励发射换能器产生超声脉冲,向桩身混凝土辐射传播。声波在混凝土传播过程中,当桩身混凝土介质存在阻抗差异时,将发生反射、绕射、折射和声波能量的吸收、衰减,并经另一声测管中的接收换能器接收,经超声仪放大、显示、处理、存储,可在显示器上观察接收超声波波形,判读出超声波穿越混凝土后的首波声时、波幅及接收波主频等声学参数,通过桩身缺陷引起声学参数或波形变化来检验桩身混凝土是否存在缺陷。

【2021年真题】

2. 根据《公路工程基桩检测技术规程》（JTG/T 3512—2020）,高应变动力试桩法测试基桩承载力时,重锤以自由落锤锤击设有桩垫的桩头,锤的最大落距不宜大于（　　）。
   A. 1.0m　　　　B. 1.2m　　　　C. 2.0m　　　　D. 2.5m

   解析： 重锤以自由落锤锤击设有桩垫的桩头,采用以重锤低击,锤的最大落距不宜大于2.5m。桩的贯入度宜用精密水准仪实测,单击贯入度宜为2~6mm,锤击次数宜为2~3击。在现场及时检查采集的数据、曲线质量。如测试波形紊乱,应查找原因,处理后重新进行检测,直至达到检测质量要求为止。

【2021年真题】

3. 对混凝土强度等级低于（　　）的基桩,不宜采用钻芯法检测其完整性。
   A. C10　　　　B. C25　　　　C. C15　　　　D. C20

   解析： 钻探取芯法是检测混凝土灌注桩质量的一种有效方法,不受场地条件限制,特别适用于大直径的混凝土灌注桩的成桩质量检测,钻芯孔的垂直度不容易控制,故要求受检桩的桩径不宜小于800mm，长径比不宜大于40，一般桩身混凝土强度等级不低于C10。

【2021年真题】

4. 采用高应变法检测基桩承载力，激振锤质量不得小于预估单桩极限承载力的（　　）。

A. 0.015　　　　B. 0.0125　　　　C. 0.012　　　　D. 0.0105

解析：锤击设备：①激振锤宜采用铸铁或铸钢制作的自由落锤，也可采用柴油锤、液压锤，严禁使用由钢板制成的分片组装锤。②锤体应材质均匀、形状对称，锤底平整，高径（宽）比不得少于1，宜采用稳固的导向装置。③检测单桩竖向极限承载力时，激振锤的质量不得小于预估单桩极限承载力的1.2%。灌注桩的桩径大于800mm或桩长大于35m时宜适当增加锤重。

【2019年真题】

5. 试验确定桥梁单桩竖向抗压极限承载力时，根据《建筑基桩检测技术规范》（JGJ 106—2014）要求，当某级荷载下桩顶沉降量大于前一级荷载沉降量2倍，且24h尚未达到相对稳定标准情况下，取（　　）作为其极限承载力。

A. 当前级荷载值　　　　　　　　B. 前一级荷载值
C. 当前级荷载值的1/2　　　　　D. 前一级荷载值的1/2

解析：单桩竖向抗压极限承载力的确定应符合下列规定：（1）根据沉降随荷载变化的特征确定：对于陡降形 Q-s 曲线，取其发生明显陡降的起始点对应的荷载值。（2）根据沉降随时间变化的特征确定：取 s-lg$t$ 曲线尾部出现明显向下弯曲的前一级荷载值。（3）备检桩在某级荷载作用下的沉降量大于于前一级的2倍且24h尚未稳定，同时桩顶总沉降量大于40mm，取前一级荷载值。（4）工程桩验收时，荷载已达到承载力容许值的2倍或设计要求的最大加载量，且沉降达到稳定，取本级荷载值。（5）对于缓变形 Q-s 曲线，可根据沉降量确定，宜取 s=40mm 对应的荷载值；对于钢管桩和桩长大于40m的混凝土桩，宜考虑桩身弹性压缩量；对直径大于或等于800mm的灌注桩或闭口桩，可取 s=0.05D（D 为桩端直径）对应的荷载值。（6）当按上述5款判定桩的竖向抗压承载力未达到极限时，桩的竖向抗压极限承载力宜取最大加载值。

【2019年真题】

6. 桥梁基桩竖向静载试验中，对于砂类土，在最后（　　）内，如果下沉量小于0.1mm，即可视为稳定。

A. 10min　　　　B. 20min　　　　C. 30min　　　　D. 40min

解析：稳定标准：每1h内的桩顶沉降量不超过0.1mm，并连续出现两次（从分级荷载施加后的第30min开始，按1.5h连续三次每30min的沉降观测值计算）。卸载时，每级荷载应维持1h，分别按第15min、30min、60min量测桩顶的回弹量，即可卸下一级荷载。卸载至零后，维持时间不得少于3h。桩端为砂类土时，应在开始30min内每15min测读一次；桩端为黏质土时，应在开始60min内每15min测读一次，以后每隔30min测读一次桩顶残余沉降量。

【2021年真题】

7. 根据《公路桥涵地基与基础设计规范》（JTG 3363—2019），岩石完整性系数为（　　）之比的平方。

A. 岩体纵波波速与岩块纵波波速　　B. 岩体纵波波速与岩体横波波速

C. 岩块纵波波速与岩体纵波波速　　D. 岩块纵波波速与岩块横波波速

解析： 完整性指数为岩体纵波波速与岩块纵波波速之比的平方。

【2019年真题】

8. 对于钻孔桩成孔中心位置允许偏差，《公路桥涵施工技术规范》（JTG/T F50—2011）的要求为（　　）。

A. 群桩和单排桩：50mm　　B. 群桩和单桩：100mm

C. 群桩：50mm，单排桩100mm　　D. 群桩100mm，单排桩：50mm

解析：

钻、挖孔成孔的质量标准

检查项目	规定值或允许偏差	检查方法和频率
桩位/mm	群桩：100；单排桩：50	全站仪；每桩测中心坐标
孔深/m	≥设计值	测绳；每桩测量
孔径/mm	≥设计值	探孔器或超声波成孔检测仪；每桩测量
钻孔倾斜度/mm	钻孔：≤1%S，且≤500 挖孔：≤0.5%S，且≤500	钻杆垂线法或超声波成孔检测仪；每桩测量
沉淀厚度/mm	满足设计要求	沉淀盒或测渣仪；每桩测量

注：S 为桩长，计算规定值或允许偏差时以 mm 计。

【2019年真题】

9. 桥梁钻孔灌注桩采用正循环钻孔，一般地层的护壁泥浆的含砂率一般要求为（　　）。

A. ≤9%　　B. 9%~4%　　C. ≤6%　　D. ≤4%

解析：

泥浆性能指标选择

钻孔方法	地层情况	泥浆性能指标						
		相对密度	黏度/(Pa·s)	含砂率/%	胶体率/%	失水率/(mL/30min)	泥皮厚/(mm/30min)	静切力/Pa	酸碱度（pH值）
正循环	一般地层	1.05~1.20	16~22	9~4	≥96	≤25	≤2	1.0~2.5	8~10
	易坍地层	1.20~1.45	19~28	9~4	≥96	≤15	≤2	3~5	8~10
反循环	一般地层	1.02~1.06	16~20	≤4	≥95	≤20	≤3	1~2.5	8~10
	易坍地层	1.06~1.10	18~28	≤4	≥95	≤20	≤3	1~2.5	8~10
	卵石土	1.10~1.15	20~35	≤4	≥95	≤20	≤3	1~2.5	8~10

续表

钻孔方法	地层情况	泥浆性能指标						
		相对密度	黏度 /(Pa·s)	含砂率 /%	胶体率 /%	失水率 /(mL/30min)	泥皮厚 /(mm/30min)	静切力 /Pa	酸碱度 (pH值)
旋挖	一般地层	1.02~1.10	18~22	≤4	≥95	≤20	≤3	1~2.5	8~11
冲击	易坍地层	1.20~1.40	22~30	≤4	≥95	≤20	≤3	3~5	8~11

注：1. 地下水位高或其流速大时，指标取高限，反之取低限。
　　2. 地质状态较好、孔径或孔深较小的取低限，反之取高限。

【2021年真题】

10. 碎石土地基承载力基本容许值可根据土的（　　）确定。
    A. 类别和密实程度　　　　　　　　B. 类别和强度
    C. 强度和密实程度　　　　　　　　D. 类别和天然孔隙比

解析：
碎石土地基可根据其类别和密实程度按下表确定承载力基本容许值 $[f_{a0}]$。

碎石土地基承载力基本容许值 $[f_{a0}]$（单位：kPa）

土名	密实程度			
	密实	中密	稍密	松散
卵石	1200~1000	1000~650	650~500	500~300
碎石	1000~800	800~550	550~400	400~200
圆砾	800~600	600~400	400~300	300~200
角砾	700~500	500~400	400~300	300~200

注：1. 由硬质岩组成，填充砂土者取高值；由软质岩组成，填充黏性土者取低值。
　　2. 半胶结的碎石土，可按密实的同类土的 $[f_{a0}]$ 值提高10%~30%。
　　3. 松散的碎石土在天然河床中很少遇见，需特别注意鉴定。
　　4. 漂石、块石的 $[f_{a0}]$ 值，可参照卵石、碎石适当提高。

【2019年真题】

11. 为了保证振动测试信号处理时不产生混叠，信号采样频率至少为原信号最大频率的（　　）倍以上。
    A. 1　　　　　　B. 2　　　　　　C. 3　　　　　　D. 4

解析： 采样频率应至少为信号源最大频率的2倍，在桩基检测中通常取3倍。

【2023真题】

12. 根据《公路工程质量检验评定标准 第一册 土建工程》（JTG F80/1—2017），钻孔灌注桩的成孔质量检测中，桩长为 S，钻孔倾斜度允许偏差为（　　）。
    A. ≤0.5%S，且≤250mm　　　　　　B. ≤1%S，且≤250mm
    C. ≤0.5%S，且≤500mm　　　　　　D. ≤1%S，且≤500mm

解析：

钻、挖孔在终孔和清孔后，应进行孔位、孔深检验。《公路工程质量检验评定标准 第一册 土建工程》（JTG F80/1—2017）中关于钻、挖孔成孔的质量标准见下表。

钻、挖孔成孔的质量标准

检查项目	规定值或允许偏差	检查方法和频率
桩位/mm	群桩：100；单排桩：50	全站仪；每桩测中心坐标
孔深/m	≥设计值	测绳；每桩测量
孔径/mm	≥设计值	探孔器或超声波成孔检测仪；每桩测量
钻孔倾斜度/mm	钻孔：≤1%S，且≤500 挖孔：≤0.5%S，且≤500	钻杆垂线法或超声波成孔检测仪；每桩测量
沉淀厚度/mm	满足设计要求	沉淀盒或测渣仪；每桩测量

注：S 为桩长，计算规定值或允许偏差时以 mm 计。

【2023 真题】

13. 浅层平板荷载试验最大加载量不应小于设计要求的（　　）倍。
A. 0.618　　　B. 1　　　C. 2　　　D. 3

解析： 浅层平板荷载试验现场测试：试验加荷分级不应少于 8 级，第一级荷载包括设备重力。每级荷载增量为地基土预估极限承载力的 1/10~1/8。最大加载量不应小于设计要求的 2 倍或接近试验土层的极限荷载。

二、判断题

【2021 年真题】

14. 反射波法可以测算桩身混凝土的强度等级。
A. 正确　　　　　　　　　　　B. 错误

解析： 反射波法的优点：仪器设备轻便，操作简单成本低廉；可对桩基工程进行普查，检测面覆盖大；可检测桩身完整性和桩身存在的缺陷及位置，估算桩身混凝土强度、核对桩长等。在工程检测中，人们常用波速估计混凝土的强度等级，这是一种平均强度的概念。

【2021 年真题】

15. 单桩水平静载试验时，当达到设计的最大加载量时，应停止加载。
A. 正确　　　　　　　　　　　B. 错误

解析： 加载终止条件。当出现下列情况之一时即可终止加载：①桩身折断。②水平位移超过 30~40mm（软土取 40mm）。③达到设计要求的最大加载量或水平位移允许值。

【2021 年真题】

16. 钻孔泥浆作为钻探的冲洗液，除起护壁作用外，还具有携带岩土，冷却钻头、堵漏

等功能。

  A. 正确   B. 错误

  解析：在岩土地层基桩的钻孔过程中，一般都要采用护壁措施。钻孔泥浆作为钻探的冲洗液，除起护壁作用外，还具有携带岩土、冷却钻头、堵漏等功能，泥浆性能的好坏直接影响钻进效率和生产安全。钻孔泥浆一般由水、黏土（或膨润土）和添加剂按适当配合比配制而成。

【2019 年真题】

17. 超声波孔壁测量仪可以直接测定桥梁钻孔灌注桩孔底沉淀土厚度。

  A. 正确   B. 错误

  解析：测定沉淀土厚度的方法目前还不够成熟，常用的主要有以下三种：(1) 垂球法。(2) 电阻率法。(3) 电容法。

【2019 年真题】

18. 根据《公路工程基桩动测技术规程》规定，对 1600mm 直径的桥梁基桩，采用声波透射法检测基桩完整性，应预埋 4 根声测管。

  A. 正确   B. 错误

  解析：声测管埋设数量与桩径大小有关，根据《公路工程基桩检测技术规程》（JTG/T 3512—2020），当桩径小于 1000mm 时，应埋设 2 根管；当桩径大于或等于 1000mm 且小于或等于 1600mm 时，应埋设 3 根管；当桩径大于 1600mm 且小于或等于 2500mm 时，应埋设 4 根管；当桩径大于或等于 2500mm 时，应增加声测管的数量。

【2019 年真题】

19. 利用反射波法，不仅能判断桥梁基桩柱身混凝土的完整性，估算混凝土强度等级，还能估算出单桩承载力。

  A. 正确   B. 错误

  解析：反射波法的优点：仪器设备轻便，操作简单，成本低廉；可对桩基工程进行普查，检测面覆盖大；可检测桩身完整性和桩身存在的缺陷及位置，估计桩身混凝土强度、核对桩长等。

【2021 年真题】

20. 钻探取芯应在混凝土浇灌 28d 后进行，或受检桩同条件养护试件强度达到设计强度要求。

  A. 正确   B. 错误

  解析：钻探取芯应在混凝土浇灌 28d 后进行，或受检桩同条件养护试件强度达到设计强度要求。

【2019 年真题】

21. 桥梁基桩静载试验加载方式采用慢速维持荷载法（逐级加载），每级荷载达到相对稳定后加下一级直到试桩破坏,然后直接卸载到零。

A. 正确 B. 错误

解析:桩的卸荷与回弹量观测:①卸荷应分级进行,每级卸载量为两个加载级的荷载量。每级卸载后,应观测桩顶的回弹量,观测方法与沉降时相同。②卸载至零后,至少2h内每隔30min观测1次。如果桩尖下为砂类土,则开始30min内,每15min观测一次;如桩尖下为黏质土,第1h内,每15min观测1次。

【2019/2021 年真题】

22. 反射波法基本原理是在桥梁基桩桩顶进行竖向激振,弹性波沿着桩身向下传播,在桩身存在明显波阻抗界面或桩身截面积变化部分,将产生反射波。

A. 正确 B. 错误

解析:把桩视为一维弹性均匀杆件,当桩顶受到激励后,则压缩波以波速C沿桩身向下传播,当遇到桩身波阻抗变化的界面时,压缩入射波(I)在波阻抗界面将产生反射波(R)和透射波(T)。

【2019/2021 年真题】

23. 桥梁钻孔灌注桩护壁泥浆一般要求呈碱性。

A. 正确 B. 错误

解析:

pH值等于7时为中性,大于7时为碱性,小于7时为酸性。由下表可见泥浆酸碱度均为碱性。

泥浆性能指标选择

钻孔方法	地层情况	泥浆性能指标							
		相对密度	黏度 /(Pa·s)	含砂率 /%	胶体率 /%	失水率 /(mL/30min)	泥皮厚 /(mm/30min)	静切力 /Pa	酸碱度 (pH值)
正循环	一般地层	1.05~1.20	16~22	9~4	≥96	≤25	≤2	1.0~2.5	8~10
	易坍地层	1.20~1.45	19~28	9~4	≥96	≤15	≤2	3~5	8~10
反循环	一般地层	1.02~1.06	16~20	≤4	≥95	≤20	≤3	1~2.5	8~10
	易坍地层	1.06~1.10	18~28	≤4	≥95	≤20	≤3	1~2.5	8~10
	卵石土	1.10~1.15	20~35	≤4	≥95	≤20	≤3	1~2.5	8~10
旋挖	一般地层	1.02~1.10	18~22	≤4	≥95	≤20	≤3	1~2.5	8~11
冲击	易坍地层	1.20~1.40	22~30	≤4	≥95	≤20	≤3	3~5	8~11

注:1. 地下水位高或其流速大时,指标取高限,反之取低限。
2. 地质状态较好、孔径或孔深较小的取低限,反之取高限。

【2019 年真题】

24. 不论采用何种清孔方法,桥梁钻孔灌注桩泥浆试件都应从孔底提出,进行性能指标检测。

A. 正确 B. 错误

解析：清孔后的泥浆指标是从桩孔的顶、中、底部分分别取样检验的平均值。

【2020 年真题】

25. 根据《公路桥涵地基与基础设计规范》（JTG 3363—2019），岩石的坚硬程度应按照饱和单轴抗压强度标准值分级。

A. 正确 B. 错误

解析：岩石的坚硬程度应根据岩块的饱和单轴抗压强度标准值分级。

【2021 年真题】

26. 重型、超重型圆锥动力触探试验均可对极软岩地基进行检测。

A. 正确 B. 错误

解析：圆锥动力触探试验的适用范围：轻型圆锥动力触探试验一般用于贯入深度小于 4m 的黏性土、黏性土组成的素填土和粉土。可用于施工验槽、地基检验和地基处理效果的检测。重型圆锥动力触探试验一般适用于砂土、中密以下的碎石土和极软岩。超重型圆锥动力触探试验一般适用于较密实的碎石土、极软岩和软岩。

【2023 真题】

27. 岩石的坚硬程度应根据岩块的天然单轴抗压强度标准值分级。

A. 正确 B. 错误

解析：

岩石的坚硬程度应根据岩块的饱和单轴抗压强度标准值分级，见下表。

岩石坚硬程度分级

坚硬程度类别	坚硬岩	较硬岩	较软岩	软岩	极软岩
饱和单轴抗压强度标准值f_{rk}/MPa	$f_{rk}>60$	$60 \geq f_{rk}>30$	$30 \geq f_{rk}>15$	$15 \geq f_{rk}>5$	$f_{rk} \leq 5$

注：岩石饱和单轴抗压强度试验要点按规范执行。

【2023 真题】

28. 深层平板荷载试验每级加载后，第一个小时内应按 10min、10min、10min、15min、15min 测读沉降量，以后为每隔 0.5h 测读一次沉降量。当连续 2h 内每小时沉降量小于 0.1mm 时，可认为已趋稳定，可加下一级荷载。

A. 正确 B. 错误

解析：深层平板荷载试验加荷稳定标准与浅层平板荷载试验相同：每级加载后，第一个小时内按照 10min、10mim、10min、15min、15min，后每隔 30min 测读一次沉降量当在连续 2h 内，每小时的沉量小于 0.1mm 时则认为已趋稳定，可加载下一级荷载。

【2024 真题】

29. 碎石土密实度可以根据重型动力触探锤击数 $N_{63.5}$ 确定，分为松散、中密、密实 3 级。

A. 正确　　　　　　　　　　　　　　B. 错误

解析：碎石土的密实度，可根据重型动力触探锤击数 $N_{63.5}$，分为松散、稍密、中密、密实 4 级。

三、多项选择题

【2021 年真题】

30. 混凝土灌注桩承载力检测，对于混凝土的要求正确的有（　　）。

A. 混凝土龄期应达到 28d 或强度达到设计要求
B. 混凝土龄期应达到 14d 或强度达到设计要求
C. 桩头混凝土强度不低于 C30
D. 桩头混凝土强度不低于 C15

解析：对混凝土灌注桩进行承载力检测时，被检桩的混凝土龄期应达到 28d 或强度达到设计要求。对沉桩进行承载力试验的休止时间，砂类土不少于 7d，粉质土不少于 10d，非饱和黏质土不少于 15d。饱和黏质土不应少于 25d。单桩竖向抗压静载试验的试验桩有如下要求：①从成桩到试验的间隔时间，在桩身混凝土强度达到设计要求的前提下，还应满足不少于规范规定的休止时间。②试桩的成桩工艺和质量控制标准与工程桩一致。③试桩桩头混凝土强度不得低于 C30，一般可在桩顶配置加密钢筋网 2~3 层，以薄钢板圆筒做成加劲箍与桩顶混凝土浇成一体，用高等级砂浆将桩头抹平。④为安装沉降测点和仪表，试桩顶部露出试坑底面的高度不宜小于 600m，试坑底面宜与桩承台底设计高程一致。

【2021 年真题】

31. 《公路工程基桩检测技术规程》（JTG/T 3512—2020）规定基桩竖向静载试验时，当出现下列哪些情况时，可终止加载（　　）。

A. 某级荷载作用下的沉降量大于前一级荷载沉降量的 5 倍，且桩顶总沉降量大于 40mm
B. 某级荷载作用下的沉降量大于前一级荷载沉降量的 5 倍，且桩顶总沉降量大于 50mm
C. 某级荷载作用下的沉降量大于前一级荷载沉降量的 2 倍且经 24h 尚未稳定同时桩顶总沉降量大于 40mm
D. 某级荷载作用下的沉降量大于前一级荷载沉降量的 2 倍且经 24h 尚未稳定同时桩顶总沉降量大于 50mm

解析：当出现下列情况之一时，可终止加载：（1）被检桩在某级荷载作用下的沉降量大于前一级荷载沉降量的 5 倍，且桩顶总沉降量大于 40mm。（2）被检桩在某级荷载作用下的沉降量大于前一级的 2 倍且经 24h 尚未稳定，同时桩顶总沉降量大于 40mm。（3）荷载-沉降曲线呈缓变型时，可加载至桩顶总沉降量 60~80mm；当桩长超过 40m 或被检桩为钢桩时，宜考虑桩身压缩变形，可加载至桩顶总沉降量超过 80mm。（4）工程桩验收时，荷载已达到承载力容许值的 2.0 倍或设计要求的最大加载量且沉降达到稳定。(5) 桩身出现明显破坏现象。(6) 当工程桩作锚桩时,锚桩上拔量已达到允许值。

【2019/2021 年真题】

32. 桥梁地基基础荷载试验时,最初为压密阶段,此阶段为( )。

A. 土中各点的剪应力小于土的抗剪强度
B. 土体处于弹性平衡状态
C. 土体处于塑性平衡状态
D. 局部范围土中应力达到土的抗剪强度

解析:(1) 压密阶段。相当于 $P\text{-}s$ 曲线上的 Oa 直线段,这时土中各点的剪应力均小于土的抗剪强度,土体压力与变形呈线性关系,土体处于弹性平衡状态。该阶段荷载板沉降主要是由土中孔隙的减少引起,土颗粒主要是竖向变位,且随时间增长将土体压密,所以也称压密阶段。与 a 点对应的荷载 P 为比例界限。

【2019 年真题】

33. 桥梁基础浅层平板荷载试验承载板尺寸为( )。

A. 50cm×50cm 方板   B. 70.7cm×70.7cm 方板
C. 直径 80cm 圆板   D. 直径 30cm 圆板

解析:承压板一般采用 50cm×50cm 或 70.7cm×70.7cm 方板。

【2020 年真题】

34. 低应变反射波法检测桩身完整性时,锤击桩头的目的是要在桩顶输入一个符合检测要求的初始应力波脉冲,其技术基本特性为( )。

A. 波形   B. 峰值   C. 脉冲宽度   D. 输入能量

解析:锤击桩头的目的是要在桩顶输入一个符合检测要求的初始应力波脉冲,其基本技术特性为:波形、峰值、脉冲宽度或频谱、输入能量。

【2019/2021 年真题】

35. 桥梁桩基静荷载试验包括哪几项内容( )。

A. 静拔试验   B. 静压试验   C. 高应变动测   D. 静载试验

解析:对公路特大桥和地质条件复杂的大、中型桥,一般都应采用静载试验确定桩的承载力,为基桩工程的设计提供依据。基桩静载试验通常可分为单桩竖向抗压静载试验、竖向抗拔静载试验和水平静载试验三种。

【2021 年真题】

36. 根据《公路桥涵施工技术规范》(JTG/T 3650—2020)规定,对于摩擦桩清孔后,沉淀厚度应符合设计要求。当无设计要求时,以下选项正确的是( )。

A. 对于直径小于或等于 1.5m 的桩,沉淀厚度≤200mm

B. 对于直径小于或等于1.5m的桩，沉淀厚度≤300mm

C. 对于桩径大于1.5m或桩长大于40m以及土质较差的桩，沉淀厚度≤200mm

D. 对于桩径大于1.5m或桩长大于40m以及土质较差的桩，沉淀厚度≤300mm

解析：桩底沉淀土厚度的大小极大地影响桩端承载力的发挥，因此，在施工过程中必须严格控制桩底沉淀土的厚度。根据《公路桥涵施工技术规范》（JTG/T 3650—2020）规定，孔底沉淀厚度应不大于设计的规定；设计未规定时，对桩径小于或等于1.5m的摩擦桩宜不大于200mm，对桩径大于1.5m或桩长大于40m以及土质较差的摩擦桩宜不大于300mm，对支承桩宜不大于50mm。

【2021年真题】

37. 高应变动力试桩法检测时，当出现下列那些情况时，应按照工程地质和施工工艺条件，采用实测曲线拟合法或其他检测方法综合判定桩身完整性（　　）。

A. 桩身等截面、均匀的混凝土灌注桩

B. 桩身有扩径、截面渐变的混凝土灌注桩

C. 桩身存在多处缺陷

D. 桩身浅部存在缺陷

解析：当出现下列情况之一时，应按工程地质条件、施工工艺和施工记录，采用实测曲线拟合法或其他检测方法综合评判桩身完整性：（1）混凝土灌注桩桩身有扩径、截面渐变或多变。（2）桩身存在多处缺陷。（3）桩身浅部存在缺陷。（4）力曲线在上升沿上升缓慢，力和速度曲线在上升沿出现异常。

【2023真题】

38. 确定单桩竖向抗压静载试验时，一般绘制（　　）曲线，需要时也可绘制其他辅助分析所需曲线。

A. Q-s　　　B. s-$\lg t$　　　C. s-t　　　D. Q-t

解析：单桩竖向抗压静载试验，进行数据处理时应绘制竖向荷载-沉降（Q-s）、沉降-时间对数（s-$\lg t$）曲线。需要时，也可绘制其他辅助分析所需曲线。

【2024真题】

39. 根据《公路工程基桩检测技术规程》（JTG/T 3512—2020），采用钻芯法判断桩身完整性时，下列可判为Ⅰ类的芯样状态是（　　）。

A. 芯样连续、完整，胶结好、芯样表面光滑、骨料分布均匀，呈长柱状，断口吻合

B. 2孔芯样同一深度芯样表面有少量沟槽

C. 仅1孔芯样偶见少量气孔

D. 芯样基本完整，无松散、夹泥现象，呈长短柱状，局部芯样侧面有蜂窝麻面

解析：当采用钻探取芯法判定灌注桩桩身完整性时，桩身完整性类别应根据钻孔孔数、现场混凝土芯样特征、芯样试件抗压强度试验结果，结合下表综合评定。

类别	特征		
	1孔	2孔	3孔
I	混凝土芯样连续、完整、胶结好、表面光滑、集料分布均匀，呈长柱状、断口吻合：		
	芯样表面偶见少量气孔	局部芯样表面有蜂窝麻面、沟槽、少量气孔，但在2孔的同一深度部位的芯样中未同时出现，否则应判定为Ⅱ类	局部芯样表面有蜂窝麻面、沟槽、少量气孔，但在3孔的同一深度部位的芯样中未同时出现，否则应判定为Ⅱ类

四、综合题

【2020年真题】

40. 试述超声波透射法现场检测基桩完整性原理及现场检测技术。

1）声波在混凝土传播过程中，当桩身混凝土介质存在阻抗差异时，将产生（　　）造成声波能量的吸收、衰减，通过声学参数或波形变化来检验桩身混凝土是否存在缺陷。

A. 反射波、绕射波、折射波　　　　B. 声时、波幅变化

C. 透射波、吸收波　　　　　　　　D. 接收波主频变化

解析： 声波在混凝土传播过程中，当桩身混凝土介质存在阻抗差异时，将发生反射、绕射、折射和声波能量的吸收、衰减，并经另一声测管中的接收换能器接收，判读出超声波穿越混凝土后的首波声时、波幅及接收波主频等声学参数，通过桩身缺陷引起声学参数或波形变化来检验桩身混凝土是否存在缺陷。

2）根据《公路工程基桩动测技术规程》（JTG/T F81-01—2004）规定，关于仪器设备要求正确的有（　　）。

A. 声波发射脉冲为阶跃或矩形脉冲，电压最大值不小于1000V

B. 换能器沿径向无指向性

C. 换能器谐振频率为1~200kHz

D. 换能器在1MPa水压下能正常工作

解析：（1）超声波检测仪的技术性能应符合下列规定：①检测仪器系统应由径向换能器、声波发射、接收放大、数据采集、数据处理、显示及存储等部分组成。②检测仪应具有波形实时显示和声参量自动判读功能。当采用单孔声波折射法检测时，应具有一发双收功能。③声波发射应采用高压脉冲激振，其波形为阶跃脉冲或矩形脉冲，脉冲电压宜为250~1000V，且分档可调。（3）径向振动换能器应符合下列规定：①径向水平面无指向性。②谐振频率宜大于25kHz。③在1MPa水压下能正常工作。④收、发换能器的导线均应有长度标注，其标注允许偏差不应大于10mm。⑤接收换能器宜带有前置放大器，频带宽度宜为5~60kHz。⑥单孔检测采用一发双收一体型换能器，其发射换能器至接收换能器的最近距离不应小于30cm，两接收换能器的间距宜为20cm。

注：《公路工程基桩动测技术规程》（JTG/T F81-01—2004）已更新为《公路工程基桩动测技术规程》（JTG/T F81-01—2020）。

3）声测管埋设要求正确的是（　　）。

A. 声管内径应大于换能器外径

B. 声测管管口应高出桩顶100~300mm，且各声测管管口高度应一致

C.《公路工程基桩动测技术规程》（JTG/T 3512—2020）规定：桩径不大于1600mm时，埋设三根管；当桩径大于1600mm时，应设四根管

D.《建筑基桩检测技术规范》（JGJ 106—2014）规定：桩径小于或等于800mm时，不少于2根声测管；桩径大于800mm且小于或等于1600mm时，不少于3根声测管；桩径大于1600mm时，不少于4根声测管；桩径大于2500mm时，宜增加预埋声测管数量。

解析： 声测管埋设要求　声测管应选择透声性好、便于安装和费用较低的材料。考虑到混凝土的水化热作用及施工过程中受外力作用较大，容易使声测管变形、断裂，影响换能器上、下管道的畅通，以选用强度较高的金属管为宜。（1）声测管内径应大于换能器外径（>15mm）。（2）声测管应下端封闭、上端加盖、管内无异物。声测管连接处应光滑过渡，管口应高出桩顶100~300mm，且各声测管管口高度应一致。（3）应采取适宜方法固定声测管，使之成桩后相互平行。（4）声测管埋设数量与桩径大小有关，根据《公路工程基桩检测技术规程》（JTG/T 3512—2020），当桩径小于1000mm时，应埋设2根管；当桩径大于或等于1000mm且小于或等于1600mm时，应埋设3根管；当桩径大于1600mm且小于2500mm时，应埋设4根管；当桩径大于或等于2500mm时，应增加声测管的数量。《建筑基桩检测技术规范》（JGJ 106—2014）规定，桩径小于或等于800mm时，不少于2根声测管；桩径大于800mm且小于或等于1600mm时，不少于3根声测管；桩径大于1600mm时，不少于4根声测管；桩径大于2500mm时，宜增加预埋声测管数量。

4）现场测试工作正确的是（　　）。

A. 发射和接收换能器分别置于两声测管的同一高度，自下而上，将收发换能器以相同步长（不大于200mm）向上提升，进行水平检测

B. 若平测后，存在桩身质量的可疑点，则进行加密平测，以确定异常部位的纵向范围

C. 斜测时，发、换能器中心线与水平夹角一般取30°~40°

D. 扇形测在桩顶、桩底斜侧范围受限或减小换能器升降次数时采用

解析：（1）对测（普查）。发射和接收换能器分别置于两声测管的同一高度，自下而上，将收发换能器以相同步长（≤100mm）向上提升，进行水平检测。若平测后，存在桩身质量的可疑点，则进行加密平测，以确定异常部位的纵向范围。（2）斜测。让发、收换能器保持一定的高程差，在声测管中以相同步长，同步升降进行测试。斜测分单向斜测和交叉斜测。斜测时，发、收换能器中心连线与水平夹角一般取30°~40°。斜测可探出局部缺陷、缩颈或专测管附着泥团、层状缺陷等。（3）扇形测。扇形测在桩顶、桩底斜测范围受限或为减小换能器升降次数时采用。一只换能器固定在某一高程不动，另一只逐步移动，测线呈扇形分布。此时换算的波速可以相互比较，但幅值无可比性，只能根据相邻测点幅值的突变来判断是否有异常。

5) 下列结果分析中正确的表述有（   ）。

A. 声速临界值采用混凝土声速平均值与 2 倍声速标准差之差

B. 波幅异常时的临界值采用波幅平均值减 6dB

C. 实测混凝土声速平均值低于声速临界值时，可将其作为可疑缺陷区域

D. 当 PSD 值在某点附近变化明显时，可将其作为可疑缺陷区域

解析：选项 A 声速临界值采用正常混凝土声速平均值与 2 倍声速标准差之差，此说法为旧规范，现规范及教材均无此说法。且声速临界值应由计算得出，A 不选。当实测混凝土声速低于声速低限值，可直接判定为异常。用波幅平均值减 6dB 作为波幅临界值，当实测波幅低于波幅临界值时，应将其作为可疑缺陷区。采用斜率法作为辅助异常判据，当 PSD 值在某测点附近变化明显时，应将其作为可疑缺陷区。

【2023 真题】

41. 采用声波透射法检测某钻孔灌注桩的桩身完整性，已知受检桩的桩径为 1.6m，桩长为 28m，请回答下列问题。

1) 关于声波透射法表述正确的有（   ）。

A. 需要在施工中预埋声测管

B. 需要对桩头加固处理

C. 检测范围可覆盖全桩长各个检测剖面

D. 现场检测不受场地、桩长、长径比限制

解析：声波透射法是在预埋声测管的混凝土灌注桩中检测桩身完整性，判定桩身缺陷的程度及其位置。选项 A 正确。它的特点是检测的范围可覆盖全桩长的各个检测剖面，检测全面细致，信息量大，成果准确可靠；现场操作不受场地、桩长、长径比限制，操作简便，工作进度快。选项 C、D 正确。在进行低应变发射波法时，应对桩头进行处理。选项 B 错误。

2) 根据《公路工程基桩检测技术规程》（JTG/T 3512—2020），采用声波透射法检测时，被检桩混凝土（   ）。

A. 强度不得低于设计强度的 70%　　　B. 强度不得小于 15MPa

C. 龄期不应少于 7d　　　　　　　　　D. 龄期不应少于 14d

解析：《公路工程基桩检测技术规程》（JTG/T 3512—2020）规定，采用低应变反射波法或声波透射法检测时，被检桩混凝土强度不得低于设计强度的 70% 且不得小于 15MPa，龄期应不少于 7d。对钻孔灌注桩进行钻孔取芯检测时，被检桩的混凝土龄期应达到 28d 或强度达到设计要求。选项 A、B、C 正确。

3) 常用的测试方法有（   ）。

A. 对测（平测）　　B. 斜测　　C. 单面平测　　D. 扇形测

解析：超声法检测混凝土桩身完整性的测试方法可分为三种方法：

（1）对测（普查）。发射换能器和接收换能器分别置于两声测管的同一高度，自上而下，将收发换能器以相同步长（≤100mm）向上提升，进行水平检测。若平测后，存在桩

身质量的可疑点，则进行加密平测，以确定异常部位的纵向范围。

（2）斜测。让收发换能器保持一定的高程差，在声测管中以相同的步长，同步升降进行测试。斜测分单向斜测和交叉斜测。斜测时，发、收换能器中心连线与水平夹角一般取30°~40°。斜测可探出局部缺陷、缩颈或专测管附着泥团、层状缺陷等。

（3）扇形测。扇形测在桩顶、桩底斜测范围受限或为减小换能器升降次数时采用。一只换能器固定在某一高程不动，另一只逐步移动，测线呈扇形分布。此时换算的波速可以相互比较，但幅值无可比性，只能根据相邻测点幅值的突变来判断是否有异常。

4）一般按（　　）顺序分析该基桩完整性。
① 根据施工情况综合判定缺陷的种类和性质
② 进行细测和斜测，确定缺陷的范围与大小
③ 以波速值进行概率统计法统计判断，得到低于临界值的异常点位置积深度
A. ②③①　　　　B. ③②①　　　　C. ①③②　　　　D. ②①③

解析：超声法检测混凝土灌注桩桩身完整性的一般分析步骤是：首先，以波速值进行概率统计法统计判断，得到低于临界值的异常点位置和深度，再分析振幅的大小的变化，将上述两者都偏低的测点定为异常部位；再进一步进行细测和斜测，确定缺陷的范围和大小；最后，根据施工情况综合判定缺陷的种类和性质，判定桩身完整性类别。

5）根据实测信号对桩身缺陷进行判定时，可采用（　　）判据进行综合判定。
A. 声速　　　　　B. 波幅　　　　　C. 主频　　　　　D. PSD

解析：灌注桩声波透射法检测分析和处理的参数主要有声时、声速、波幅及主频，同时要观测和记录实测波形。目前使用的数字式声波仪具有很强的数据处理和分析功能，可以直接绘制出声速—深度曲线、波幅—深度曲线和PSD判据图来分析桩身质量情况。

【2024真题】

42. 某高速公路钻孔灌注桩施工项目中，施工单位于2021年3月1日浇筑一批嵌岩桩，桩长32m，桩径1.8m，设计强度C30。由于项目工期紧，计划3月5日浇筑承台，要求第三方检测机构及时提交基桩完整性检测报告。请回答下列问题。

1）根据《公路工程基桩检测技术规程》（JTG/T 3512—2020），可用于基桩完整性检测的方法是（　　）。
A. 低应变反射波法　　B. 超声波透射法　　C. 高分辨直流电法　　D. 钻孔取芯法

解析：钻孔灌注桩桩身完整性检测方法有低应变反射波法、声波透射法和钻探取芯法三种。

2）关于基桩完整性检测，检测机构的操作正确的是（　　）。
A. 认为龄期满足要求，于3月4日完成检测并提交检测报告
B. 认为龄期不满足要求，提出3月8日后，待混凝土强度达到设计强度70%可以检测
C. 认为龄期不满足要求，待承台浇筑完成、龄期满足要求后开展超声波检测

D. 认为龄期不满足要求，待承台浇筑完成、龄期满足要求后开展钻芯检测

解析：《公路工程基桩检测技术规程》（JTG/T 3512—2020 规定），采用低应变反射波法或声波透射法检测时，被检桩混凝土强度不得低于设计强度的 70% 且不得少于 15MPa，龄期不应少于 7d。对混凝土灌注桩进行承载力检测或钻孔取芯检测时，被检桩的混凝土龄期应达到 28d 或强度达到设计要求。

3）检测机构进场后，发现基桩仍处于掩埋状态，关于现场检测表述正确的是（　　）。
A. 清除表层浮土即可开展低应变检测
B. 声测管管口高出混凝土顶面 100mm，可开展超声波检测
C. 超声波检测前应将声测管内灌满清水
D. 超声波检测前应清空声测管

解析：桩头处理：应根据相应的技术规范、标准的规定，并参考现场施工记录和基桩在工程中所起的作用来确定抽检数量及桩位。公路桥梁的钻孔灌注桩通常是每根桩都要进行检测，对受检桩，要求桩顶的混凝土质量、截面尺寸与桩身设计条件基本相同。桩头应凿去浮浆或松散、破损部分，并露出坚硬的混凝土，桩头外露主筋不宜太长。桩头表面应平整干净、无积水，并将传感器安装点与敲击点部位磨平。低应变检测需要桩头处理。A 错误。声测管应下端封闭、上端加盖、管内无异物。声测管连接处应光滑过渡，管口应高出桩顶 100~300mm，且各声测管管口高度应一致。B 正确。声测管内灌满清水，且保证换能器应能在声测管中升降畅通。C 正确 D 错误。

4）根据《公路工程基桩检测技术规程》（JTG/T 3512—2020），每根基桩应布设的声测管数量为（　　）根。
A. 2   B. 2~3   C. 3~4   D. 4

解析：根据《公路工程基桩检测技术规程》（JTG/T 3512—2020），当桩径小于 1000mm 时，应埋设 2 根管；当桩径大于或等于 1000mm 且小于或等于 1600mm 时，应埋设 3 根管；当桩径大于 1600mm 且小于 2500mm 时，应埋设 4 根管；当桩径大于或等于 2500mm 时，应增加声测管的数量。

5）现场开展超声波法检测时，发现某桩有 1 根声测管堵塞，其余声测管测试结果显示某一个剖面上多个测点的个别声参量明显异常，下列处理方式合理的是（　　）。
A. 判定该桩为Ⅲ类桩
B. 采取低应变反射波法检测完整性
C. 采取钻孔取芯法检测完整性
D. 在堵塞声测管附近钻孔，作为代替检测通道补充检测

解析：综合题目分析可得。

答案：1. C 2. D 3. A 4. C 5. B 6. C 7. A 8. D 9. B 10. A 11. B 12. D 13. C 14. A 15. A 16. A 17. B 18. B 19. B 20. A 21. B 22. B 23. A 24. B 25. A

26. A 27. B 28. A 29. B 30. A、C 31. A、C 32. A、B 33. A、B 34. A、B、C、D 35. A、B、D 36. A、D 37. B、C、D 38. A、B 39. A、C 40. 1) A, 2) B、D, 3) A、B、D, 4) B、C、D, 5) B、C、D 41. 1) A、C、D, 2) A、B、C, 3) A、B、D, 4) B, 5) A、B、C、D 42. 1) A、B、D, 2) B, 3) B、C, 4) D, 5) C、D

第五章 桥梁技术状况评定

一、单项选择题

【2021年真题】

1. 当单座桥梁存在不同结构形式时，可根据结构形式划分评定单元，分别对各评定单元进行技术状况评定，然后取（ ）作为全桥的技术状况等级。

A. 各单元技术状况等级平均值

B. 各单元技术状况等级加权平均值

C. 最差的一个评定单元技术状况等级

D. 最好的一个评定单元技术状况等级

解析：当单座桥梁存在不同结构形式时，可根据结构形式的分布情况划分评定单元，分别对各评定单元进行桥梁技术状况的等级评定，然后取最差的一个评定单元技术状况等级作为全桥技术状况等级。

【2020年真题】

2. 某梁式桥跨径组合为 10m+10m+10m，每跨横向由 15 片钢筋混凝土空心板梁组成，上部构件划分中，上部承重构件和上部一般构件的构件数应为（ ）。

A. 15、14　　　B. 45、14　　　C. 45、42　　　D. 15、42

解析：上部承重构件是指主梁，主梁片数为 15×3=45 片，一般构件是指湿接缝，每跨 15 片梁有 14 个湿接缝，故一般构件的构件个数为 14×3=42，故选 C。

【2019年真题】

3. 桥梁次要部位材料有严重缺损，出现功能降低，进一步恶化将不利于主要部件、影响正常交通，其技术状况评定标度为（ ）。

A. 2类　　　B. 3类　　　C. 4类　　　D. 5类

解析：

桥梁次要部件技术状况评定标度

技术状况评定标度	桥梁技术状况描述
1类	全新状态，功能完好；或功能良好，材料有轻度缺损、污染等

续表

技术状况评定标度	桥梁技术状况描述
2类	有中等缺损或污染
3类	材料有严重缺损，出现功能降低，进一步恶化将不利于主要部件，影响正常交通
4类	材料有严重缺损，失去应有功能，严重影响正常交通；或原无设置，而调查需要补设

【2020年真题】

4. 某桥未设人行道，桥面系技术状况计算中，人行道部分原有权重0.10应（ ）。

A. 按照桥面系其他各既有部件权重在全部既有部件权重所占比例进行分配

B. 平均分配给桥面系其他部件

C. 按100分计算

D. 按各既有部件平均分计算

解析：对于桥梁中未设置的部件，应根据此部件的隶属关系，将其权重值分配给各既有部件，分配原则按照各既有部位权重在全部既有部件权重中所占比例进行分配。

【2021年真题】

5. 某桥上部结构技术状况评分为62，下部结构评分为43，桥面系数评分为65，则桥梁总体技术状况等级为（ ）。

A. 2类   B. 3类   C. 4类   D. 5类

解析：桥梁总体的技术状况评分，按下式计算。$D_r = BDCI \times w_D + SPCI \times w_{sp} + SBCI \times w_{SB}$，

$D_r = 65 \times 0.20 + 62 \times 0.40 + 43 \times 0.40 = 55$（4类）式中：

D_r——桥梁总体技术状况评分，值域为0~100分；

w_D——桥面系在全桥中的权重；

w_{sp}——上部结构在全桥中的权重；

w_{SB}——下部结构在全桥中的权重。

桥梁结构组成权重值

桥梁部位	权重	桥梁部位	权重
上部结构	0.40	桥面系	0.20
下部结构	0.40		

故：$D_r = 65 \times 0.20 + 62 \times 0.40 + 43 \times 0.40 = 55$（4类）。

【2024真题】

6. 根据《公路桥涵养护规范》（JTG 5120—2021），（ ）与确定桥梁养护检查等级无关。

A. 公路等级   B. 桥梁结构形式

C. 单孔跨径   D. 桥梁技术状况等级

解析：依据《公路桥涵养护规范》（JTG 5120—2021）将公路桥梁养护检查等级分为

Ⅰ、Ⅱ、Ⅲ级，分级标准如下：

（1）单孔跨径大于150m的特大桥、特别重要的桥梁养护等级为Ⅰ级。

（2）单孔跨径小于或等于150m的特大桥、大桥，以及高速公路或一、二级公路上的中桥、小桥的养护等级为Ⅱ级。

（3）三、四级公路上的中桥、小桥的养护检查等级为Ⅲ级。

（4）技术状况评定为3类的大、中、小桥应提高一级进行检查。

（5）技术状况评定为4类的桥梁在加固维修前应按Ⅰ级进行检查。

【2024真题】

7. 根据《公路桥涵养护规范》（JTG 5120—2021），（　　）的目的是及时获知桥梁结构运营状况，在桥梁病害初期或突发情况下能及时开展养护或应急处置。

A. 初始检查　　　　B. 日常巡查　　　　C. 经常检查　　　　D. 应急检查

解析：《公路桥涵养护规范》（JTG 5120—2021）第79页。日常巡查的目的是及时获知桥梁结构运营是否正常，使桥梁结构在病害初期或突发情况下能得到及时的养护或紧急处治。可由管养单位专业技术人员组织实施。

【2024真题】

8. 关于梁桥结构受力特征表述错误的是（　　）。

A. 简支梁桥支座处剪力最大，跨中为零

B. 悬臂梁桥的剪力最大值在固定支座处，自由端为零

C. 连续梁跨中截面弯矩为正，截面顶部受拉，截面底部受压

D. 悬臂梁桥支座反力取决于跨度设置和荷载分布

解析：（1）简支跨是只有两个支座的桥跨，每个支座处于或接近跨端。简支跨桥可以在两端以两个桥台支承，也可以多跨且各跨相互独立。简支跨桥梁的几个特点如下：

① 加载时，桥跨向下挠曲和支座（桥台）处转动；

② 两支座反力的和等于整体负载；

③ 支座处剪力最大，跨中为零；选项A正确；

④ 整个跨度都是正弯矩，跨中附近最大（相同位置剪力是零）支座处弯矩是零；

⑤ 上部结构中性轴以下部分受拉，以上部分受压。

（2）悬臂梁跨一端转动和挠度受约束，另一端完全自由。约束端也称为固定支座。虽然悬臂一般不构成整座桥，但部分桥梁可以表现为悬臂（例如悬臂梁桥和开启桥）。悬臂梁的一些特征如下：

① 加载时，跨间下挠，但支座处没有旋转或变形；

② 固定支座反力包括竖向力和弯矩；

③ 剪力最大值在固定支座处，自由端为零；选项B正确。

④ 整个跨内弯矩是负的，最大值在固定支座处；自由端为零。

（3）连续跨是梁有一个或多个中间支承，各跨行为与相邻跨相关。连续跨桥两端由两桥台支承，桥跨间连续有一个或多个桥墩。连续跨桥梁的一些特征如下：

① 加载时，跨间下挠和支座（桥台和桥墩）处转动；
② 支座反力取决于跨度设置和荷载分布；
③ 支座处剪力最大，跨中或其附近为零；
④ 正弯矩在各跨跨中或跨中附近最大，负弯矩在中间支座（桥墩）处最大，端部支座（桥台）处弯矩是零，每个中间跨还有两个位置弯矩为零（称为拐点）；
⑤ 对正弯矩而言，梁的顶部受压，底部受拉，选项 C 错误；
⑥ 对负弯矩而言，梁的顶部受拉，底部受压。

二、判断题

【2020 年真题】

9. 对于桥梁结构出现明显的永久变形时，在其技术状况评定中，可直接评定为 5 类桥。

　　A. 正确　　　　　　　　　　　　　B. 错误

解析：结构出现明显的永久变形，变形大于规范值时，可直接评定为 5 类桥。

【2020 年真题】

10. 对于拱式桥拱脚压中错台、位移，造成拱顶挠度大于限值或拱圈严重变形，在其技术状况评定中，可直接评定为 5 类桥。

　　A. 正确　　　　　　　　　　　　　B. 错误

解析：在桥梁技术状况评价中，有下列情况之一时，整座桥应评为 5 类桥：（6）拱式桥拱脚严重错台、位移，造成拱顶挠度大于限值；或拱圈严重变形。

【2020 年真题】

11. 桥面系构件外观检查时，应检查顶板预应力体系。

　　A. 正确　　　　　　　　　　　　　B. 错误

解析：桥面系包括桥面铺装、栏杆、人行道、伸缩缝等，不包括顶板。

【2020 年真题】

12. 根据《公路桥梁技术状况评定标准》（JTG/T H21—2011），当主要部件评分达到 4 类或 5 类且影响桥梁安全时，可按照主要部件最差的缺损状况作为全桥总体技术状况等级。

　　A. 正确　　　　　　　　　　　　　B. 错误

解析：全桥总体技术状况等级评定时，当主要部件评分达到 4 类或 5 类且影响桥梁安全时，可按照桥梁主要部件最差的缺损状况评定。

【2021 年真题】

13. 梁式桥技术状况评定时，当上部承重构件有严重的异常位移，存在失稳现象时，可直接评定为 5 类桥。

　　A. 正确　　　　　　　　　　　　　B. 错误

解析：在桥梁技术状况评价中，有下列情况之一时，整座桥应评为 5 类桥：（1）上部结构有落梁；或有梁板断裂现象。（2）梁式桥上部承重构件控制截面出现全截面开裂；或组合结构上部承重构件结合面开裂贯通，造成截面组合作用严重降低。（3）梁式桥上部承重构件有严重的异常位移，存在失稳现象。（4）结构出现明显的永久变形，变形大于规范值。（5）关键部位混凝土出现压碎或杆件失稳倾向或桥面板出现严重塌陷。（6）拱式桥拱脚严重错台、位移，造成拱顶挠度大于限值；或拱圈严重变形。（7）圬工拱桥拱圈大范围砌体断裂、脱落现象严重。（8）腹拱、侧墙、立墙或立柱产生破坏造成桥面板严重塌落。（9）系杆或吊杆出现严重锈蚀或断裂现象。（10）悬索桥主缆或多根吊索出现严重锈蚀、断丝。（11）斜拉桥拉索钢丝出现严重锈蚀、断丝，主梁出现严重变形。（12）扩大基础冲刷深度大于设计值，冲空面积达 20% 以上。（13）桥墩（桥台或基层）不稳定，出现严重滑动、下沉、位移、倾斜等现象。（14）悬索桥、斜拉桥索塔基础出现严重沉降或位移；或悬索桥锚碇有水平位移或沉降。

【2021 年真题】

14. 根据《公路桥梁承载能力检测评定规程》（JTG/T J21—2011），在全桥总体技术状况等级评定时，当主要部件评分达到 4 类或 5 类时，可按照桥梁主要部件最差的缺损状况评定。

    A. 正确 B. 错误

    解析：全桥总体技术状况等级评定时，当主要部件评分达到 4 类或 5 类且影响桥梁安全时，可按照桥梁主要部件最差的缺损状况评定。

【2020 年真题】

15. 桥梁评定分为一般评定和适应性评定，一般评定是依据桥梁定期检查资料，通过对桥梁各部件技术状况的综合评定，确定桥梁的技术状况等级。

    A. 正确 B. 错误

    解析：（1）一般评定是依据桥梁定期检查资料，通过对桥梁各部件技术状况的综合评定，确定桥梁的技术状况等级，提出各类桥梁的养护措施。（2）适应性评定包括以下内容：依据桥梁定期及特殊检查资料，结合试验与结构受力分析，评定桥梁的实际承载能力、通行能力、抗洪能力，提出桥梁养护、改造方案。

【2021 年真题】

16. 桥梁主要部件和次要部件技术状况评定标度均为 1~5 类。

    A. 正确 B. 错误

    解析：桥梁主要部件技术状况评定标度分为 1 类、2 类、3 类、4 类、5 类。桥梁次要部件技术状况评定标度分为 1 类、2 类、3 类、4 类。

【2019 年真题】

17. 总体技术状况中有中等缺陷，尚能维持正常使用功能的桥梁，可评定为 2 类桥。

A. 正确　　　　　　　　　　　　　　B. 错误

解析：

桥梁总体技术状况评定等级

技术状况评定等级	桥梁技术状况描述
1类	全新状态，功能完好
2类	有轻微缺损，对桥梁使用功能无影响
3类	有中等缺损，尚能维持正常使用功能
4类	主要构件有大的缺损，严重影响桥梁使用功能；或影响承载能力，不能保证正常使用
5类	主要构件存在严重缺损，不能正常使用，危及桥梁安全，桥梁处于危险状态

【2019年真题】

18. 按《公路桥梁技术状况评定标准》JTG/T H21—2011，桁架拱桥桥面板属于主要部件。

A. 正确　　　　　　　　　　　　　　B. 错误

解析：

各结构类型桥梁主要部件

序号	结构类型	主要部件
1	梁式桥	上部承重构件、桥墩、桥台、基础、支座
2	板拱桥（圬工、混凝土）、肋拱桥、箱形拱桥、双曲拱桥	主拱圈、拱上结构、桥面板、桥墩、桥台、基础
3	刚架拱桥、桁架拱桥	刚架（桁架）拱片、横向联结系、桥面板、桥墩、桥台、基础
4	钢-混凝土组合拱桥	拱肋、横向联结系、立柱、吊杆、系杆、行车道板（梁）、桥墩、桥台、基础、支座
5	悬索桥	主缆、吊索、加劲梁、索塔、锚碇、桥墩、桥台、支座
6	斜拉桥	斜拉索（包括锚具）、主梁、索塔、桥墩、桥台、基础、支座

【2019年真题】

19. 依据《公路桥梁技术状况评定标准》（JTG/T J21—2011），当上部结构和下部结构技术状况等级为3类，桥面系技术状况等级为4类，且桥梁总体技术状况评分在[40，60)时，可评定为3类。

A. 正确　　　　　　　　　　　　　　B. 错误

解析：当上部结构和下部结构技术状况等级为3类，桥面系技术状况等级为4类，且全桥技术状况得分 $40 \leq D_r < 60$ 时，桥梁总体技术状况等级可评定为3类。

【2021年真题】

20. 对于梁式桥，计算跨径为设计洪水位上相邻两墩台间的水平间距。

A. 正确　　　　　　　　　　　　　　B. 错误

解析：计算跨径：对于设支座的桥梁，为相邻两支座中心之间的水平距离，对于不设支座的桥梁，为上下部结构的相交面之中心间的水平距离，用 L_0 表示。桥梁结构的分析计算以计算跨径为准。

【2023 真题】

21. 根据《公路危旧桥梁排查和改造技术要求》，吊杆构件按照杆身、上锚头、下锚头分别评定，取最差值作为构件标度参与总评分。

A. 正确　　　　　　　　　　　　　　B. 错误

解析： 无加劲纵梁吊杆拱桥及类似结构冗余明显不足的桥梁进行技术状况评定时，吊杆构件按照杆身、上锚头、下锚头进行划分，单根吊杆（拉索）或锚头评分最差值作为整个部件得分参与总评分。

【2023 真题】

22. 桥梁主要构件有大的缺陷，严重影响桥梁使用功能；或影响承载能力，不能保证正常使用，技术状况评定标度等级为 5 类。

A. 正确　　　　　　　　　　　　　　B. 错误

解析：

桥梁总体技术状况评定等级

技术状况评定等级	桥梁技术状况描述
1 类	全新状态，功能完好
2 类	有轻微缺损，对桥梁使用功能无影响
3 类	有中等缺损，尚能维持正常使用功能
4 类	主要构件有大的缺损，严重影响桥梁使用功能；或影响承载能力，不能保证正常使用
5 类	主要构件存在严重缺损，不能正常使用，危及桥梁安全，桥梁处于危险状态

【2023 真题】

23. 新建或改建桥梁应进行初始检查，初始检查宜与交工验收同时进行，最迟不得超过交付使用后 3 年。

A. 正确　　　　　　　　　　　　　　B. 错误

解析： 新建或改建桥梁应进行初始检查。初始检查宜与交工验收同时进行，最迟不得超过交付使用后 1 年。

【2024 真题】

24. 某带挂梁结构的公路桥梁，牛腿存在多处严重的钢筋锈胀、有严重异常位移，存在失稳现象时，可直接将该桥评定为 5 类桥梁。

A. 正确　　　　　　　　　　　　　　B. 错误

解析： 带挂梁结构的桥梁进行技术状况评定时，悬臂梁桥、T 形刚构桥上部承重构件划分时悬臂梁和挂梁构件按照主梁、牛腿划分；增加牛腿评定指标，评定标准见下表。

牛腿缺陷

标度	评定标准
	定性描述
1	完好
2	轻微风化
3	严重渗水侵蚀或局部锈蚀
4	渗水、锈蚀严重、混凝土开裂、个别支座脱落或大量支座老化变形
5	多处严重开裂、严重的钢筋锈胀、异响或异常振动等，有断裂风险

【2024 真题】

25. 根据《公路桥涵养护规范》（JTG 5120—2021），某单孔跨径 60m 箱、梁桥应设立永久观测点，跨中、$L/4$、支点等控制截面应布设成测点，测点数不少于 5 个。

A. 正确　　　　　　　　　　　　　　　B. 错误

解析： 单孔跨径不小于 60m 的桥梁，应设立永久观测点，定期进行控制检测。单孔跨径小于 60m 的桥梁，检测中若发现结构存在异常变形，应进行相应的控制检测。特殊结构桥梁，宜根据养护、管理的需要，增加相应的控制检测项目。

桥梁检测项目与永久观测点布置要求见下表。

桥梁检测项目与永久观测点布置要求

序号	检测项目	永久观测点
1	桥面高程	每孔不宜少于 10 个点，沿行车道两边（靠缘石处）布设，跨中、$L/4$、支点等控制截面必须布设

【2024 真题】

26. 根据《公路桥涵养护规范》（JTG 5120—2021），有水中基础，养护检查等级为Ⅰ、Ⅱ级的桥梁初始检查应进行水下检测。

A. 正确　　　　　　　　　　　　　　　B. 错误

解析： 检查内容：

（1）定期检查需测的所有项目，并设置永久观测点。

（2）测量桥梁长度、桥宽、净空、跨径等；测量主要承重构件尺寸，包括构件的长度与截面尺寸等；测定桥面铺装层厚度及拱上填料厚度等。

（3）测定桥梁材质强度、混凝土结构的钢筋保护层厚度。

（4）养护检查等级为Ⅰ级的桥梁，通过静载试验测试桥梁结构控制截面的应力、应变、挠度等静力参数，计算结构校验系数；通过动载试验测定桥梁结构的自振频率、冲击系数、振型、阻尼比等动力参数。

（5）有水中基础，养护检查等级为Ⅰ、Ⅱ级的桥梁，应进行水下检测。

（6）量测缆索结构的拉索索力及吊杆索力，测试索夹螺栓紧固力等。

（7）检测钢管混凝土拱桥钢管内混凝土密实度。

（8）当交、竣工验收资料中已经包含上述检查项目或参数的实测数据时，可直接引用。

三、多项选择题

【2021年真题】

27. 根据《公路桥梁技术状况评定标准》(JTG/T H21—2011) 属于5类桥情形的有（　　）。

A. 梁式桥有梁、板断裂现象　　　　　　B. 拱式桥拱圈严重变形

C. 斜拉桥拉索的丝出现严重锈蚀、断丝　　D. 扩大基础冲空面积达到20%以上

解析： 在桥梁技术状况评价中，有下列情况之一时，整座桥应评为5类桥：(1) 上部结构有落梁或有梁板断裂现象。(2) 梁式桥上部承重构件控制截面出现全截面开裂、组合结构上部承重构件结合面开裂贯通，造成截面组合作用严重降低。(3) 梁式桥上部承重构件有严重的异常位移，存在失稳现象。(4) 结构出现明显的永久变形，变形大于规范值。(5) 关键部位混凝土出现压碎或杆件失稳倾向或桥面板出现严重塌陷。(6) 拱式桥拱脚严重错台、位移，造成拱顶挠度大于限值或拱圈严重变形。(7) 圬工拱桥拱圈大范围砌体断裂、脱落现象严重。(8) 腹拱、侧墙、立墙或立柱产生破坏造成桥面板严重塌落。(9) 系杆或吊杆出现严重锈蚀或断裂现象。(10) 悬索桥主缆或多根吊索出现严重锈蚀、断丝。(11) 斜拉桥拉索钢丝出现严重锈蚀、断丝，主梁出现严重变形。(12) 扩大基础冲刷深度大于设计值，冲空面积达20%以上。(13) 桥墩（桥台或基层）不稳定，出现严重滑动、下沉、位移、倾斜等现象。(14) 悬索桥、斜拉桥索塔基础出现严重沉降或位移；或悬索桥锚碇有水平位移或沉降。

【2021年真题】

28. 下列桥梁中属于特大桥的是（　　）。

A. 4×145m 拱桥　　　　　　　　　　　B. 30×40m 简支梁桥

C. 120m+170m+170m+97m 连续钢构　　D. 50×20m 简支梁桥

解析：

桥梁涵洞分类

桥涵分类	多孔跨径总长 L/m	单孔跨径 L_k/m
特大桥	$L>1000$	$L_k>150$
大桥	$100 \leq L \leq 1000$	$40 \leq L_k \leq 150$
中桥	$30<L<100$	$20 \leq L_k<40$
小桥	$8 \leq L \leq 30$	$5 \leq L_k<20$
涵洞	—	$L_k<5$

注：1. 单孔跨径是指标准跨径。

2. 梁、板式桥的多孔跨径总长为多孔标准跨径的总长；拱式桥为两岸桥台内起拱线之间的距离；其他形式桥梁为桥面系行车道长度。

3. 管涵及箱涵不论管径或跨径大小、孔数多少，均称为涵洞。

4. 标准跨径：梁式桥、板式桥以两桥墩中线之间桥中心线长度或桥墩中线与桥台台背前缘线之间桥中心线长度为准；拱式桥和涵洞以净跨径为准。

【2020年真题】

29. 钢桥外观检查要注意（　　）。

A. 构件是否存在扭曲变形和局部损伤　　B. 铆钉和螺栓有无松动脱落或断裂

C. 焊缝有无裂纹或裂开　　D. 防腐涂层有无裂纹、起皮、脱落

解析： 钢桥上部结构检查内容：(1) 构件涂层劣化情况。(2) 构件锈蚀、裂缝、变形、局部损伤。(3) 焊缝开裂或脱开。(4) 铆钉和螺栓松动、脱落或断裂。(5) 结构的跨中挠度、结构变位情况。(6) 钢箱梁内部湿度是否符合要求，除湿设施是否工作正常。

【2019年真题】

30. 系杆拱桥结构主要部件包括（　　）等。

A. 拱肋　　B. 横梁　　C. 系梁　　D. 吊杆

解析： 桥梁部件分为主要部件和次要部件。各结构类型桥梁主要部件见下表，其他部件为次要部件。

各结构类型桥梁主要部件

序号	结构类型	主要部件
1	梁式桥	上部承重构件、桥墩、桥台、基础、支座
2	板拱桥（圬工、混凝土）、肋拱桥、箱形拱桥、双曲拱桥	主拱圈、拱上结构、桥面板、桥墩、桥台、基础
3	刚架拱桥、桁架拱桥	刚架（桁架）拱片、横向联结系、桥面板、桥墩、桥台、基础
4	钢—混凝土组合拱桥	拱肋、横向联结系、立柱、吊杆、系杆、行车道板（梁）、桥墩、桥台、基础、支座
5	悬索桥	主缆、吊索、加劲梁、索塔、锚碇、桥墩、桥台、基础、支座
6	斜拉桥	斜拉索（包括锚具）、主梁、索塔、桥墩、桥台、基础、支座

【2019年真题】

31. 桥梁定期检查的主要工作有（　　）。

A. 实地判断缺损原因，确定维修范围及方式

B. 对难以判断损坏原因和程度的部件，提出特殊检查（专门检查）的要求

C. 对损坏严重、危及安全运行的危桥，提出限制交通或改建的建议

D. 桥梁技术状况评定

解析： 定期检查以目测观察结合仪器观测进行，必须接近各部件并仔细检查其缺损情况。定期检查的主要工作有：(1) 现场校核桥梁基本数据。(2) 当场填写"桥梁定期检查记录表"，记录各部件缺损状况并做出技术状况评分。(3) 实地判断缺损原因，确定维修范围及方式。(4) 对难以判断损坏原因和程度的部件，提出特殊检查（专门检查）的要求。(5) 对损坏严重、危及安全运行的危桥，提出限制交通或改建的建议。(6) 根据桥梁技术状况，确定下次检查时间。新教材对此知识点已更新：定期检查应接近各部件仔细检查其缺损情况，并符合下列规定：(1) 现场校核桥梁基本数据，填写或补充完善"桥梁基本状况

卡片"。(2) 现场填写"桥梁定期检查记录表",记录各部件缺损状况并绘制主要病害分布图。(3) 对桥梁永久观测点进行复核,对桥面高程及线形、变位等检测指标进行量测。(4) 判断病害原因及影响范围。(5) 进行技术状况评定,提出养护建议。

【2023 真题】

32. 根据《公路桥涵养护规范》(JTG 5120—2021),属于特殊检查内容的有（　　）。
A. 材料的物理、化学性能及其退化程度的测试鉴定
B. 结构或构件开裂状态的检测及评定
C. 结构的强度、刚度和稳定性的检算、试验和鉴定
D. 桥梁抵抗洪水、流冰、风、地震及其他灾害能力的检测鉴定

解析：特殊检查的内容包括：(1) 材料的物理、化学性能及其退化程度的鉴定；结构或构件开裂状态的检测和评定。(2) 结构的强度、刚度和稳定性的检算、试验和鉴定。(3) 桥梁抵抗洪水、流冰、风、地震及其他灾害能力的检测鉴定。(4) 桥梁遭受洪水、流冰、滑坡、地震、风灾、火灾、撞击，因超重车辆通过或其他因素造成损伤的检测鉴定。(5) 水中墩台身、基础的缺损情况的检测评定。(6) 定期检查中发现的较严重的开裂、变形等病害，应进行跟踪观测，预测其发展趋势。

【2024 真题】

33. （　　）属于轻型少筋拱桥。
A. 双曲拱桥　　　　B. 普通桁架拱桥　　　　C. 刚架拱桥　　　　D. 劲性骨架拱桥

解析：轻型少筋拱桥：包括双曲拱桥、普通桁架拱桥、刚架拱桥等，其他具有轻型、少筋、拼装等特点的拱桥均可参考。

四、综合题

【2021 年真题】

34. 某 3 跨简支小箱梁桥,每跨由 4 片箱梁组成,经检查发现,10 片梁出现少量裂缝（宽度未超限),评定标度为 2,其余完好;2 道横隔板（全桥共 9 道)出现局部混凝土剥落,评定标度为 2,其余完好;全桥支座完好,请根据《桥梁技术状况评定标准》(JTG/T H21—2011),回答下列问题。

构件各检测指标扣分值

检测指标所能达到的最高标度类别	指标标度				
	1 类	2 类	3 类	4 类	5 类
3 类	0	20	35	—	—
4 类	0	25	40	50	—
5 类	0	35	45	60	100

t 值表

n（构件数）	2	3	4	5	6	7	8	9	10	11	12	13	14
t	10	9.7	9.5	9.2	8.9	8.7	8.5	8.3	8.1	7.9	7.7	7.5	7.3

梁式桥上部结构权重

部位	类别 i	评价部件	权重
上部结构	1	上部承重构件（主梁、挂梁）	0.70
	2	上部一般构件（湿接缝、横隔板）	0.18
	3	支座	0.12

1）关于桥梁构件、部件的划分，下列表述正确的是（   ）。
A. 1 片小箱梁为 1 个构件
B. 横隔板属于上部一般构件
C. 小箱梁和横隔板均属于主要构件
D. 支座属于上部结构且为主要构件

解析：题干上明确了横隔板属于一般构件。《公路桥梁技术状况评定标准》（JTG/T H21—2011）第 2 页。桥梁构件的定义：组成桥梁结构的最小单元，如一片梁、一个桥墩等。桥梁部件分为主要部件和次要部件。各结构类型桥梁主要部件见下表，其他部件为次要部件。从表中可以看出支座属于主要部件，同时从题干可以看出支座在进行桥梁技术状况等级评定时属于上部结构。

各结构类型桥梁主要部件

序号	结构类型	主要部件
1	梁式桥	上部承重构件、桥墩、桥台、基础、支座
2	板拱桥（圬工、混凝土）、肋拱桥、箱形拱桥、双曲拱桥	主拱圈、拱上结构、桥面板、桥墩、桥台、基础
3	刚架拱桥、桁架拱桥	刚架（桁架）拱片、横向联结系、桥面板、桥墩、桥台、基础
4	钢—混凝土组合拱桥	拱肋、横向联结系、立柱、吊杆、系杆、行车道板（梁）、桥墩、桥台、基础、支座
5	悬索桥	主缆、吊索、加劲梁、索塔、锚碇、桥墩、桥台、基础、支座
6	斜拉桥	斜拉索（包括锚具）、主梁、索塔、桥墩、桥台、基础、支座

2）上部承重构件得分平均值为（   ）。
A. 65   B. 70.83   C. 75   D. 68.12

解析：

对于上部承重构件，该桥共 3 跨，每跨 4 片，合计 12 片。10 片梁出现少量裂缝（宽度未超限），评定标度为 2，《公路桥梁技术状况评定标准》（JTG/T H21—2011）第 18 页，梁式桥裂缝最大评定标度为 5。查表，每片梁扣分 35 分，得分 65 分，其余两片梁得分 100 分，则得分平均值为 (65×10+2×100)/12=70.83。查表知 t=7.7，上部承重结构得分为：

$$\text{PCCI}_i = \overline{\text{PMCI}_l} - \frac{100 - \text{PMCI}_{\min}}{t} = 70.83 - \frac{100-65}{7.7} = 66.28$$

3）横隔板部件得分为（　　）。

A. 75　　　　　B. 89.17　　　　　C. 91.43　　　　　D. 94.44

解析：

对于上部一般构件（横隔板），共9片。2道横隔板出现局部混凝土剥落，评定标度为2，《公路桥梁技术状况评定标准》（JTG/T H21—2011）第15页，梁式桥裂缝最大评定标度为4。查表，每道横隔板扣分25分，得分75分，其余两片梁7道横隔板得分100分，查表 $t=8.3$，上部一般结构得分为：$PCCI_i = \overline{PMCI_l} - \dfrac{100-PMCI_{min}}{t} = \dfrac{2\times75+7\times100}{9} - \dfrac{100-75}{8.3} = 91.43$。

4）上部结构技术状况评分为（　　）。

A. 74.68　　　　　B. 74.85　　　　　C. 77.34　　　　　D. 87.93

解析：

$$SPCI = \sum_{i=1}^{m} PCCI_i \times \omega_i = 66.28 \times 0.70 + 91.43 \times 0.18 + 100 \times 0.12 = 74.85$$

5）如桥梁上部结构和下部结构技术状况等级为3类，桥面系技术状况等级为4类，且桥梁总体技术状况评分为 $40 \leqslant D_r < 60$ 时，桥梁总体技术状况等级为（　　）。

A. 1类　　　　　B. 2类　　　　　C. 3类　　　　　D. 4类

解析： 当上部结构和下部结构技术状况等级为3类，桥面系技术状况等级为4类，且全桥技术状况得分 $40 \leqslant D_r < 60$ 时，桥梁总体技术状况应判为3类。

【2023真题】

35. 根据《公路桥涵养护规程》（JTG 5120—2021）开展工作，请回答下列问题。

1）公路桥梁养护检查等级包括（　　）级。

A. Ⅰ　　　　　B. Ⅱ　　　　　C. Ⅲ　　　　　D. Ⅳ

解析： 依据《公路桥涵养护规范》（JTG 5120—2021）将公路桥梁养护检查等级分为Ⅰ、Ⅱ、Ⅲ级，分级标准如下：（1）单孔跨径大于150m的特大桥、特别重要的桥梁养护等级为Ⅰ级。（2）单孔跨径小于或等于150m的特大桥、大桥，以及高速公路或一、二级公路上的中桥、小桥的养护等级为Ⅱ级。（3）三、四级公路上的中桥、小桥的养护检查等级为Ⅲ级。（4）技术状况评定为3类的大、中、小桥应提高一级进行检查。（5）技术状况评定为4类的桥梁在加固维修前应按Ⅰ级进行检查。

2）关于初始检查应包括的内容表述正确的有（　　）。

A. 定期检查需测定的所有项目

B. 测量桥梁主要承载构件尺寸，包括构件的长度与截面尺寸等

C. 量测缆索结构的拉锁索力及吊杆索力，测试索夹螺栓紧固力

D. 检测钢管混凝土拱桥钢管内混凝土密实度

解析： 桥梁初始检查的内容包括：

（1）应定期检查需测定的所有项目，并设置永久观测点。选项 A 正确。

（2）测量桥梁长度、桥宽、净空、跨径等；测量主要承重构件尺寸，包括构件的长度与截面尺寸等；测定桥面铺装层厚度及拱上填料厚度等。选项 B 正确。

（3）测定桥梁材质强度、混凝土结构的钢筋保护层厚度。

（4）对养护检查等级为Ⅰ级的桥梁，应通过静载试验测试桥梁结构控制截面的应力、应变、挠度等静力参数，计算结构校验系数；同时通过动载试验测定桥梁结构的自振频率、冲击系数、振型、阻尼比等动力参数。

（5）有水中基础，养护检查等级为Ⅰ、Ⅱ级的桥梁，应进行水下检测。

（6）量测缆索结构的拉锁索力及吊杆索力，测试索夹螺栓紧固力。选项 C 正确。

（7）检测钢管混凝土拱桥钢管内混凝土密实度。选项 D 正确。

（8）当交竣工验收资料中已经包含上述检查项目或参数的实测数据时，可直接引用。

3）关于日常检查表述正确的有（　　）。

A. 日常检查每天不得少于 1 次

B. 对有特殊照明需求的桥梁，应适当开展夜间检查

C. 遇地震，地质灾害时应增加检查频率

D. 遇极端天气时应增加检查频率

解析：日常巡查的检查频率为：①养护检查等级为Ⅰ、Ⅱ级的桥梁，日常巡查每天不应少于 1 次；选项 A 错误。②对特殊照明要求（功能性及装饰性照明、航空航道指示灯等）的桥梁，应适当开展夜间巡查。选项 B 正确。③养护检查等级为Ⅲ级的桥梁，日常巡查每周不应少于 1 次。④遇地震、地质灾害或极端气候时应增加检查频率。选项 C、D 正确。

4）关于永久性观测点设置要求正确的有（　　）。

A. 单孔跨径不少于 60m 的桥梁，应设立永久观测点，定期进行控制检测

B. 桥面高程测点应沿车道两边布设，应覆盖支点和 4 分点截面

C. 拱轴线测点应覆盖支点和 8 分点截面

D. 基准测点应与国家大地测量网联络

解析：（1）单孔跨径不小于 60m 的桥梁，应设立永久观测点，定期进行控制检测。单孔跨径小于 60m 的桥梁，检测中若发现结构存在异常变形，应进行相应的控制检测。特殊结构桥梁，宜根据养护、管理的需要，增加相应的控制检测项目。选项 A 正确。

（2）桥面高程每孔不宜少于 10 个点，沿行车道两边（靠路缘石）布设，跨中、$L/4$、支点等控制截面必须布设。选项 B 正确。

（3）拱轴线每孔不宜少于 18 个点，沿拱圈上、下游两侧拱肋中心处在拱顶、$L/8$、$L/4$、$3L/8$、拱脚等控制截面布设。选项 C 错误。

（4）桥梁永久观测点的设置应牢固可靠。当测点与国家大地测量网联络有困难时，应建立相对独立的基准测量系统。永久观测点有变动时，应及时检测、校准及换算，保持数据的有效和连续。选项 D 错误。

5) 桥梁评定包括技术状况评定和适应性评定,适应性评定方法表述正确的有( )。

A. 承载能力评定,可采用分析检查或荷载试验方法

B. 通行能力评定,可将设计通行能力与实际交通量或使用期预测交通量比较

C. 抗灾能力评定,应采用模拟试验方法

D. 耐久性评定,应采用剩余耐久年限评定方法

解析:桥梁适应性评定可根据需要进行。评定工作可与定期检查、特殊检查结合进行,可采用下列方法:(1)承载能力评定,可采用分析检查或荷载试验方法。选项 A 正确。(2)通行能力评定,可将设计通行能力与实际交通量或使用期预测交通量比较,也可和使用期预测交通量进行比较,评价桥梁是否满足现行或预期交通量的要求。选项 B 正确。(3)抗灾能力评定,可采用现场测试与分析检算方法,重要桥梁可采用模拟试验。选项 C 错误。(4)耐久性评定,可采用外观耐久状态评定与剩余耐久年限评定相结合的方法。选项 D 错误。

【2024 真题】

36. 公路改扩建项目中,某原设计荷载等级为汽车-15 级的双曲拱桥,需加固提高荷载等级为公路Ⅱ级,同时采用空心板梁拼宽,以满足道路通行能力,请回答下列问题。

1) 勘察设计阶段可能需要的工作内容包括( )。

A. 主拱圈缺陷检查   B. 支座脱空检查   C. 承载能力检算   D. 荷载试验

解析:《公路桥梁荷载试验规程》(JTG/T J21-01—2015)规定:新建桥梁和进行了加宽或加固后的桥梁,可通过荷载试验来检验桥梁结构的正常使用状态和承载能力是否符合设计要求。对在用桥梁,除按《公路桥梁承载能力检测评定规程》(JTG/T J21—2011)第 3.2.4 条规定(经检算"作用效应与抗力效应比值在 1.0~1.2 之间时,应根据本规程的有关规定通过荷载试验评定承载能力")进行荷载试验外,存在下列情况之一时,可进行荷载试验:(1)技术状态等级为四、五类。(2)拟提高荷载等级。(3)需要通过特殊重型车辆荷载。(4)遭受重大自然灾害或意外事件。(5)采用其他方法难以准确判断其能否承受预定荷载。

JGJ/T J21—2011 规定,在用桥梁有下列情况之一时,应进行承载能力检测评定:(1)技术状况等级为四、五类的桥梁。(2)拟提高荷载等级的桥梁。(3)需通行大件运输车辆的桥梁。(4)遭受重大自然灾害或意外事件的桥梁。

2) 原结构技术状况评定时,主要部件包括( )。

A. 桥面铺装   B. 桥面板   C. 主拱圈   D. 桥墩、桥台

解析:

各结构类型桥梁主要部件

序号	结构类型	主要部件
1	梁式桥	上部承重构件、桥墩、桥台、基础、支座
2	板拱桥(圬工、混凝土)、肋拱桥、箱形拱桥、双曲拱桥	主拱圈、拱上结构、桥面板、桥墩、桥台、基础

续表

序号	结构类型	主要部件
3	刚架拱桥、桁架拱桥	刚架（桁架）拱片、横向联结系、桥面板、桥墩、桥台、基础
4	钢-混凝土组合拱桥	拱肋、横向联结系、立柱、吊杆、系杆、行车道板（梁）、桥墩、桥台、基础、支座
5	悬索桥	主缆、吊索、加劲梁、索塔、锚碇、桥墩、桥台、基础、支座
6	斜拉桥	斜拉索（包括锚具）、主梁、索塔、桥墩、桥台、基础、支座

3）原结构拱上立柱有 3 个构件，评定得分为 75.0、60.0、35.0，拱上立柱的得分应为（　　）。

A. 35　　　　　B. 58.3　　　　　C. 65　　　　　D. 75

解析：
桥梁部件的技术状况评分按下式计算。

$$PCCI_i = \overline{PMCI} - \frac{100 - PMCI_{min}}{t}$$

或

$$BCCI_i = \overline{BMCI} - \frac{100 - BMCI_{min}}{t}$$

或

$$DCCI_i = \overline{DMCI} - \frac{100 - DMCI_{min}}{t}$$

式中　$PCCI_i$——上部结构第 i 类部件的得分，值域为 0~100 分；当上部结构中的主要部件某一构件评分值 $PMCI_i$ 在 [0，40) 区间时，其相应的部件评分值 $PCCI_i = \overline{PMCI_i}$；

　　　$\overline{PMCI}$——上部结构第 i 类部件各构件的得分平均值，值域为 0~100 分；

35 在 [0，40) 区间，部件得分 = 35 分。

4）项目完工后验收所需要采用的标准是（　　）。
A.《公路桥涵养护规范》　　　　　B.《公路养护工程质量检验评定标准》
C.《公路工程质量检验评定标准》　D.《金属材料 拉伸试验》

解析：《公路工程质量检验评定标准　第一册　土建工程》（JTG F80/1—2017）第 1 页。该标准适用于各等级公路新建与改扩建工程施工质量的检验评定。

5）关于评定过程表述正确的是（　　）。
A. 桥梁构件根据结构受力特点，参考标准划分
B. 构件评分计算时，多种病害按照病害扣分值由小到大的顺序计算
C. 遇到标准中未列出的病害，可按照病害成因、对结构的影响等参考同类病害的评定标准计算

D. 桥梁中未设置的部件，其权重值应按照部件的隶属关系分配给相关部件，分配比例以相关部件原权重占比为宜

解析：

（1）桥梁构件的技术状况评分按下式计算。

$$\text{PMCI}_l（\text{BMCI}_l \text{ 或 } \text{DMCI}_l）= 100 - \sum_{x=1}^{k} U_x$$

当 $x=1$ 时，$U_i = \text{DP}_{ij}$；

当 $x \geqslant 2$，$U_x = \dfrac{\text{DP}_{ij}}{100 \times \sqrt{x}} \times (100 - \sum_{y=1}^{x=1} U_y)$（其中 $j=x$，x 取 $2,3,4,\cdots,k$）；

当 $k \geqslant 2$ 时，$U_1,\cdots,U_x$ 公式中的扣分值 DP_{ij} 按照从大到小排列；

当 $\text{DP}_{ij} = 100$，则 $\text{PMCI}_l（\text{BMCI}_l \text{ 或 } \text{DMCI}_l）= 0$。

式中　PMCI_l——上部结构第 i 类部件的 l 构件的得分，值域为 0~100 分；

（2）桥梁上部结构、下部结构、桥面系的技术状况评分按下式计算。

$$\text{SPCI（SBCI 或 BDCI）} = \sum_{i=1}^{m} \text{PCCI}_i（\text{BCCI}_i \text{ 或 } \text{DCCI}_i）\times w_i$$

式中　SPCI——桥梁上部结构技术状况评分，值域为 0~100；

　　　SBCI——桥梁下部结构技术状况评分，值域为 0~100；

　　　BDCI——桥面系技术状况评分，值域为 0~100；

　　　m——上部结构（下部结构或桥面系）的部件种类数；

　　　w_i——第 i 类部件的权重，按《公路桥梁技术状况评定标准》（JTG/T H21—2011）表 4.2.1~表 4.2.4 取值；对于桥梁中未设置的部件，应根据此部件的隶属关系，将其权重值分配给各既有部件，分配原则按照各既有部件权重在全部既有部件权重中所占比例进行分配。

答案： 1. C　2. C　3. B　4. A　5. C　6. B　7. B　8. C　9. B　10. A　11. B　12. A　13. A　14. B　15. A　16. B　17. B　18. A　19. A　20. B　21. A　22. B　23. B　24. A　25. B　26. A　27. A、B、C、D　28. B、C　29. A、B、C、D　30. A、B、C、D　31. A、B、C、D　32. A、B、C、D　33. A、B、C　34. 1) A、B、D, 2) B, 3) C, 4) B, 5) C　35. 1) A、B、C, 2) A、B、C, 3) A、B、C, 4) A、B, 5) A、B　36. 1) A、C、D, 2) B、C、D, 3) A, 4) C, 5) A、C

第六章 桥梁荷载试验

一、单项选择题

【2021年真题】

1. 电阻式位移计原理是，在弹性很好的位移传感元件上粘贴应变计，根据输入和输出数据进行率定，得到该传感器的灵敏度，使用时读出（　　）就可换算出位移。

　　A. 应变　　　　　　B. 位移　　　　　　C. 电阻　　　　　　D. 电流

解析：电阻式位移计：应变计电测位移计种类很多，其做法基本是在弹性很好的位移传感元件上粘贴应变计，对输入位移和输出应变进行率定，得到该传感器的灵敏度。使用时读出应变就可换算出位移。

【2021年真题】

2. 自振频率和自振周期是桥梁动力特性参数中重要的概念，下列有关频率和周期的说法错误的是（　　）。

　　A. 自振频率指单位时间内完成振动的次数

　　B. 自振频率和质量成正比关系

　　C. 自振周期是指振动变形重复出现的最小时间

　　D. 自振频率和自振周期成倒数关系

解析：自振频率是动力特性参数中最重要的概念，物理上自振频率指单位时间内完成振动的次数，通常用表示，单位为赫兹（Hz）；也可以用圆频率表示，单位为1/秒（1/s）。自振周期（T）物理上指物体振动波形重复出现的最小时间，单位为秒（s），它和自振频率互成倒数关系，由于这种倒数关系，工程中一般并不专门区分频率和周期的表达。结构的自振频率只与结构的刚度和质量有关，并与刚度 K 成正比，与质量 M 成反比。

【2020年真题】

3. 弓形应变传感器是在一片弹性特别好的弓形钢制原件上粘贴（　　）应变计实现。

　　A. 1片　　　　　　B. 2片　　　　　　C. 3片　　　　　　D. 4片

解析：在一片弹性特别好的弓形钢质元件上粘贴4片应变计（弓形上、下方各一纵一横），接成全桥。

【2021年真题】

4. 实桥试验测试钢巢的应变时，一般采用（　　）的应变片。

　　A．2mm×2mm　　　　B．2mm×6mm　　　　C．6mm×100mm　　　　D．10mm×100mm

　　解析：具体，测钢构件（或混凝土内钢筋）应变，一般选用2m×3m（$B×L$）或2m×6mm的应变计；测混凝土结构表面应变，一般选用10mm×（80～100）mm（$B×L$）的应变计。测试桥梁构件平面应力可选用45°应变花。

【2021年真题】

5. 桥梁动力特性测试时，测试采样频率至少是信号最高频率的（　　）。

　　A．25%　　　　B．50%　　　　C．2倍　　　　D．4倍

　　解析：要保证从信号采样后的离散时间信号无失真地恢复原始时间连续信号（采样不会导致任何信号丢失），必须满足采样频率至少是信号最高频率（也称分析频率）的2倍。

【2019年真题】

6. 某应变测点弹性应变为90微应变，残余应变为10微应变，理论计算应变为150微应变，则相对残余应变为（　　）。

　　A．11.1%　　　　B．6.7%　　　　C．10.0%　　　　D．12.5%

　　解析：

　　总位移（或应变）：　　　　$S_t = S_l - S_i$

　　弹性位移（或应变）：　　　$S_e = S_l - S_u$

　　残余位移（或应变）：　　　$S_p = S_t - S_e = S_u - S_i$

　　式中　S_t——加载前测值；

　　　　　S_l——加载达到稳定时测值；

　　　　　S_u——卸载后达到稳定时测值。

　　用相对残余位移（或应变）来表示：

$$\Delta S_p = \frac{S_p}{S_t} \times 100$$

　　式中　ΔS_p——相对残余位移（或应变）（%）。

　　总应变：90+10=100$\mu\varepsilon$；相对残余应变：（10/100）×100%＝10.0%。

【2019年真题】

7. 电阻应变片式测力传感器中的应变片桥路一般采用（　　）。

　　A．1/4桥　　　　B．半桥　　　　C．全桥　　　　D．1/8桥

　　解析：实桥测试上，半桥多用于静态应变测试，全桥则用于动态应变测试和应变传感器桥路组合。

【2023真题】

8. 对于大跨柔性桥梁固有频率测试，动载试验中采用（　　）的适用性更好。

A. 环境随机激振法　　B. 行车激振法　　C. 跳车激振法　　D. 起振机激振法

解析：根据随机振动理论，桥梁振动测试中应用环境随机振动法，有三种假定。实际桥梁结构（特别是大跨度桥梁）基本能满足随机振动理论的假定或"条件"，借此得以通过实测响应信号识别结构的自振特性，即能够响应谱峰值确定频率和振型，并用半功率带宽法求阻尼。

【2023 真题】

9. 公路桥梁荷载试验中，主要测点在控制荷载工况下的横向增大系数 ξ 值越小，说明（　　）。

A. 横向联系构造越薄弱　　　　　　B. 横向联系构造越可靠
C. 荷载横向分布越不均匀　　　　　D. 横向联系构造越不可靠

解析：《公路桥梁荷载试验规程》（JTG/T J21-01—2015）第33页。主要测点在控制荷载工况下的横向增大系数 ξ 反映了桥梁结构荷载不均匀分布程度。ξ 值越小，说明荷载横向分布越均匀，横向联系构造越可靠；ξ 值越大，说明荷载横向分布越不均匀，横向联系构造越薄弱。

【2024 真题】

10. 根据《公路桥梁荷载试验规程》（JTG/T J21-01—2015），关于桥梁静载试验荷载分级，下列表述正确的是（　　）。

A. 加载级数应根据结构稳定反映时间确定
B. 加载级数应根据控制截面最大变形确定
C. 桥梁技术资料不全时，应增加分级
D. 尚未投入运营的新桥，可减少分级

解析：试验加载应分级施加，加载数级应根据试验荷载总量和荷载分级增量确定，可分为3~5级。当桥梁的技术资料不全时，应增加分级。重点测试桥梁在荷载作用下的响应规律时，可适当加密加载分级。

【2024 真题】

11. 关于桥梁动力特性表述正确的是（　　）。

A. 阻尼与结构的刚度和质量有关，与刚度成反比，与质量成正比
B. 自振频率与结构的刚度和质量有关，与刚度的平方根成正比，与质量的平方根成反比
C. 阻尼与材料的弹性模量和质量有关，与弹性模量成正比，与质量成反比
D. 自振频率与材料的弹性模量和质量有关，与弹性模量成反比，与质量成正比

解析：

$$f = \frac{1}{T} = \frac{1}{2\pi}\sqrt{\frac{K}{M}}$$

结构的自振频率只与结构的刚度和质量有关，并与刚度成正比，与质量成反比。对多自

由度情况，以上关系同样存在，一般每个自由度都对应有一个自振频率，通常把多个频率按数值从小到大排列成 1 阶（也称作基本频率），2 阶，…，n 阶频率。

【2024 真题】

12. 振弦式应力计通过量测钢弦的（　　）变化得出结构应力变化。

　　A. 频率　　　　　　B. 力　　　　　　C. 电阻　　　　　　D. 电压

　　解析：振弦式应力计主要元件是一根长度、面积和质量都确定的张紧的钢丝（振弦），在一定的预拉力情形下该振弦有一个基本频率。当传感器受拉（压）力，其钢丝的拉力产生变化时，钢弦的自振频率会发生相应的变化。电脉冲信号通过传感器内的激振线圈产生电磁力，激发钢弦作正弦机械振动，该振动使钢弦一侧的拾振线圈感应出同频的正弦电信号，通过导线传输到钢弦频率测定仪，显示出振动频率值。按照预先标定的"力-频率"关系曲线，即可得出作用在应力计上的拉（压）力。

二、判断题

【2021 年真题】

13. 实桥荷载试验中，半桥多用于静态应变测试，全桥多用于动态应变测试和应变传感器桥路组合。

　　A. 正确　　　　　　　　　　　B. 错误

　　解析：实桥测试上，半桥多用于静态应变测试，全桥则用于动态应变测试和应变传感器桥路组合。

【2019 年真题】

14. 应变花可用来测试构件的平面应变，也可测单向应变。

　　A. 正确　　　　　　　　　　　B. 错误

　　解析：将单轴电阻应变计按不同的角度（如 45°、60°、120° 等，桥梁多用 45°）组合成应变花，测试构件的平面应力或平面应变。实桥上也可直接将三片大标距普通应变计组合起来使用。

【2019 年真题】

15. 现场采用计算机应变采集仪时，所有测量应变片测点可共用同一温度补偿片。

　　A. 正确　　　　　　　　　　　B. 错误

　　解析：补偿片可采用单点补偿多点的办法，具体补多少点要根据被测物的材料特性、测点位置及环境条件决定。一般（钢结构或混凝土）桥梁应变测量，可以一点补多点。野外应变测试温度补偿必须注意大、小范围温度场的不同或变化（如迎风面和背风面，桥面上方和下方等等），对这种特殊场合的温度补偿一般要求一对一。有些实桥应变测试时，出现数据回零差、重复性差或漂移不稳等问题，很可能是温度补偿不到位，所以要充分重视温度补偿问题。将应变计接成全桥桥路，也能起到温度补偿的作用，有时还能提高电桥的灵敏度。很多用应变计制作成的传感器都是采用全桥接法。

【2021年真题】

16. 高精度全站仪可用来测量桥梁结构的动挠度。
   A. 正确 B. 错误

解析： 测量桥梁变形，特别是静力荷载作用下的变形，要求用高精度全站仪。

【2021年真题】

17. 根据《公路桥梁承载能力检测评定规程》（JTG/TJ21—2011），当作用效应与抗力效应的比值为1.05时，应根据该规程的有关规定通过荷载试验评定承载力。
   A. 正确 B. 错误

解析： 对在用桥梁，除按《公路桥梁承载能力检测评定规程》（JTG/T J21—2011）第3.2.4条规定（经检算作用效应与抗力效应的比值在1.0~1.2之间时，应根据本规程的有关规定通过荷载试验评定承载能力）进行荷载试验外，存在下列情况之一时，可进行荷载试验：（1）技术状态等级为四、五类。（2）拟提高荷载等级。（3）需要通过特殊重型车辆荷载。（4）遭受重大自然灾害或意外事件。（5）采用其他方法难以准确判断其能否承受预定荷载。

【2019年真题】

18. 电阻应变片接驳现代虚拟仪器测试，已不需要温度补偿。
   A. 正确 B. 错误

解析： 电阻应变仪是一种专用应变测量放大器，属模拟电子仪器。它们一般具有三个功能：（1）装有几个电桥补充电阻（以适用于1/4桥和半桥测量）并提供电桥电源；（2）能把微弱的电信号放大；（3）把放大后的信号变换显示出来或送给后续设备。按测量对象不同，应变仪分为静态电阻应变仪和动态电阻应变仪。静、动态电阻应变仪从原理上讲没有本质不同，主要区别在于：静态应变仪本质上是电桥平衡指示器，按电阻变化→桥路不平衡→调节平衡装置→电桥重新平衡→产生读数差→被测应变值，多点测量只需通过多点转换箱（也称平衡箱）切换而不增加放大单元。而动态应变仪测量的信号与时间有关，应变仪本身无法读值，多点测量一般需一对一配置放大单元，需要有后续记录仪器。从电阻应变仪的功能来看，还需要进行温度补偿。

【2019年真题】

19. 振弦式应力计适合对桥梁结构进行长期监测。
   A. 正确 B. 错误

解析： 振弦式应力计有一个初始固有频率，当它被安装在结构内部不受力时有一个对应其固有频率的初读数，这个初读数不需要电源维持，所以是一种无源传感器。使用过程中，随时读取应力变化。由于振弦式应力计的初始值（记忆）特性，它被称为智能传感器，并已被广泛使用在桥梁结构应力监测中。可安装在结构表面，也可预埋在混凝土内部，适用于长期监测，但不能用于动测。

【2019 年真题】

20. 静载试验中，免棱镜全站仪适合测量主跨大于等于 100m 的连续箱梁的位移。

  A. 正确   B. 错误

解析：免棱镜全站仪比较适合测量（悬索桥主缆、钢管混凝土拱肋坐标等）无法安装棱镜的场合。

【2019 年真题】

21. 现代动态应变数据采集系统一样需要电桥。

  A. 正确   B. 错误

解析：电阻应变仪是一种专用应变测量放大器，属模拟电子仪器。它们一般具有三个功能：（1）装有几个电桥补充电阻（以适用于 1/4 桥和半桥测量）并提供电桥电源；（2）能把微弱的电信号放大；（3）把放大后的信号变换显示出来或送给后续设备。按测量对象不同，应变仪分为静态电阻应变仪和动态电阻应变仪。静、动态电阻应变仪从原理上讲没有本质不同，主要区别在于：静态应变仪本质上是电桥平衡指示器，按电阻变化→桥路不平衡→调节平衡装置→电桥重新平衡→产生读数差→被测应变值，多点测量只需通过多点转换箱（也称平衡箱）切换而不增加放大单元。而动态应变仪测量的信号与时间有关，应变仪本身无法读值，多点测量一般需一对一配置放大单元，需要有后续记录仪器。

【2019 年真题】

22. 位移计测量振动信号，被测物的频率必须小于位移计的自振频率。

  A. 正确   B. 错误

解析：测振传感器的频率响应特性是选用传感器的基础，除需了解传感器本身的频率响应特性及其适用范围外，还要估算（或计算出）被测桥梁的自振特性，原则是被测对象的频率期望值必须在传感器适用范围之内。

【2020 年真题】

23. 桥梁结构动力特性参数就是结构自振特性参数。

  A. 正确   B. 错误

解析：结构动力特性参数也称结构自振特性参数或振动模态参数，其内容主要包括结构的自振频率（自振周期）、振型和阻尼比等，它们都是由结构形式、建筑材料性能等结构所固有的特性所决定的，与外荷载无关。

【2023 真题】

24. 冲击系数宜取同截面（或部位）一个测点多次均值，进行多次试验时可取该车速下的最大值。

  A. 正确   B. 错误

解析：《公路桥梁荷载试验规程》（JTG/T J21-01—2015）第 46 页。冲击系数宜取同截面（或部位）多个测点的均值，进行多次试验时可取该车速下的最大值。

【2023 真题】

25. 在基于基频的索力计算中，实测前 10 阶自振频率中相邻阶的频率差值近似相等时，可用多个频率差值的均值替代基频。

A. 正确 B. 错误

解析：《公路桥梁荷载试验规程》（JTG/T J21-01—2015）第 56 页。当通过频谱分析得到索的自振基频或虽然不能得到索的自振基频，但实测前 10 阶自振频率中相邻阶的频率差值近似相等时，可用频率差值或多个频率差值的均值替代基频。

【2024 真题】

26. 新建桥梁静载试验时，试验荷载作用下裂缝宽度不应超过《公路钢筋混凝土及预应力混凝土桥涵设计规范》（JTG 3362—2018）规定的容许值，卸载后其扩展宽度应闭合到容许值的1/2。

A. 正确 B. 错误

解析：JTG/T J21-01—2015 规定：混凝土桥梁裂缝及其扩展情况的评定分析应符合：

（1）试验荷载作用下新桥裂缝宽度不应超过《公路钢筋混凝土及预应力混凝土桥涵设计规范》（JTG 3362—2018）规定的容许值，卸载后其扩展宽度应闭合到容许值的1/3。

（2）卸载后，试验荷载作用下在用桥梁的裂缝宽度不宜超过《公路桥梁承载能力检测评定规程》（JTG/T J21—2011）的规定。

（3）超过上述规定时，应结合校验系数的计算结果，分析原因，采取措施。

【2024 真题】

27. 桥梁动载试验主要测试动荷载作用下结构的动态响应参数及其随时间的变化。

A. 正确 B. 错误

解析：实桥动载试验一般采用移动车辆荷载进行加载，对应主要测试动荷载作用下结构的动态响应参数及其随时间的变化。动载试验所采用的测试方法和仪器设备均较静力加载试验复杂，测试技术要求相对也要高一些。

【2024 真题】

28. 选用连通管测量桥梁挠度之前应先了解挠度的期望值，不适用于小跨径桥梁。

A. 正确 B. 错误

解析：连通管用来测量桥梁挠度的优点是可靠、易行，当挠度的绝对值大于 20mm 时，其 1mm 最小读数至少可有 5% 的相对精度。这个精度对小跨度桥梁显然是不合适的，所以选用连通管之前须先了解挠度的期望值。

【2024 真题】

29. 桥梁的固有结构动力特性主要包括频率、振型和阻尼比三个参数。

A. 正确　　　　　　　　　　　　　　B. 错误

解析：结构动力特性参数，也称结构自振特性参数或振动模态参数，其内容主要包括结构的自振频率（自振周期）、振型和阻尼比等，它们都是由结构形式、建筑材料性能等结构所固有的特性所决定的，与外荷载无关。

【2024 真题】

30. 桥梁结构出现损伤时，一般自振频率会增大，振型出现变异。

A. 正确　　　　　　　　　　　　　　B. 错误

解析：

$$f=\frac{1}{T}=\frac{1}{2\pi}\sqrt{\frac{K}{M}}$$

式中　K——悬臂梁结构的刚度；

　　　M——梁端部的集中质量。

可见结构的自振频率只与结构的刚度和质量有关，并于刚度 K 成正比，与质量 M 成反比。桥梁结构出现损伤时，刚度会变小，故自振频率会减小。

【2024 真题】

31. 对悬索桥、斜拉桥等自振频率较低的桥型，为保证频率分辨率和提高信噪比，信号采集时间一般不小于30min。

A. 正确　　　　　　　　　　　　　　B. 错误

解析：公路桥梁荷载试验规程（JTG/T J21-01—2015）第36~37页。条文说明：环境随机激振法（脉动法），是指在桥面无任何交通荷载以及桥址附近无规则振源的情况下，通过测定桥梁由风荷载、地脉动、水流等随机激励引起的微幅振动来识别结构自振特性参数的方法。该方法需对采集的长样本信号进行能量平均，以便消除随机因素的影响。对悬索桥、斜拉桥等自振频率较低的桥型，为保证频率分辨率和提高信噪比，采集时间一般不小于30min。对于小跨径桥梁，采集时间可以酌情减少。环境激振法更适合大跨柔性桥梁。

三、多项选择题

【2021 年真题】

32. 混凝土结构外观检查裂缝的参数有（　　）。

A. 长度　　　B. 宽度　　　C. 深度　　　D. 走向

解析：桥梁工程上混凝土出现裂缝的情况十分普遍，这里所提到的裂缝均指可视性裂缝。对可视性裂缝的检测主要包括裂缝的长度、宽度和深度以及裂缝的分布和走向。裂缝的长度、分布和走向等只需通过几何测量即可得到。（1）侧裂缝宽度的读数显微镜和裂缝尺；（2）裂缝深度测试仪主要为超声波脉冲法。

【2021年真题】

33. 桥梁动力响应测试主要测试（　　）。
A. 动挠度　　　B. 动应变　　　C. 自振频率　　　D. 加速度

解析：结构的动力特性是桥梁的固有特性，主要包括三个主要参数（频率、振型和阻尼比），它们是桥梁动态试验中最基本的内容。动力反应表示桥梁在特定动荷载作用下的动态输出，桥梁结构动态响应的主要参数为动应力、动挠度、加速度等。

【2021年真题】

34. 测量实桥裂缝宽度可采用（　　）等量测仪器。
A. 引伸仪　　　B. 电阻应变片　　　C. 读数显微镜　　　D. 裂缝尺

解析：桥梁工程上混凝土出现裂缝的情况十分普遍，这里所提到的裂缝均指可视性裂缝。对可视性裂缝的检测主要包括裂缝的长度、宽度和深度以及裂缝的分布和走向。裂缝的长度、分布和走向等只需通过几何测量即可得到。（1）测裂缝宽度的读数显微镜和裂缝尺；（2）裂缝深度测试仪主要为超声波脉冲法。

【2020年真题】

35. 根据《公路桥梁荷载试验规程》（JTG/T J21-01—2015），桥梁动力响应测试包括（　　）。
A. 动挠度　　　B. 动应变　　　C. 自振频率　　　D. 冲击系数

解析：动力反应表示桥梁在特定动荷载作用下的动态"输出"，桥梁结构动力响应主要参数为动应力、动挠度、加速度等。JTG/T J21-01—2015 公路桥梁荷载试验规程 6.3.2 规定，动力响应测试应包括动挠度、动应变、振动加速度、速度及冲击系数。

【2023真题】

36. 预应力混凝土连续刚构桥静载试验中，（　　）时应停止加载。
A. 控制测点应变值已达到或超过计算值
B. 控制测点变形（或挠度）值超过计算值
C. 结构裂缝的长度、宽度或数量明显增加
D. 桥体发出异常响声

解析：JTG/T J21-01—2015 规定：应根据各工况的加载分级，对各加载过程结构控制点的应变（或变形）、薄弱部位的破损情况等进行观测与分析，并与理论计算值对比。当试验过程中发生下列情况之一时，应停止加载，查清原因，采取措施后再确定是否进行试验：（1）控制测点应变值已达到或超过计算值。（2）控制测点变形（或挠度）超过计算值。（3）结构裂缝的长度、宽度或数量明显增加。（4）实测变形分布规律异常。（5）桥体发出异常响声或发生其他异常情况。（6）斜拉索或吊索（杆）索力增量实测值超过计算值。

【2024真题】

37.（　　）属于悬臂梁桥静载试验的主要工况。

A. 墩顶支点截面最大剪力工况　　　　B. 悬臂端最大挠度工况

C. 墩顶支点截面最大负弯矩工况　　　D. 锚固孔跨中最大正弯矩工况

解析：《公路桥梁荷载试验规程》（JTG/T J21-01—2015）第 14 页。常用桥梁静载试验工况及测试截面（部分）见下表。

常用桥梁静载试验工况及测试截面（部分）

桥型	试验工况		测试截面
悬臂梁桥	主要工况	（1）墩顶支点截面最大负弯矩工况（2）锚固孔跨中最大正弯矩工况	（1）墩面支点截面（2）锚固孔最大正弯矩截面
	附加工况	（1）墩顶支点截面最大剪力工况（2）挂孔跨中最大正弯矩工况（3）挂孔支点截面最大剪力工况（4）悬臂端最大挠度工况	（1）计算确定具体截面位置（2）挂孔中截面（3）挂孔梁底距支点 $h/2$ 截面向上 $45°$ 斜线与挂孔截面形心线相交位置（4）悬臂端截面

四、综合题

【2020 年真题】

38. 某一新建三跨预应力混凝土连续箱梁，跨径布置为：68m+108m+68m，横向总宽 12.5m，净宽 11.25m，单向三车道，设计荷载为公路Ⅰ级，需做交工荷载试验，根据《公路桥梁荷载试验规程》（JTG/TJ21-01—2015）回答下列问题。

1）在交（竣）工荷载试验中，静载试验荷载效率系数宜介于（　　）之间。

A. 0.80~1.00　　B. 0.85~1.05　　C. 0.90~1.00　　D. 0.95~1.05

解析：对交、竣工验收荷载试验，静载试验荷载效率系数 η_q 宜介于 0.85~1.05 之间；其他静载试验 η_q 宜介于 0.95~1.05 之间。

2）该桥静载试验加载过程中，若出现（　　），应停止加载，寻找原因，研究是否继续加载。

A. 控制测点应变值与挠度同时达到或超过相应计算值

B. 结构裂缝的宽度达 0.30mm

C. 实测变形分布规律异常

D. 桥体发出异常响声或发生其他异常情况

解析：当试验过程中发生下列情况之一时，应停止加载，查清原因，采取措施后再确定是否进行试验：①控制测点应变值已达到或超过计算值。②控制测点变形（或挠度）超过计算值。选项 A 控制测点应变值与挠度同时达到或超过再停止已经晚了，不正确。③结构裂缝的长度、宽度或数量明显增加。裂缝限值表中预应力混凝土梁桥不允许出现梁体竖向、横向裂缝，梁体纵向裂缝不超过 0.2mm。选项 B 正确。④实测变形分布规律异常。选项 C 正确。⑤桥体发出异常响声或发生其他异常情况。选项 D 正确。⑥斜拉索或吊索（杆）索力增量实测值超过计算值。

3）该桥静载试验测试内容包括（　　）。
A. 主跨支点最大负弯矩截面应力
B. 主跨最大正弯矩截面应力及挠度
C. 边跨最大正弯矩截面应力及挠度
D. 支点沉降

解析：

连续梁桥	主要内容	① 主跨支点斜截面应力（应变）； ② 主跨最大正弯矩截面应力（应变）及挠度； ③ 边跨最大正弯矩截面应力（应变）及挠度； ④ 支点沉降； ⑤ 混凝土梁体裂缝
	附加内容	主跨（中）支点附近斜截面应力（应变）

4）静载试验中，某应变测点实测初始值为 $0\mu\varepsilon$，加载后实测应变值为 $40\mu\varepsilon$，卸载后实测应变值为 $2\mu\varepsilon$，其中混凝土强度为 C50，弹性模量为 34500MPa，该测点相应加载工况下理论计算值为 1.60MPa，该测点的校验系数为（　　）。
A. 0.86　　　　B. 0.82　　　　C. 0.91　　　　D. 0.78

解析： 理论应变 = 1.6/34500 = $46.4\mu\varepsilon$ 弹性应变 = 40 - 2 = $38\mu\varepsilon$ 校验系数 = 弹性应变/理论应变 = 38/46.4 = 0.82。

5）该测点的相对残余应变为（　　）。
A. 0.00%　　　B. 5.26%　　　C. 5.00%　　　D. 5.55%

解析： 相对残余应变 = 残余应变/总应变 = 2/40 = 5%。

【2021 年真题】

39. 电阻应变测量技术广泛应用于桥梁测试中，关于应变现场测试，请回答下列问题。

1）电阻应变计一般由（　　）组成。
A. 敏感金属栅　　B. 振弦　　C. 基底　　D. 引出线

解析： 电阻应变计是电阻应变测量技术中最重要的基本元件。电阻应变计一般由敏感金属栅、基底及引出线三部分组成。

2）应变测量通过电桥实现，把不同数量的应变计接入电桥构成（　　）。
A. 单桥　　B. 双桥　　C. 全桥　　D. 半桥

解析： 电桥桥路的不同连接和组合，在实际测试技术上有很好的应用。可以利用电桥的桥臂特性，把不同数量的应变计接入电桥构成半桥或全桥等。

3）应变计的电阻值会随（　　）变化，引起输出应变量变化。
A. 温度　　B. 湿度　　C. 电压　　D. 时间

解析： 接入电桥的电阻应变计的电阻值随温度变化，这一变化当然要引起电桥输出电压，一般每升温1℃，应变放大器输出的变量可达几十微应变。显然，这是非受力应变，需要排除，这种排除温度影响的措施，叫温度补偿。利用电桥桥路的不同组合，半桥和全桥接法均可有效实现温度补偿。

4）为防止上述非受力应变，现场一般采用的补偿方法有（　　）。
A. 单点补偿多点　　B. 多点补偿单点　　C. 单点补偿单点　　D. 多点补偿多点

解析：补偿片可采用单点补偿多点的办法，具体补多点要根据被测物的材料特性、测点位置及环境条件决定。一般（钢结构或混凝土）桥梁应变测量，可以一点补多点。野外应变测试温度补偿必须注意大、小范围温度场的不同或变化（如迎风面和背风面，桥面上方和下方等等），对这种特殊场合的温度补偿一般要求一对一。有些实桥应变测试时，出现数据回零差、重复性差或漂移不稳等问题，很可能是温度补偿不到位，所以要充分重视温度补偿问题。将应变计接成全桥桥路，也能起到温度补偿的作用，有时还能提高电桥的灵敏度。很多用应变计制作成的传感器都是采用全桥接法。

5）除测量应变外，静态应变数据采集器还可测量和处理的物理量包括（　　）。
A. 温度　　　　　B. 压力　　　　　C. 应力　　　　　D. 位移

解析：静态应变数据采集器除测量应变外，还可以测量和处理其他物理量，如应力、温度、压力、荷载、角度、电压、功率等。这种采集器不能测量动态信号。

【2021年真题】

40. 某桥梁全长24m，跨径组合1×20m，总宽12m，行车道净宽11m，两侧各设置0.5m宽防撞护栏，上部结构为预应力空心板，为确定桥梁的承载能力，开展静载试验和动载试验，请根据以上条件回答下列问题。

1）跨中应变测点的初始值为$0\mu\varepsilon$，试验控制荷载作用下的加载应变值为$50\mu\varepsilon$，卸载后测值为$4\mu\varepsilon$，计算应变值为$80\mu\varepsilon$，则应变校验系数为（　　）。
A. 0.48　　　　　B. 0.58　　　　　C. 0.66　　　　　D. 1.74

解析：弹性应变=50-4=46；校验系数=46/80=0.58。

2）动载作用下跨中挠度为28mm，静载作用下跨中挠度为23mm，则该桥冲击系数μ应为（　　）。
A. 28/（1+23）　　B. 23/（1+28）　　C. （28/23）-1　　D. （28/23）+1

解析：冲击系数则为最大动挠度与最大静挠度之差比最大静挠度的值，即（28-23）/23=（28/23）-1，或为最大动应力与最大静应力之差比最大静应力的值。

3）简支梁桥跨中截面静载试验，试验计算时须采用（　　）作为控制效应，并使荷载效应满足要求。
A. 剪力　　　　　B. 轴力　　　　　C. 弯矩　　　　　D. 压力

解析：

桥型	试验工况		测试截面
简支梁桥	主要工况	跨中截面主梁最大正弯矩工况	跨中截面
	附加工况	① $L/4$ 截面主梁最大正弯矩工况； ② 支点附近主梁最大剪力工况	① $L/4$ 截面； ② 梁底距支点 $h/2$ 截面内侧向上 45°斜线与截面形心线相交位置

4）加载后测得跨中挠度 23mm，支座一端沉降量 2mm，支座另一端沉降量 4mm，则跨中实际挠度为（　　）。

  A. 17mm　　　　　B. 19mm　　　　　C. 20mm　　　　　D. 21mm

解析：支点有沉降发生时，支点沉降修正量可按公式计算：（2+4）/2＝3mm，实际挠度为 23－3＝20mm。

5）（　　）是属于结构动力特性参数。

  A. 频率　　　　　B. 振型　　　　　C. 阻尼　　　　　D. 加速度

解析：结构动力特性参数，也称结构自振特性参数或振动模态参数，其内容主要包括结构的自振频率（自振周期）、振型和阻尼比等，它们都是由结构形式、建筑材料性能等结构所固有的特性所决定的，与外荷载无关。

答案：1. A　2. B　3. D　4. B　5. C　6. C　7. C　8. A　9. B　10. C　11. B　12. A　13. A　14. A　15. B　16. B　17. A　18. B　19. A　20. B　21. A　22. B　23. A　24. B　25. A　26. B　27. A　28. A　29. A　30. B　31. A　32. A、B、C、D　33. A、B、D　34. C、D　35. A、B、D　36. A、B、C、D　37. C、D　38. 1）B，2）B、D，3）B、D，4）B，5）C　39. 1）A、C、D，2）C、D，3）A，4）A、C，5）A、B、C　40. 1）B，2）C，3）C，4）C，5）A、B、C

第七章 桥梁承载力评定

一、单项选择题

【2021年真题】

1. 根据《公路桥涵地基与基础设计规范》(JTG 3363—2019)规定,多年压实未遭破坏的非岩石旧桥,在墩台与基础无异常变位的情况下地基承载力抗力系数 γ_R 可适当提高,当修正后的地基承载力特征值 $f_a \geq 150\text{kPa}$ 时,γ_R 的取值为( )。

A. 1.0
B. 1.25
C. 1.5
D. 2.0

解析:多年压实未遭破坏的非岩石旧桥,在墩台与基础无异常变位的情况下,地基承载力抗力系数 γ_R 可适当提高,当修正后的地基承载力特征值 $f_a < 150\text{kPa}$ 时,γ_R 取 1.25,$f_a \geq 150\text{kPa}$ 时 γ_R 取 1.5。

【2019年真题】

2. 结构校验系数是评定桥梁承载能力的一项重要指标,一般要求其值( )。

A. 不大于1.0
B. 等于1.0
C. 大于1.0
D. 大于2.0

解析:校验系数是反映结构工作状态的一个重要指标。实际工程上总是取各控制断面或最不利受力(如简支梁跨中下缘受拉应力)测点值进行计算,并作为整桥校验系数的控制值。简单理解:校验系数小于1,说明桥梁结构实际强度或刚度有安全储备;大于1,则表明强度或刚度不足。

二、判断题

【2019年真题】

3. 跨越干沟的钢筋混凝土桥梁,桥墩允许最大裂缝宽度为0.4mm。

A. 正确
B. 错误

解析：

墩台	墩台帽		0.30mm	
	墩台身	经常受侵蚀性环境水影响	有筋	0.20mm	不允许贯通墩台身截面的一半
			无筋	0.30mm	
		常年有水，但无侵蚀性影响	有筋	0.25mm	
			无筋	0.35mm	
		干沟或季节性有水河流		0.40mm	
		有冻结作用部分		0.20mm	

注：表中所列除特殊要求外适用于一般条件。对于潮湿和空气中含有较多腐蚀性气体等条件下的缝宽限值应要求严格一些。

【2021年真题】

4. 承载能力检算时，应检算结构或者构件在持久状态下承载能力极限状态下的刚度、抗裂性。

　　A. 正确　　　　　　　　　　　　B. 错误

解析：《公路桥涵设计通用规范》《公路钢筋混凝土及预应力混凝土桥涵设计规范》《公路圬工桥涵设计规范》《公路钢结构桥梁设计规范》《公路桥涵地基与基础设计规范》等桥梁设计规范（称为《桥规》）。按《桥规》和《公路桥梁承载能力检测评定规程》（JTG/T J21—2011）分别检算结构或构件在持久状况下承载能力极限状态下的强度、稳定性和正常使用极限状态下的刚度、抗裂性。

【2020年真题】

5. 圬工桥梁正常使用极限状态，宜按现行设计和养护规范进行计算评定，但需要修正。

　　A. 正确　　　　　　　　　　　　B. 错误

解析：圬工桥梁正常使用极限状态，宜按现行设计和养护规范进行计算评定。

【2020年真题】

6. 桥梁承载能力评定中，应取变位校验系数或应变校验系数中较大者确定检算系数。

　　A. 正确　　　　　　　　　　　　B. 错误

解析：判定桥梁承载能力时，应取主要测点应力校验系数或变位校验系数较大值，确定检算系数 Z_2，代替 Z_1 进行承载能力评定。

【2019年真题】

7. 桥梁自振频率评定标度值随实测自振频率与理论计算频率的比值增加而增加。

　　A. 正确　　　　　　　　　　　　B. 错误

解析：桥梁自振频率评定标准见下表。从下表中可以看出桥梁自振频率评定标度值随实测自振频率与理论计算频率的比值增加而降低。

桥梁自振频率评定标准

上部结构 f_{mi}/f_{di}	下部结构 f_{mi}/f_{di}	评定标度
≥1.1	≥1.2	1
[1.0, 1.1)	[1.0, 1.2)	2
[0.9, 1.0)	[0.95, 1.0)	3
[0.75, 0.90)	[0.80, 0.95)	4
<0.75	<0.80	5

【2021 年真题】

8. 拟提高荷载等级的桥梁，应进行承载能力检测评定。

A. 正确　　　　　　　　　　　　B. 错误

解析：在用桥梁有下列情况之一时，应进行承载能力检测评定：（1）技术状况等级为四、五类的桥梁。（2）拟提高荷载等级的桥梁。（3）需通行大件运输车辆的桥梁。（4）遭受重大自然灾害或意外事件的桥梁。

【2019/2021 年真题】

9. 桥梁荷载试验是评定桥梁承载能力的唯一方法。

A. 正确　　　　　　　　　　　　B. 错误

解析：通过试验检测评定桥梁结构实际承载能力一般采用两种方法：一种是适用于大多数在用桥梁的，通过桥梁技术状况检查，结合结构检算评定桥梁承载能力的方法。另一种是确定新建或在用桥梁承载能力最直接、有效，但花费物力相对较大的荷载试验方法。

三、多项选择题

【2019 年真题】

10. 评定改建加固桥梁的实际承载能力，可通过（　　）方法进行。

A. 按设计规范重新计算　　　　　B. 外观检查

C. 荷载试验　　　　　　　　　　D. 承载能力检算

解析：通过试验检测评定桥梁结构实际承载能力一般采用两种方法：一种是适用于大多数在用桥梁的，通过桥梁技术状况检查，结合结构检算评定桥梁承载能力的方法。另一种是确定新建或在用桥梁承载能力最直接、有效，但花费物力相对较大的荷载试验方法。

【2019 年真题】

11. 在用桥梁结构或构件正常使用极限状态评定的内容包括（　　）。

A. 强度　　　B. 刚度　　　C. 抗裂性　　　D. 稳定性

解析：按照《桥规》和 JTG/T J21—2011 分别检算结构或构件在持久状况下承载能力极限状态下的强度、稳定性和正常使用极限状态下的刚度、抗裂性。

【2020 年真题】

12. 检算在用桥梁结构或构件承载能力极限状态评定的内容包括（　　）。

A. 强度　　　　　　B. 刚度　　　　　　C. 抗裂性　　　　　　D. 稳定性

解析：按《桥规》和 JTG/T J21—2011 分别检算结构或构件在持久状况下承载能力极限状态下的强度、稳定性和正常使用极限状态下的刚度、抗裂性。

【2020 年真题】

13. 当桥梁结构构件的承载能力检算系数评定标度 $D \geqslant 3$ 时，应进行（　　）评定检算和修正系数。

A. 正常使用极限状态　　B. 应力　　　　C. 变形　　　　D. 裂缝宽度

解析：当承载能力检算系数评定标度 $D \geqslant 3$ 时，应进行持久状况正常使用极限状态评定检算，对结构应力、裂缝宽度和变形进行计算。

【2023 真题】

14. 根据《公路桥梁承载能力检测评定规程》（JTG/T J21—2011），当（　　）时，应判定桥梁承载能力不满足要求。

A. 主要测点静力荷载试验校验系数小于 1

B. 主要测点相对残余变位或相对残余应变达到 30%

C. 裂缝扩展宽度超过限值，且卸载后裂缝闭合宽度小于扩展宽度的 2/3

D. 试验荷载作用下，桥梁基础发生不稳定沉降变位

解析：对于荷载试验结果，JTG/T J21—2011 规定：当出现下列情况之一时，应判定桥梁承载能力不满足要求：（1）主要测点静力荷载试验校验系数大于 1。选项 A 错误。（2）主要测点相对残余变位或相对残余应变超过 20%。选项 B 正确。（3）试验荷载作用下裂缝扩展宽度超过限值，且卸载后裂缝闭合宽度小于扩展宽度的 2/3。选项 C 正确。（4）在试验荷载作用下，桥梁基础不发生不稳定沉降变位。选项 D 正确。

15. 活载影响修正系数公式为 $\xi_q = \sqrt[3]{\xi_{q1}\xi_{q2}\xi_{q3}}$，其中 ξ_{q1}、ξ_{q2}、ξ_{q3} 分别代表（　　）。

A. 典型代表交通量影响修正系数　　　　B. 大吨位车辆混入影响修正系数

C. 小吨位车辆混入影响修正系数　　　　D. 轴荷分布影响修正系数

解析：

依据实际调查的典型代表交通量、大吨位车辆混入率和轴荷分布情况，确定活载影响修正系数 ξ_q：

$$\xi_q = \sqrt[3]{\xi_{q1}\xi_{q2}\xi_{q3}}$$

式中　ξ_{q1}——典型代表交通量影响修正系数；

ξ_{q2}——大吨位车辆混入影响修正系数；

ξ_{q3}——轴荷分布影响修正系数。

四、综合题

【2023 真题】

16. 某在建高速公路桥梁采用重力式桥台、扩大基础，桥台底宽 1500cm、高 762cm，台身浇筑完成后按计划拆模，发现台身中部有两道竖向裂缝，预计深度小于 350mm，裂缝宽度 0.2mm。请根据上述材料回答问题。

1）对于该桥台裂缝深度检测，可采用的方法有（　　）。
A. 钻孔取芯法　　　　　　　　　　B. 超声波对测法
C. 超声波逐层穿透法　　　　　　　D. 超声波单面平测法

解析： 混凝土构件断面很大，不可对测，当估计裂缝深度不大于 500mm 时，宜采用单面平测法进行检测，检测时应在裂缝的被测部位以不同的测距，按跨缝和不跨缝布置测点。对于裂缝深度超过 500mm，被检测混凝土允许在裂缝两侧钻孔测试的情形，可采用对测法检测裂缝深度。此题，桥台台身尺寸较大，不可对测，预估深度小于 500mm，故宜采用单面平测法，因桥台台身属于主要受力结构，也不宜采用钻芯法进行检测。

2）超声法检测该桥台裂缝深度时，关于换能器的表述正确的有（　　）。
A. 采用径向振动式换能器　　　　　B. 采用平面振动式换能器
C. 测试时换能器跨缝布置　　　　　D. 测试时换能器沿裂缝一侧布置

解析： 混凝土构件断面很大，不可对测，当估计裂缝深度不大于 500mm 时，宜采用单面平测法进行检测，检测时应在裂缝的被测部位以不同的测距，按跨缝和不跨缝布置测点。对于裂缝深度超过 500mm，被检测混凝土允许在裂缝两侧钻孔测试的情形，可采用对测法检测裂缝深度。超声波检测混凝土内部缺陷与表层损伤的方法总体上可分为两类：第一类为厚度振动式换能器进行平面测试；第二类为采用径向振动式换能器进行钻孔测试。（1）第一类平面测试方法：①对测法；②斜测法；③单面平测法。（2）第二类钻孔测试方法：①孔中对测；②孔中斜测；③孔中平测。没有平面振动式换能器的说法，依据题目情况适用跨缝布置。

3）超声法检测裂缝深度时，换能器应通过（　　）与混凝土测试表面保持紧密结合。
A. 胶粘剂　　　　B. 耦合剂　　　　C. 防腐剂　　　　D. 干燥剂

解析： 混凝土构件断面很大，不可对测，当估计裂缝深度不大于 500mm 时，宜采用单面平测法进行检测，检测时应在裂缝的被测部位以不同的测距，按跨缝和不跨缝布置测点。对于裂缝深度超过 500mm，被检测混凝土允许在裂缝两侧钻孔测试的情形，可采用对测法检测裂缝深度。在进行跨缝和不跨缝的声时测量时，将发射换能器和接收换能器置于测点，并耦合良好。

4）测试过程中应密切关注波形图像，关于首波反相的表述正确的有（　　）。
A. 可以利用首波反相现象快速计算裂缝深度
B. 出现首波反相现象时，裂缝深度与换能器间距相等

C. 难以发现首波反相现象时表明裂缝深度超出测量范围

D. 难以发现首波反相现象时可增加测试间距计算出裂缝深度

解析：当构件断面很大不可对测，且估计裂缝深度不大于500mm时，宜采用单面平测法进行检测，检测时应在裂缝的被测部位以不同的测距，按跨缝和不跨缝布置测点。该方法裂缝深度的确定方法是：（1）跨缝测量中，当在某测距发现首波反向，可用该测距及两个相邻测距的声时测量值计算深度值，取此三点深度计算值的平均值作为该裂缝的深度值。(2) 跨缝测量时，如难以发现首波反向，则以不同测距的声时值计算深度值及其平均值。将各测距与平均值作比较，剔除测距小于平均值和大于3倍平均值的数据组，取余下深度的平均值，作为该裂缝的深度值。

5）经测试，裂缝深度为120mm，正常养生20天后裂缝宽度变窄，稳定为0.15mm，下列对该裂缝判断合理的有（　　）。

A. 该裂缝为非受力裂缝，满足验收要求

B. 该裂缝为非受力裂缝，不满足验收要求

C. 该裂缝为受力裂缝，满足验收要求

D. 该裂缝为受力裂缝，不满足验收要求

解析：

桥梁结构在持久状况下裂缝宽度应小于下表的限值（部分）。

桥梁结构在持久状况下裂缝宽度

结构类型	裂缝部位		允许最大缝宽/mm	其他要求
墩台	墩台帽		0.30	不允许贯通墩台身截面的一半
	经常受侵蚀性环境水影响	有筋	0.20	
		无筋	0.30	
	常年有水，但无侵蚀性影响	有筋	0.25	
		无筋	0.35	
	干沟或季节性有水河流		0.40	
	有冻结作用部分		0.20	

此题，因养护后裂缝宽度变窄，故应为非受力裂缝，裂缝宽度为0.15mm，满足裂缝限值表的规定，故满足验收要求。

答案：1. C　2. A　3. A　4. B　5. B　6. B　7. B　8. A　9. B　10. C、D　11. B、C　12. A、D　13. A、B、C、D　14. B、C、D　15. A、B、D　16. 1) D, 2) C, 3) B, 4) A, 5) A

第八章 基础知识

一、单项选择题

【2021 年真题】

1. 三车道的隧道可划分为（　　）。

A. 特大跨度隧道　　　B. 大跨度隧道　　　C. 中等跨度隧道　　　D. 一般跨度隧道

解析：隧道按隧道跨度或车道数可分为：小跨度隧道，指人行横洞、施工通道。一般跨度隧道，指两车道隧道。中等跨度隧道，指三车道隧道。大跨度隧道，指四车道及以上隧道。

【2021 年真题】

2. 隧道施工中，通常适用于松软土质的开挖方式是（　　）。

A. 矿山法　　　　B. 盾构法　　　　C. 掘进机法　　　　D. 破碎机法

解析：按隧道开挖掘进方法可分为：

（1）钻爆法（也叫矿山法）隧道，是在地层中以挖掘、爆破方式修建的隧道。先在隧道掘进开挖面上通过挖掘或钻眼、爆破开挖形成地下空间，随后根据围岩稳定情况和使用要求对围岩进行支护。

（2）盾构法隧道，采用盾构机，一般进行外部开挖、控制围岩及掌子面不发生坍塌，一边推进、出渣，并在机内拼装管片衬砌的联动作业修建的隧道。断面一次成型，常用于松软土质地层中，隧道成型断面一般为圆形。

（3）掘进机法隧道，采用机械破碎岩石、出渣、支护和推进连续作业修建的隧道。按掘进机在工作面上的切削过程，分为全断面掘进机和部分断面掘进机。按破碎岩石原理不同，又可分为滚压式（圆形滚刀）掘进机和铣切式掘进机。滚压式掘进机一般用于中硬岩至硬岩的岩石隧道，铣切式掘进机适用于煤层及软岩。

（4）破碎机法隧道，采用硬岩破碎机进行开挖的隧道，一般用单臂球形钻头进行掘进，可用于岩石隧道任意断面形状开挖。

二、判断题

【2019 年真题】

3. 中等跨度公路隧道是指 3 车道隧道。

A. 正确 B. 错误

解析：按隧道跨度或车道数可分为：小跨度隧道，指人行横洞、施工通道。一般跨度隧道，指两车道隧道。中等跨度隧道，指三车道隧道。大跨度隧道，指四车道及以上隧道。

【2019 年真题】

4. 公路隧道与一般铁路隧道、水工隧道、矿山地下巷道相比，断面较大。

A. 正确 B. 错误

解析：公路隧道与一般铁路隧道、水工隧道、矿山地下巷道相比，断面较大。

【2019 年真题】

5. 依据《公路隧道设计规范》（JTG D70—2004）的规定，隧道长度<500m 的隧道为短隧道。

A. 正确 B. 错误

解析：

公路隧道长度分类表

分类	特长隧道	长隧道	中隧道	短隧道
长度/m	$L>3000$	$3000 \geqslant L>1000$	$1000 \geqslant L>500$	$L \leqslant 500$

【2021 年真题】

6. 隧道内粉尘浓度较高、潮湿环境条件下，灯具内外积尘纳垢、电器老化是运营隧道照明亮度不足的主要原因。

A. 正确 B. 错误

解析：在隧道内粉尘浓度较高、潮湿环境条件下，灯具内外容易积尘纳垢、电器老化，使照明亮度不足。

答案：1. C 2. B 3. A 4. A 5. B 6. A

第九章 洞身开挖质量检测

一、单项选择题

【2021 年真题】

1. 激光断面仪隧道开挖断面测量原理为（　　），一般情况下，每（　　）布设一个开挖检查断面。

A. 非接触测量，10m
B. 非接触测量，20m
C. 极坐标法，10m
D. 极坐标法，20m

解析：激光断面仪的测量原理为极坐标法。根据检测任务要求确定检测断面、单个断面检测点数。一般情况下，开挖检测断面为 20m 一个，初期支护检测断面为 10m 一个，二次衬砌检测断面为 20m 一个。

【2020 年真题】

2. 隧道开挖时应严格控制欠挖，下列基本要求表述正确的是（　　）。

A. 拱脚、墙脚以上 1.5m 范围内严禁欠挖
B. 当围岩石质坚硬完整，并确认不影响衬砌结构稳定和强度时，允许岩石个别凸出部分侵入断面
C. 仰拱超挖最大值为 100mm
D. 应尽量减少超挖，边墙每侧允许超挖值为 100mm

解析：应严格控制欠挖。拱脚、墙脚以上 1m 范围内及净空图折角对应位置严禁欠挖。当岩层完整且岩石抗压强度大于 30MPa，并确认不影响衬砌结构稳定和强度时，每 1m² 内欠挖面积不宜大于 0.1m²，欠挖隆起量不得大于 50mm。应尽量减少超挖。隧道允许超挖值规定见下表。

隧道允许超挖值

项次	检查项目		规定值或允许偏差/mm	检查方法和频率
1	拱部超挖	Ⅰ级围岩（硬岩）	平均 100，最大 200	全站仪或激光断面仪检测：每 20m 检查 1 个断面，每个断面自供顶起每 2m 测 1 点
2		Ⅱ、Ⅲ、Ⅳ级围岩（中硬岩、软岩）	平均 150，最大 250	
3		Ⅳ、Ⅴ、Ⅵ级围岩（破碎岩、土）	平均 100，最大 150	
4	边墙超挖	每侧	+100，0	
5		全宽	+200，0	

续表

项次	检查项目	规定值或允许偏差/mm	检查方法和频率
6	仰拱、隧底超挖	平均100，最大250	全站仪或水准仪：每20m检查3处

【2021年真题】

3. 以下开挖方法中，适用地质条件差、浅埋大跨且对地表下沉量要求严格的隧道开挖方法是（　　）。

　　A. 上下台阶法　　　　　　　　　　B. 三台阶法
　　C. 环形开挖预留核心土法　　　　　D. 双侧壁导坑法

解析：（1）全断面法可用于Ⅰ～Ⅲ级围岩两车道及以下跨度的隧道开挖。Ⅰ～Ⅱ级围岩三车道隧道也可采用全断面法开挖。（2）台阶法可用于Ⅲ～Ⅳ级围岩两车道及以下跨度的隧道。Ⅴ级围岩两车道及以下跨度的隧道在采用了有效的预加固措施后，也可采用短台阶或超短台阶法开挖。（3）弧形导坑留核心土法可用于Ⅴ～Ⅵ级围岩两车道及以下跨度的隧道、Ⅲ～Ⅳ级围岩三车道隧道或一般土质隧道。（4）中隔壁法（CD法）或交叉中隔壁法（CRD法）适用于Ⅳ～Ⅵ级围岩、浅埋、大跨、地表沉降需严格控制的情况。（5）双侧壁导坑法适用于Ⅴ～Ⅵ级围岩、浅埋、大跨及地表下沉量要求严格的情况。

【2021年真题】

4. 采用激光断面法进行隧道净空断面检测时，激光断面仪（　　）。

　　A. 必须在隧道设计高程点上　　　　B. 必须在隧道中心线上
　　C. 必须在隧道行车中心线上　　　　D. 可以在隧道任意位置

解析：用断面仪测量开挖轮廓线，断面仪可以放置在隧道内的任意位置，扫描断面的过程（测量记录）可以自动完成。

【2019年真题】

5. 隧道施工中炮眼深度不大于3m时，两茬炮接茬处的台阶形误差值要求是（　　）。

　　A. ≤100mm　　　　B. ≤120mm　　　　C. ≤150mm　　　　D. ≤180mm

解析：用钻爆法开挖隧道，其爆破效果应符合下列规定：（1）开挖轮廓圆顺，开挖面平整。（2）周边眼炮痕（炮眼痕迹）保存率对于硬岩≥80%，中硬岩≥70%，软岩≥50%。（3）两茬炮衔接时，出现的台阶误差不得大于150mm。使用凿岩台车时，可根据实际情况另行确定。

【2019年真题】

6. 激光断面仪进行隧道断面检测，其基本原理是（　　）。

　　A. 小角度法　　　　B. 直角坐标法　　　　C. 极坐标法　　　　D. 后方交会法

解析：激光断面仪的测量原理为极坐标法。

【2023 真题】

7. 关于激光断面仪检测表述正确的是（　　）。

A. 测量原理为极坐标法　　　　　　B. 需要设置反射棱镜

C. 断面仪应安装在隧道中线　　　　D. 不适用于开挖断面检测

解析：（1）激光断面仪的测量原理为极坐标法。选项 A 正确。

（2）以某物理方向（如水平方向）为起算方向，按一定间距（角度或距离）依次测定仪器旋转中心与实际开挖轮廓线交点之间的矢径（距离）及该矢径与水平方向的夹角，将这些矢径端点依次相连即可获得实际开挖的轮廓线。通过洞内的施工控制导线可以获得断面仪的定点定向数据，在计算软件的帮助下，自动完成实际开挖轮廓线与设计开挖轮廓线的空间三维匹配，最后输出图形，并可输出各测点与相应设计开挖轮廓线之间的超欠挖值（距离、面积）。如果沿隧道轴向按一定间隔测量多个检测断面，还可得出实际开挖方量、超挖方量、欠挖方量。用断面仪测量实际开挖轮廓线的优点在于不需要合作目标（反射棱镜）。选项 B 错误。

（3）用断面仪测量开挖轮廓线，断面仪可以放置在隧道内的任意位置，扫描断面的过程（测量记录）可以自动完成。选项 C 错误。

（4）目前在隧道施工中，激光断面仪不仅可应用于开挖断面检测，也在初期支护（喷射混凝土衬砌）、二次衬砌断面轮廓检测中广泛应用。选项 D 错误。

【2024 真题】

8. 根据《公路隧道施工技术规范》（JTG/T 3660—2020），采用断面仪进行隧道洞身超挖检测时，通常检测频率为每（　　）布设一个测试断面。

A. 2m　　　　B. 5m　　　　C. 10m　　　　D. 20m

解析：根据检测任务要求确定检测断面、单个断面检测点数。一般情况下，开挖检测断面为 20m 一个，初期支护检测断面为 10m 一个，二次衬砌检测断面为 20m 一个。

二、判断题

【2020 年真题】

9. 隧道开挖时应根据监测结果调整预留变形量。

A. 正确　　　　　　　　　　　　B. 错误

解析：隧道开挖轮廓应按设计要求预留变形量，预留变形量大小宜根据监控量测信息进行调整。

【2021 年真题】

10. 采用激光断面仪测量隧道开挖轮廓线，激光断面仪不必布置在隧道轴线上，但检测断面应与隧道轴线垂直。

A. 正确　　　　　　　　　　　　B. 错误

解析：用断面仪测量开挖轮廓线，断面仪可以放置在隧道内的任意位置。利用该检测点的法向点或者相邻检测点（在直线段均为中线测点的情况下），确定断面仪主机方向，保证所检测的断面在垂直隧道轴线的断面内，且统一按特定旋转顺序检测。

【2023 真题】

11. 当岩层完整且岩石抗压强度大于30MPa，并确定不影响衬砌结构稳定和强度时，每 $1m^2$ 内欠挖面积不宜大于 $0.1m^2$，欠挖隆起量可大于50mm。

A. 正确　　　　　　　　　　　　B. 错误

解析：隧道开挖基本要求：（1）开挖断面尺寸应符合实际要求。（2）应严格控制欠挖。拱脚、墙脚以上1m范围内及净空图折角对应位置严禁欠挖。当岩层完整且岩石抗压强度大于30MPa，并确认不影响衬砌结构稳定和强度时，每 $1m^2$ 内欠挖面积不宜大于 $0.1m^2$，欠挖隆起量不得大于50mm。（3）应尽量减少超挖。（4）隧道开挖轮廓应按设计要求预留变形量，预留变形量大小宜根据监控量测信息进行调整。（5）仰拱超挖部分必须回填密实。

【2024 真题】

12. 激光断面仪可用于隧道施工中开挖、初期支护、二次衬砌断面轮廓检测。

A. 正确　　　　　　　　　　　　B. 错误

解析：目前在隧道施工中，激光断面仪不仅可应用于开挖断面检测，也在初期支护（喷射混凝土衬砌）、二次衬砌断面轮廓检测中广泛应用。

三、多项选择题

【2019 年真题】

13. 隧道开挖质量标准基本要求有（　　）。

A. 开挖断面尺寸要满足设计要求　　　B. 应严格控制欠挖
C. 应严禁超挖　　　　　　　　　　　D. 应尽量减少超挖

解析：隧道开挖基本要求：（1）开挖断面尺寸应符合设计要求。（2）应严格控制欠挖。拱脚、墙脚以上1m范围内及净空图折角对应位置严禁欠挖。当岩层完整且岩石抗压强度大于30MPa，并确认不影响衬砌结构稳定和强度时，每 $1m^2$ 内欠挖面积不宜大于 $0.1m^2$，欠挖隆起量不得大于50mm。（3）应尽量减少超挖。（4）隧道开挖轮廓应按设计要求预留变形量，预留变形量大小宜根据监控量测信息进行调整。（5）仰拱超挖部分必须回填密实。

【2024 真题】

14. 关于隧道洞身开挖质量检测表述正确的是（　　）。

A. 拱脚、拱墙以上1m范围内控制欠挖　　B. 拱脚、拱墙以上1m范围内严禁欠挖
C. 超挖测量以设计开挖轮廓为基准　　　D. 超挖测量以设计净空断面为基准

解析：

（1）开挖断面尺寸应符合设计要求。

（2）应严格控制欠挖。拱脚、墙脚以上1m范围内及净空图折角对应位置严禁欠挖。当岩层完整且岩石抗压强度大于30MPa，并确认不影响衬砌结构稳定和强度时，每1m²内欠挖面积不宜大于0.1m²，欠挖隆起量不得大于50mm。

（3）应尽量减少超挖。隧道允许超挖值规定见下表。

隧道允许超挖值

项次	检查项目		规定值或允许偏差/mm	检查方法和频率
1	拱部超挖	Ⅰ级围岩（硬岩）	平均100，最大200	全站仪或激光断面仪检测：每20m检查1个断面，每个断面自供顶起每2m测1点
2		Ⅱ、Ⅲ、Ⅳ级围岩（中硬岩、软岩）	平均150，最大250	
3		Ⅳ、Ⅴ、Ⅵ级围岩（破碎岩、土）	平均100，最大150	
4	边墙超挖	每侧	+100，0	
5		全宽	+200，0	
6	仰拱、隧底超挖		平均100，最大250	全站仪或水准仪：每20m检查3处

注：1. 超挖测量以爆破设计开挖线为基准线。
2. 最大超挖值系指最大超挖处至设计爆破开挖轮廓切线的垂直距离。
3. 表列数值不包括测量贯通误差、施工误差。
4. 平均超挖值 = $\dfrac{超挖面积}{爆破设计开挖断面周长（不包括隧底）}$
5. 目测疑似超挖断面指检测范围内目测有可疑超欠挖的断面，检测断面可布置在该断面位置，超欠挖范围较大时，可加密检测断面。

（4）隧道开挖轮廓应按设计要求预留变形量，预留变形量大小宜根据监控量测信息进行调整。

（5）仰拱超挖部分必须回填密实。

【2021年真题】

15. 保证隧道开挖质量，能为围岩的稳定和支护创造良好条件，关于隧道开挖请回答下列问题。

选择隧道开挖方法应综合考虑的因素有（　　）。

A. 断面大小　　　　B. 二衬类型　　　　C. 围岩级别　　　　D. 工期要求

解析：隧道开挖方法的选择应根据围岩级别、隧道长度、断面大小、支护结构、工期要求、机械设备的配置及出渣条件等综合确定。

【2021年真题】

16. 保证隧道开挖质量，能为围岩的稳定和支护创造良好条件，关于隧道开挖请回答下列问题。

隧道开挖对于拱部超挖，符合检查频率要求的是（　　）。

A. 每10m检查1个断面　　　　　　B. 每20m检查1个断面

C. 每10m检查3个点　　　　　　　D. 每20m检查3个点

解析：

隧道允许超挖值

项次	检查项目		规定值或允许偏差/mm	检查方法和频率
1	拱部超挖	Ⅰ级围岩（硬岩）	平均100，最大200	全站仪或激光断面仪检测：每20m检查1个断面，每个断面自供顶起每2m测1点
2		Ⅱ、Ⅲ、Ⅳ级围岩（中硬岩、软岩）	平均150，最大250	
3		Ⅳ、Ⅴ、Ⅵ级围岩（破碎岩、土）	平均100，最大150	
4	边墙超挖	每侧	+100，0	
5		全宽	+200，0	
6	仰拱、隧底超挖		平均100，最大250	全站仪或水准仪：每20m检查3处

【2021年真题】

17. 保证隧道开挖质量，能为围岩的稳定和支护创造良好条件，关于隧道开挖请回答下列问题。

符合隧道开挖爆破作业对上一个循环喷射混凝土终凝时间要求的有（　　）。

A. 4h　　　　B. 3h　　　　C. 2h　　　　D. 1h

解析：《公路隧道施工技术规范》（JTG/T 3660—2020）P50，爆破作业应在上一循环喷射混凝土终凝3h后进行。

【2021年真题】

18. 保证隧道开挖质量，能为围岩的稳定和支护创造良好条件，关于隧道开挖请回答下列问题。

依据《公路隧道施工技术规范》（JTG/T 3660—2020）仰拱开挖长度要求包括（　　）。

A. 土和软岩不应大于3m　　　　B. 土和软岩不应大于5m
C. 硬岩不应大于3m　　　　　　D. 硬岩不应大于5m

解析：《公路隧道施工技术规范》（JTG/T 3660—2020）P43，仰拱部位开挖应符合下列规定：（1）应控制仰拱到掌子面的距离。必要时，仰拱应紧跟掌子面。（2）仰拱开挖时，应采取交通安全措施。（3）仰拱开挖长度：土和软岩应不大于3m，硬岩应不大于5m，开挖后应及时施作仰拱初期支护、二次衬砌及填充。（4）应做好排水设施，清除底面积水和松渣，严禁松渣回填。

【2021年真题】

19. 保证隧道开挖质量，能为围岩的稳定和支护创造良好条件，关于隧道开挖请回答下列问题。

钻爆法开挖隧道两茬炮衔接时，台阶形误差符合要求的有（　　）。

A. 200mm　　　B. 150mm　　　C. 100mm　　　D. 50mm

解析：用钻爆法开挖隧道，其爆破效果应符合下列规定：（1）开挖轮廓圆顺，开挖面平整。(2) 周边眼炮痕（炮眼痕迹）保存率对于硬岩≥80%，中硬岩≥70%，软岩≥50%。(3) 两茬炮衔接时，出现的台阶形误差不得大于150mm。使用凿岩台车时，可根据实际情况另行确定。

答案：1. D   2. D   3. D   4. D   5. C   6. C   7. A   8. D   9. A   10. A   11. B   12. A   13. A、B、D   14. B、C   15. A、B、C、D   16. B   17. A、B   18. A、D   19. B、C、D

第十章 喷锚衬砌施工质量检测

一、单项选择题

【2020年真题】

1. 喷射混凝土回弹率应予以控制,其中拱部和边墙应分别不大于（   ）。
   A. 25%、15%   B. 20%、15%   C. 20%、10%   D. 10%、5%

解析：《岩土锚杆与喷射混凝土支护工程技术规范》（GB 50086—2015）规定,回弹率应予以控制,拱部不应大于25%,边墙不应大于15%。

【2020年真题】

2. 锚杆的锚固密实度检测主要采用声波反射法原理进行,根据杆端反射声波的（   ）。
   A. 频率响应   B. 振幅大小   C. 实测波速   D. 波形畸变

解析：锚固密实度检测主要采用声波反射法原理进行。在锚杆杆体外端发射一个声波脉冲,它沿杆体钢筋以管道波形式传播,到达钢筋底端后反射,在杆体外端接收此反射波。如果握裹钢筋的砂浆密实、砂浆又与周围岩体黏结紧密,则声波在传播过程中从钢筋通过水泥砂浆向岩体扩散,能量损失很大,在杆体外端测得的反射波振幅很小,甚至测不到；如果无砂浆握裹,仅是一根空杆,则声波仅在钢筋中传播,能量损失不大,接收到的反射波振幅则较大；如果握裹砂浆不密实,中间有空洞或缺失,则得到的反射波振幅的大小介于前两者之间。因此,可以根据杆体外端声波的反射波振幅大小判定锚杆锚固密实度。

【2021年真题】

3. 喷射混凝土与围岩黏结强度标准为（   ）。
   A. Ⅰ、Ⅱ级围岩不应低于0.8MPa   B. Ⅰ、Ⅱ级围岩不应低于0.6MPa
   C. Ⅲ级围岩不应低于0.8MPa   D. Ⅲ级围岩不应低于0.6MPa

解析：喷射混凝土与岩石的黏结强度：Ⅰ、Ⅱ级围岩不应低于0.8MPa,Ⅲ级围岩不应低于0.5MPa。围岩低于0.5MPa的软岩、破碎围岩、土石围岩、黄土围岩等,不做黏结强度检测。

【2020年真题】

4. 喷射混凝土强度包括抗压强度、抗拉强度、抗剪强度、疲劳强度、黏结强度等指标。

在一般试验检测中，可通过检测喷射混凝土的（　　），并由此推测混凝土的其他强度。
A. 抗拉强度　　　　B. 抗压强度　　　　C. 强度系数　　　　D. 黏结强度

解析：在一般试验检测中，只检测喷射混凝土的抗压强度，并由此推测混凝土的其他强度。

【2020 年真题】

5. 喷射混凝土回弹率是（　　）。
A. 回弹下来的喷射混凝土混合料体积和喷射混凝土总体积之比
B. 回弹下来的喷射混凝土混合料质量与喷射混凝土总质量之比
C. 回弹下来的喷射混凝土混合料体积与未回弹喷射混凝土体积之比
D. 回弹下来的喷射混凝土混合料质量与为回弹喷射混凝土质量之比

解析：回弹下来的喷混凝土混合料体积与喷射混凝土总体积之比，称为喷射混凝土的回弹率。

【2020 年真题】

6. 下列哪个参数目前尚无有效的无损检测手段（　　）。
A. 锚杆锚固长度　　B. 锚杆锚固密实度　　C. 锚杆抗拔力　　D. 钢支撑数量

解析：锚杆锚固长度与锚固密实度可采用声波反射法检测，钢支撑可采用雷达法检测。锚杆抗拔力常用锚杆拉拔计来测试。

【2019 年真题】

7. 在隧道复合式衬砌中，第一层衬砌采用喷锚衬砌，通常称为（　　）。
A. 初期支护　　　　B. 临时支护　　　　C. 二次支护　　　　D. 二次衬砌

解析：在复合式衬砌中，第一层衬砌采用喷锚衬砌，通常称为初期支护；第二层衬砌采用拱墙整体浇筑的模筑混凝土衬砌，也称二次衬砌。

【2023 真题】

8. 在公路隧道喷锚衬砌锚杆质量检查中，锚杆孔钻孔深度允许偏差为（　　）。
A. ±50mm　　　　B. ±100mm　　　　C. ±150mm　　　　D. ±200mm

解析：锚杆钻孔深度是保证锚杆锚固质量的前提，孔深不足则锚固深度不够。锚杆钻孔深度不小于锚杆设计长度，孔深允许偏差为±50mm。钻孔深度可用带有刻度的塑料管或木棍等插孔量测，检查频率为锚杆数的10%。

【2024 真题】

9. 根据《公路工程质量检验评定标准 第一册 土建工程》（JTG F80/1—2017），隧道锚杆抗拔力检测频率应为（　　）。
A. 抽查1%，且不少于3根　　　　　　B. 抽查1%，且不少于6根
C. 抽查3根，且不少于2%　　　　　　D. 抽查6根，且不少于2%

解析：锚杆抗拔力是指锚杆锚固后能够承受的抗拔能力，它是锚杆材料、加工及安装质量的综合反映，是锚杆质量检测的一项基本内容，检测标准为：

（1）检测数量为锚杆数的1%且每次不少于3根。

（2）同组锚杆抗拔力的平均值应不小于设计值。

（3）单根锚杆抗拔力不得低于设计值的90%。

二、判断题

【2021年真题】

10. 系统锚杆沿设计轮廓线法线方向钻孔，垂直偏差不宜大于20°。

A. 正确 B. 错误

解析：系统锚杆钻孔方向应为设计开挖轮廓法线方向，垂直偏差不宜大于20°。锚杆打设方向检查主要采用目测，也可采用地质罗盘检测。

【2021年真题】

11. 采用干喷工艺的隧道喷射混凝土施工，喷射回弹物不可重新用作喷射混凝土材料。

A. 正确 B. 错误

解析：喷射混凝土的施工工艺有3种：干喷，潮喷和湿喷。潮喷工艺与干喷工艺相近，在干喷的拌和料中适量加水即为潮喷，隧道施工中宜采用湿喷工艺，不允许采用干喷。喷射混凝土回弹物，已经发生水化作用，混凝土已凝固，是不可逆的，不得重新用作喷射混凝土材料，只能作废料处理。

【2019年真题】

12. 隧道锚杆要求材质具有一定的延展性，对于杆件材料为钢材的锚杆，其断后伸长率不应小于6%。

A. 正确 B. 错误

解析：锚杆是在隧道围岩发生变形后发挥作用，这就要求锚杆材质具有一定的延展性，过脆可能导致锚杆中途断裂失效，所以需对材料的延展性进行试验，对于杆体材料为钢材的锚杆，其断后伸长率A不应小于16%。

三、多项选择题

【2020年真题】

13. 锚杆安装质量检查内容包括（　　）。

A. 锚杆长度 B. 锚杆锚固砂浆强度

C. 锚杆抗拔力 D. 锚杆锚固密实度

解析：锚杆安装质量检查内容包括：锚杆孔位、锚杆方向、钻孔深度、孔径、锚杆锚固剂（砂浆）强度检测、锚杆垫板、锚杆数量、锚杆抗拔力、锚杆锚固长度和砂浆注满度检测（对全长黏结锚杆，还可采用锚杆质量无损检测仪进行锚固长度和密实度检测）。

【2024 真题】

14. 根据《公路工程质量检验评定标准 第一册 土建工程》（JTG F80/1—2017）喷射混凝土厚度合格需满足的条件是（　　）。

A. 平均厚度≥设计厚度
B. 最小厚度≥60%设计厚度
C. 60%检查点厚度≥平均厚度
D. 60%检查点厚度≥设计厚度

解析：《公路工程质量检验评定标准 第一册 土建工程》（JTG F80/1—2017）第118页，喷射混凝土厚度的合格为：

①平均厚度≥设计厚度；
②60%的检查点厚度≥设计厚度；
③最小厚度≥0.6设计厚度。

【2023 真题】

15. 请回答有关锚杆支护及锚固密实度检测的问题。
对锚杆支护表述正确的有（　　）。

A. 利用了锚杆的悬吊作用、组合拱作用、挤压作用
B. 填补缝隙，起到改善围岩力学性能的作用
C. 将围岩中被节理、裂切割的岩块串为一体
D. 起到加固围岩，维护围岩稳定的作用

解析：锚杆支护是预先在围岩钻好的锚孔内插入一定长度的锚杆体（通常多用钢筋），并采用机械方法或锚固剂黏结的方法将锚杆体与围岩锚固在一起，形成锚杆支护结构。锚杆支护是利用锚杆的悬吊作用、组合拱作用、减跨作用和挤压作用，将围岩中被节理、裂隙切割的岩块串为一体、填补缝隙，起到改善围岩的力学性能，约束围岩内部和周边变形，调整围岩的受力状态，实现加固围岩，维护围岩稳定的作用。保证锚杆对围岩的支护作用的前提是锚杆体与围岩锚固在一起，与围岩连成整体，对永久性锚杆要保证锚杆孔内全长注浆饱满和锚杆有效锚固深度，避免锚杆松弛和锈蚀。

四、综合题

【2023 真题】

16. 请回答有关锚杆支护及锚固密实度检测的问题。

1) 关于锚杆质量无损检测仪原理表述正确的有（　　）。

A. 采用声波反射法原理进行
B. 采用电磁波反射法原理进行
C. 根据杆体外端的反射波振幅大小判定锚杆锚固密实度
D. 根据杆体外端的反射波时差判定锚杆长度

解析：锚杆支护是预先在围岩钻好的锚孔内插入一定长度的锚杆体（通常多用钢筋），

并采用机械方法或锚固剂黏结的方法将锚杆体与围岩锚固在一起，形成锚杆支护结构。锚杆支护是利用锚杆的悬吊作用、组合拱作用、减跨作用和挤压作用，将围岩中被节理、裂隙切割的岩块串为一体、填补缝隙，起到改善围岩的力学性能，约束围岩内部和周边变形，调整围岩的受力状态，实现加固围岩，维护围岩稳定的作用。保证锚杆对围岩的支护作用的前提是锚杆体与围岩锚固在一起，与围岩连成整体，对永久性锚杆要保证锚杆孔内全长注浆饱满和锚杆有效锚固深度，避免锚杆松弛和锈蚀。

2）锚杆锚固密实度不好的危害有（　　）。
A. 增加锚杆的有效锚固长度
B. 减少锚杆的有效锚固长度
C. 容易造成锚杆锈蚀
D. 影响锚杆的长期使用寿命

解析：锚杆锚固密实度（或称砂浆注满度、灌浆饱满度、注浆密实度）不好，将严重影响锚杆的有效锚固长度，影响锚杆的长期使用寿命。

3）关于锚杆质量无损检测仪原理表述正确的有（　　）。
A. 采用声波反射法原理进行
B. 采用电磁波反射法原理进行
C. 根据杆体外端的反射波振幅大小判定锚杆锚固密实度
D. 根据杆体外端的反射波时差判定锚杆长度

解析：锚固密实度检测主要采用声波反射法原理进行。在锚杆杆体外端发射一个声波脉冲，它沿杆体钢筋以管道波形式传播，达到钢筋底端后反射，在杆体外端接收此反射波。如果握裹钢筋的砂浆密实、砂浆又与周围岩体黏结紧密，则声波在传播过程中从钢筋通过水泥砂浆向岩体扩散，能力损失很大，在杆体外端测得的反射波振幅很小，甚至测不到；如果无砂浆握裹，仅是一根空杆，则声波仅在钢筋中传播，能力损失不大，接收到的反射波振幅则较大；如果握裹砂浆不密实，中间有空洞或缺失，则得到的反射波波幅的大小介于前两者之间。因此，可以根据杆体外端声波的反射波振幅大小判定锚杆锚固密实度。

4）如果握裹钢筋的砂浆密实、砂浆又与周围岩体黏结紧实，则（　　）。
A. 波在传播过程中从钢筋通过水泥砂浆向岩体扩散能量损失很大
B. 波在传播过程中从钢筋通过水泥砂浆向岩体扩散能量损失很小
C. 在杆体外端测得的反射波幅度很大
D. 在杆体外端测得的反射波幅度很小

解析：锚固密实度检测主要采用声波反射法原理进行。在锚杆杆体外端发射一个声波脉冲，它沿杆体钢筋以管道波形式传播，达到钢筋底端后反射，在杆体外端接收此反射波。如果握裹钢筋的砂浆密实、砂浆又与周围岩体黏结紧密，则声波在传播过程中从钢筋通过水泥砂浆向岩体扩散，能力损失很大，在杆体外端测得的反射波振幅很小，甚至测不到；如果无砂浆握裹，仅是一根空杆，则声波仅在钢筋中传播，能力损失不大，接收到的反射波振幅则较大；如果握裹砂浆不密实，中间有空洞或缺失，则得到的反射波波幅的大小介于前两者之间。因此，可以根据杆体外端声波的反射波振幅大小判定锚杆锚固密实度。

5）无损检测仪检测锚杆密实度评判依据包括（　　）。
A. 波性特征　　　　B. 时域信号特征　　　C. 幅频信号特征　　　D. 黏结度

解析：根据锚杆质量无损检测仪提供的波形特征、时域信号特征、幅频信号特征，可进行锚固密实度评判。

答案：1. A　2. B　3. A　4. B　5. A　6. C　7. A　8. A　9. A　10. A　11. B　12. B　13. B、C、D　14. A、B、D　15. A、B、C、D　16. 1) A、C, 2) B、D, 3) A、C, 4) A、D, 5) A、B、C

第十一章 混凝土衬砌施工质量检测

一、单项选择题

【2021年真题】

1. 混凝土衬砌施工质量检查中，衬砌钢筋相邻主筋搭接位置应错开，错开间距应（　　）。

　　A. 不小于200mm　　B. 不小于1000mm　　C. 不小于1200mm　　D. 不小于1500mm

解析： 横向受力主筋与纵向分布筋的每个节点必须进行绑扎或焊接；受力主筋的搭接应采用焊接或机械连接；相邻主筋搭接位置应错开，错开距离应不小于1m；同一受力钢筋的两处搭接距离应不小于1.5m；箍筋和限位钢筋应布置在纵、横向筋的交叉连接处，必须进行绑扎或焊接，以保证衬砌内外两层主筋之间的间距。

【2021年真题】

2. 隧道工程总体实测项目中隧道偏位允许偏差为（　　）。

　　A. +10mm　　B. +20mm　　C. 10mm　　D. 20mm

解析：

隧道总体实测项目及要求

项次	检查项目	规定值或允许偏差	检查方法和频率
1	行车道宽度/mm	±10	尺量或激光断面仪法：曲线每20m、直线每40m检查1个断面
2	内轮廓宽度/mm	不小于设计值	
3	内轮廓高度/mm	不小于设计值	激光测距仪或激光断面仪法：曲线每20m、直线每40m检查1个断面，每个断面测拱顶和两侧拱腰共3点
4	隧道偏位/mm	20	全站仪：曲线每20m、直线每40m测1处
5	边坡或仰坡坡度	不大于设计值	尺量：每洞口检查10处

【2023真题】

3. 混凝土衬砌背后空洞回填时，边墙背后空洞深度小于或等于1.0m、拱部背后空洞深度（　　）时，应采用衬砌同级混凝土回填密实。

A. >1.0m　　　　　B. >1.2m　　　　　C. >0.5m　　　　　D. <0.5m

解析：《公路隧道施工技术规范》（JTG/T 3660—2020）第 80 和 81 页。衬砌背后空洞回填应符合下列规定：（1）衬砌背后空洞回填作业应在衬砌混凝土厚度达到设计厚度的条件下进行，并应在下一环衬砌浇筑混凝土前完成。（2）边墙背后空洞深度小于或等于 1.0m、拱部背后空洞深度大于 0.5m 时，应采用衬砌同级混凝土回填密实，应与衬砌混凝土同时浇筑。（3）边墙背后空洞深度大于 1.0m、拱部背后空洞深度大于 0.5m 时，应按设计要求处理。（4）当采用浆砌片石或片石混凝土回填时，片石不得侵入二次衬砌内。（5）当衬砌混凝土厚度不足时，不得采用注浆回填，应采用其他方式处理。

【2024 真题】

4. 根据《公路工程质量检验评定标准 第一册 土建工程》（JTG F80/1—2017），总体实测项目中隧道偏位允许偏差为（　　）。

A. ±15mm　　　　　B. ±10mm　　　　　C. 20mm　　　　　D. 5mm

解析：

隧道总体实测项目及要求

项次	检查项目	规定值或允许偏差	检查方法和频率
1	行车道宽度/mm	±10	尺量或激光断面仪法：曲线每 20m、直线每 40m 检查 1 个断面
2	内轮廓宽度/mm	不小于设计值	
3	内轮廓高度/mm	不小于设计值	激光测距仪或激光断面仪法：曲线每 20m、直线每 40m 检查 1 个断面，每个断面测拱顶和两侧拱腰共 3 点
4	隧道偏位/mm	20	全站仪：曲线每 20m、直线每 40m 测 1 处
5	边坡或仰坡坡度	不大于设计值	尺量：每洞口检查 10 处

二、判断题

【2020 年真题】

5. 明洞两侧回填高差不应大于 500mm。

A. 正确　　　　　　　　　　　　　　B. 错误

解析：明洞土石回填应对称分层夯实，分层厚度不宜大于 0.3m，两侧回填高差不应大于 0.5m，回填到拱顶以上 1.0m 后，方可采用机械碾压。回填土压实度应符合设计规定。

【2021 年真题】

6. 衬砌墙面平整度采用 3m 直尺检测，每 20m 连续检查 5 尺，每尺测最大间隙。

A. 正确　　　　　　　　　　　　　　B. 错误

解析：

衬砌混凝土施工实测项目及要求

项次	检查项目	规定值或允许偏差	检查方法和频率
1	混凝土强度/MPa	在合格标准内	按《公路工程质量检验评定标准 第一册 土建工程》(JTG F80/1—2017) 要求
2	衬砌厚度/mm	90%的检查点的厚度≥设计厚度，且最小厚度≥0.5设计厚度	尺量：每20m检查1个断面，每个断面测5点；或地质雷达法：沿隧道纵向分别在拱顶、两侧拱腰、两侧边墙连续测试共5条测线，每20m检查1个断面，每个断面测5点
3	墙面平整度/mm	施工缝、变形缝处≤20	2m直尺：每20m每侧连续检查5尺，每尺测最大间隙
		其他部位≤5	
4	衬砌背部密实状况	无空洞，无杂物	地质雷达法：沿隧道纵向分别在拱顶、两侧拱腰、两侧边墙连续测试共5条测线

【2023 真题】

7. 用冲击钻打孔量测法测量衬砌厚度时，如果带直角钩的高强度铁丝不能挂在衬砌混凝土外表面，则说明该处衬砌背后无空洞或较大离缝。

A. 正确　　　　　　　　　　B. 错误

解析： 混凝土衬砌结构背后空洞检测有钻孔取芯量测法、冲击钻打孔量测法和地质雷达法。其中冲击钻打孔量测法是再采用已知长度的用带直角钩的高强度铁丝量测衬砌混凝土厚度同时，将铁丝直接插入底部，量取外露长度，将测得的衬砌厚度扣除，即为空洞高度（厚度）。如果铁丝直钩不能够挂在衬砌混凝土外表面，则表明衬砌背后无孔洞或较大离缝。

【2024 真题】

8. 二次衬砌厚度直接测量，是用直尺直接量取模板距初期支护表面的距离。

A. 正确　　　　　　　　　　B. 错误

解析： 直接测量法是以二次模筑混凝土衬砌内模为参照物，直接测量。二次衬砌模板台车就位后，在模板台车端头沿台车内模以不大于2.0m的间距布置测点，以内模法线方向用直尺直接量取模板距初期支护表面的距离，可得到二次模筑混凝土衬砌厚度。

三、多项选择题

【2024 真题】

9. 根据《公路隧道施工技术规范》（JTG/T 3660—2020），隧道衬砌模板安装允许偏差及检验频率正确的是（　　）。

A. 平面位置及高程±15mm，每5延米两侧边墙及拱部选3处，每处测3点

B. 起拱线高程±15mm，全部检验

C. 拱顶高程（+10，0）mm，全部检验

D. 模板平整度 5mm，每 5 延米两侧边墙及拱部选 3 处，每处测 3 点

解析：

隧道衬砌模板安装应满足施工规范要求，见下表。

项次	检查项目	允许偏差/mm	检验频率	检验方法
1	平面位置及高程	±15	全部	尺量
2	起拱线高程	±10	全部	水准仪测量
3	拱顶高程	+10，0	全部	水准仪测量
4	模板平整度	5	每 5 延米两侧边墙及拱部选 3 处，每处测 3 点	2m 靠尺和塞尺

四、综合题

【2019 年真题】

10. 某山区公路在建隧道，全隧道初期支护设有工字钢（设计安装间距均为 1000mm），部分二次衬砌内设有双层钢筋（设计主筋间距为 200mm，设计钢筋保护层厚度均为 80mm），部分段落设有仰拱，现采用地质雷达检测该隧道衬砌质量。

1）检测前，在明洞端墙部位（厚度 60cm）标定电磁波速，若测得电磁波的时程为 10ns，则本隧道混凝土的电磁波传播速度为（　　）m/s。

A. $1.2×10^8$　　　B. $2×10^8$　　　C. $0.6×10^8$　　　D. $2×10^7$

解析： $v = 2d/t = (2×0.6)/(10×10^{-9}) = 1.2×10^8$。

2）测得工字钢安装间距数据中，满足《公路工程质量检验评定标准》（JTG F80/1—2017）要求的有（　　）。

A. 900mm　　　B. 980mm　　　C. 1020mm　　　D. 1060mm

解析： 钢架间距是支护设计的重要参数，检测时，在现场用钢卷尺测量。相邻钢架间距之间距离误差不超过 ±50mm，同时，应在同一设计参数地段，钢架榀数不小于设计值。1000±50＝950～1050。

3）测得二次衬砌内钢筋主筋间距数据中，满足《公路工程质量检验评定标准》（JTG F80/1—2017）要求的有（　　）。

A. 186mm　　　B. 196mm　　　C. 206mm　　　D. 216mm

解析：

衬砌钢筋实测项目及要求

项次	检查项目	规定值或允许偏差	检查方法和频率
1	主筋间距/mm	±10	尺量或地质雷达法：每模板测 3 点

续表

项次	检查项目	规定值或允许偏差	检查方法和频率
2	两层钢筋间距/mm	±5	尺量：每模板测3点
3	箍筋间距/mm	±20	尺量：每模板测3点
4	钢筋长度/mm	满足设计要求	尺量：每模板检查2根
5	钢筋保护层厚度/mm	+10，-5	尺量：每模板检查3点

根据题目设计主筋间距为200mm，故（200±10）mm=190~210mm。

4）测得仰拱钢筋保护层厚度数据中，满足《公路工程质量检验评定标准》（JTG F80/1—2017）要求的有（　　）。

  A. 40mm   B. 50mm   C. 60mm   D. 75mm

解析：

仰拱实测项目及要求

项次	检查项目	规定值或允许偏差	检查方法和频率
1	混凝土强度/MPa	在合格标准内	按《公路工程质量检验评定标准 第一册 土建工程》（JTG F80/1—2017）要求
2	厚度/mm	不小于设计值	尺量：每20m检查1个断面，每个断面测5点
3	钢筋保护层厚度/mm	+10，-5	尺量：每20m测5点
4	底面高程/mm	±15	水准仪：每20m测5点

根据题目设计钢筋保护层厚度均为80mm，故应为75~90mm。

5）测得二次衬砌内钢筋保护层厚度数据中，满足《公路工程质量检验评定标准》（JTG F80/1—2017）要求的有（　　）。

  A. 72mm   B. 76mm   C. 91mm   D. 96mm

解析：

衬砌钢筋实测项目及要求

项次	检查项目	规定值或允许偏差	检查方法和频率
1	主筋间距/mm	±10	尺量或地质雷达法：每模板测3点
2	两层钢筋间距/mm	±5	尺量：每模板测3点
3	箍筋间距/mm	±20	尺量：每模板测3点
4	钢筋长度/mm	满足设计要求	尺量：每模板检查2根
5	钢筋保护层厚度/mm	+10，-5	尺量：每模板检查3点

根据题目设计钢筋保护层厚度均为80mm，故应为75~90mm。

桥梁隧道工程章节历年真题及模拟卷

【2021年真题】

11. 隧道衬砌模板安装质量应满足施工规范要求,现有一在建隧道施工模板,设计起拱线高程5100mm,设计拱顶高程7500mm,关于模板安装质量检测,请回答下列问题。

1) 对该模板平面位置进行检测,得到如下偏差值,满足施工规范要求的有(　　)。

　　A. -12mm　　　　B. -8mm　　　　C. +10mm　　　　D. +20mm

解析:

隧道衬砌模板安装质量要求

项次	检查项目	允许偏差/mm	检验频率	检验方法
1	平面位置及高程	±15	全部	尺量
2	起拱线高程	±10	全部	水准仪测量
3	拱顶高程	+10,0	全部	水准仪测量
4	模板平整度	5	每5延米两侧边墙及拱部选3处,每处测3点	2m靠尺和塞尺

2) 对该模板起拱线高程进行检测,得到如下测试值,满足施工规范要求的有(　　)。

　　A. 5082mm　　　B. 5092mm　　　C. 5112mm　　　D. 5118mm

解析:

隧道衬砌模板安装质量要求

项次	检查项目	允许偏差/mm	检验频率	检验方法
1	平面位置及高程	±15	全部	尺量
2	起拱线高程	±10	全部	水准仪测量
3	拱顶高程	+10,0	全部	水准仪测量
4	模板平整度	5	每5延米两侧边墙及拱部选3处,每处测3点	2m靠尺和塞尺

根据题目设计起拱线高程5100mm,故5100±10=5090~5110mm。

3) 对该模板平整度进行检测,得到如下测试值,满足施工规范要求的有(　　)。

　　A. 2mm　　　　B. 5mm　　　　C. 8mm　　　　D. 15mm

解析:

隧道衬砌模板安装质量要求

项次	检查项目	允许偏差/mm	检验频率	检验方法
1	平面位置及高程	±15	全部	尺量
2	起拱线高程	±10	全部	水准仪测量
3	拱顶高程	+10,0	全部	水准仪测量
4	模板平整度	5	每5延米两侧边墙及拱部选3处,每处测3点	2m靠尺和塞尺

4）对该模板拱顶高程进行检测，得到如下测试值，满足施工规范要求的有（　　）。
A. 7486mm　　　　B. 7496mm　　　　C. 7506mm　　　　D. 7512mm

解析：

隧道衬砌模板安装质量要求

项次	检查项目	允许偏差/mm	检验频率	检验方法
1	平面位置及高程	±15	全部	尺量
2	起拱线高程	±10	全部	水准仪测量
3	拱顶高程	+10，0	全部	水准仪测量
4	模板平整度	5	每5延米两侧边墙及拱部选3处，每处测3点	2m靠尺和塞尺

根据题目设计拱顶高程7500mm，故应为7500~7510mm。

5）对该模板相邻浇筑段表面错台进行检测，得到如下测试值，满足施工规范要求的有（　　）。
A. -8mm　　　　B. +5mm　　　　C. +12mm　　　　D. +18mm

解析： 模板拱架应有规整的外形。拱架在使用前应在样台上试拼，拱架外缘轮廓曲线半径加上模板厚度不应小于衬砌内轮廓曲线半径。考虑到混凝土浇筑可能引起的变形，拱架曲线半径宜预留50~80mm的富余量；每一施工循环的前后两端架外形尺寸或最大允许误差不大于5mm，以免相邻两环衬砌间出现错台。

答案： 1.B　2.D　3.C　4.C　5.A　6.B　7.A　8.A　9.C、D　10.1）A，2）B、C，3）B、C，4）D，5）B　11.1）A、B、C，2）B，3）A、B，4）C，5）B

第十二章 隧道防排水检测

一、单项选择题

【2019 年真题】

1. 《公路隧道设计规范》（JTG D70—2004）规定二次衬砌混凝土的抗渗等级在有冻害地段及最冷月份平均气温低于-15℃的地区不低（   ）。
   A. P10 B. P8 C. P12 D. P6

解析：二次衬砌是隧道防水的最后一道防线，二次衬砌混凝土自身的防水性能也有一定要求。《公路隧道设计规范 第一册 土建工程》（JTG 3310.1—2018）规定二次衬砌混凝土的抗渗等级在有冻害地段及最冷月平均气温低于-15℃的地区不低于P8，其余地区不低于P6。

【2021 年真题】

2. 以下关于隧道防水层施工描述正确的是（   ）。
   A. 防水层铺设应在超前二次衬砌 3~4 个循环距离衬砌段
   B. 防水层铺设应在超前二次衬砌 2~3 个循环距离衬砌段
   C. 防水板铺挂时适当松弛，松弛系数一般取 1.1~1.2
   D. 防水板铺挂时适当松弛，松弛系数一般取 1.5~1.6

解析：《公路隧道施工技术规范》（JTG/T 3660—2020）第 106 页，防水层铺设应超前二次衬砌施工 1~2 个循环距离衬砌段。防水卷材的铺设，先将防水卷材裁断，裁剪长度要考虑搭接，并有一定富余，找出裁下的防水卷材中线，使防水卷材中线与隧道中线重合，从拱顶开始向两侧下垂铺设，边铺边与垫片热熔焊接，铺挂时松弛适当（松弛系数为 1.1~1.2）以保证防水层在浇筑衬砌混凝土时与初期支护表面密贴，不产生弦绷和褶皱现象。

【2023 真题】

3. 根据《公路隧道施工技术规范》（JTG/T 3660—2020），深埋水沟检查井检测频率为（   ）检查。
   A. 每个
   B. 每 2 个随机抽取 1 个
   C. 每 4 个随机抽取 1 个
   D. 每 6 个随机抽取 1 个

解析：检查井是深埋水沟的一部分，主要用于深埋水沟检查作业。深埋水沟根据需要设置检查井，检查井的位置、构造不得影响行车安全，并应便于清理和检查。检查井检查项目及要求见下表。

检查井检查项目及要求

序号	项目	规定值或允许偏差/mm	检验频率	检验方法
1	轴线偏位	±50	每个检查	全站仪、水准仪、经纬仪
2	断面尺寸	±20	每个检查	尺量
3	井底高程	±15	每个检查	水准仪
4	井盖与相邻路面高差	0，+4	每个检查	水准仪、水平尺、靠尺

【2023 真题】

4. 根据《公路工程质量检验评定标准 第一册 土建工程》（JTG F80/1—2017），隧道排水沟沟底高程允许偏差为（　　）。

　　A. ±10mm　　　　　　　　　　　B. ±20mm
　　C. ±50mm　　　　　　　　　　　D. +20mm，-30mm

解析：

排水沟（管）实测项目及要求

项次	检查项目	规定值或允许偏差	检查方法和频率
1△	混凝土强度/MPa	在合格标准内	按《公路工程质量检验评定标准 第一册 土建工程》（JTG F80/1—2017）要求
2	轴线偏位/mm	15	全站仪：每10m测1处
3	断面尺寸或管径/mm	±10	尺量：每10m测1处
4△	壁厚/mm	不小于设计值	尺量：每10m测1处
5	沟底高程/mm	±20	水准仪：每10m测1处
6△	纵坡	满足设计要求	水准仪：每10m测1处
7	基础厚度/mm	不小于设计值	尺量：每10m测1处

注：△表示分项工程中对结构安全、耐久性和主要使用功能起决定性作用的检查项目。

【2023 真题】

5. 纵向排水管平面位置检查时，发现盲管平面侵占模筑混凝土衬砌空间，造成衬砌结构厚度不足，此时必须（　　）。

　　A. 先浇筑混凝土再铺设　　　　　　B. 将无纺布包裹盲管
　　C. 先欠挖处理再铺设　　　　　　　D. 给盲管管壁钻透水孔

解析： 在进行纵向排水盲管平面位置检查时，纵向排水盲管平面上常出现忽内忽外的现象，严重时侵占模筑混凝土衬砌空间，造成衬砌结构厚度不足。这种情况通常是由于边墙脚欠挖造成的，必须进行欠挖处理，再铺设。

【2023 真题】

6. 公路隧道复合式衬砌防水卷材搭接宽度不得小于（　　）。

A. 50cm　　　　　B. 100cm　　　　　C. 150cm　　　　　D. 200cm

解析：注意：此题选项单位错误，应为"mm"，推荐选B。

《公路隧道施工技术规范》（JTG/T 3660—2020）第107页。隧道衬砌防水板焊接应符合下列规定：（1）防水板的搭接宽度不应小于100mm，应采用自动爬焊机双缝焊接，双缝焊每条焊缝宽度不应小于10m；无法采用自动爬焊机焊接的个别局部搭接位置，可采用手持焊枪焊接，焊缝宽度不应小于20mm。（2）焊接时，焊缝接头应平整、不应有皱褶和空隙，焊接面应擦拭干净。（3）防水板焊接前应进行焊接试验，确定适宜的焊接温度和速度，不得出现烧焦和熔穿现象。（4）双焊缝焊接质量应采用充气法检查，充气压力在0.25MPa保持15min后，压力下降应小于10%。

【2024 真题】

7．隧道复合式衬砌防排水系统中，围岩体内渗水最终通过（　　）排出洞外。
A. 中央排水沟　　　B. 路侧边沟　　　C. 环向排水管　　　D. 横向导水管

解析：隧道内水的来源一般是由围岩中渗出的地下水和隧道使用过程中产生的污水，需要通过完善的排水系统排出洞外。

（1）围岩体内渗水通过防水板与初期支护间的土工布（无纺布）及环向排水管，汇入二次衬砌拱脚处沿隧道纵向设置的排水管，再通过与纵向排水管相连的横向导水管，排入路面下方的深埋（中央）水沟排出洞外。

（2）路基下渗出的地下水通过路面下渗水盲管汇入深埋（中央）水沟或路侧边沟排出洞外。

（3）隧道内路面污水由路侧边沟排出洞外。

二、判断题

【2020 年真题】

8．隧道内深埋水沟检查井井底高程偏差应在±20mm 以内。
A. 正确　　　　　　　　　　　　　　　　B. 错误

解析：

检查井检查项目及要求

序号	项目	规定值或允许偏差/mm	检验频率	检验方法
1	轴线偏位	±50	每个检查	全站仪、水准仪、经纬仪
2	断面尺寸	±20	每个检查	尺量
3	井底高程	±15	每个检查	水准仪
4	井盖与相邻路面高差	0，+4	每个检查	水准仪、水平尺、靠尺

【2019 年真题】

9．根据《公路工程质量检验评定标准 第一册 土建工程》（JTG F80/1—2017），隧道施工在铺设防水板时，搭接长度规定值不少于100mm。

A. 正确　　　　　　　　　　　　　　　B. 错误

解析：

复合式衬砌防水层实测项目及要求

项次	检查项目		规定值或允许偏差	检查方法和频率
1	搭接长度/mm		≥100	尺量：每5环搭接抽查3处
2	缝宽/mm	焊接	焊缝宽≥10	尺量：每5环搭接抽查3处
		黏结	粘缝宽≥50	
3	固定点间距/m		满足设计	尺量：每20m检查3处
4	焊缝密实性		压力下降在10%以内	充气法：压力达到0.25MPa时停止充气，保持15min；每20m检查1处焊缝

【2019年真题】

10. 隧道圆形深埋水沟管底高程应为±10mm。

A. 正确　　　　　　　　　　　　　　　B. 错误

解析：

排水沟（管）实测项目及要求

项次	检查项目	规定值或允许偏差	检查方法和频率
1△	混凝土强度/MPa	在合格标准内	按《公路工程质量检验评定标准 第一册 土建工程》（JTG F80/1—2017）要求
2	轴线偏位/mm	15	全站仪：每10m测1处
3	断面尺寸或管径/mm	±10	尺量：每10m测1处
4△	壁厚/mm	不小于设计值	尺量：每10m测1处
5	沟底高程/mm	±20	水准仪：每10m测1处
6△	纵坡	满足设计要求	水准仪：每10m测1处
7	基础厚度/mm	不小于设计值	尺量：每10m测1处

注：△表示分项工程中对结构安全、耐久性和主要使用功能起决定性作用的检查项目。

【2023真题】

11. 防水卷材出现破损、烤焦、焊穿及固定点外露等须立即修补，修补片尺寸要求小于破坏边缘70mm。

A. 正确　　　　　　　　　　　　　　　B. 错误

解析： 隧道防水卷材出现破损、烤焦、焊穿及固定点外露等须立即修补，修补片材料与防水板相同，修补片尺寸要求大于破坏边缘70mm。修补片宜裁剪成圆角，不宜裁剪成有正方形、长方形、三角形等的尖角。应采用热熔滚压焊接。

【2024 真题】

12. 从防排水角度出发，连拱隧道中隔墙宜采用复合式中墙。

A. 正确
B. 错误

解析：墙顶排水管沿中隔墙顶部铺设，以一定间隔布设的竖向排水管需预埋在中隔墙体内，并与墙顶排水管连通，将中隔墙顶部积水引向边墙脚，并引入深埋水沟或路侧边沟。中隔墙顶面铺设的墙顶防水板与拱墙防水板进行焊接，同时注意纵向排水管穿透防水板的位置需作密封处理，在中墙顶与拱墙连接的施工缝需设中埋式止水带，形成防排水系统。由于整体式中墙结构构造特殊，施作空间小，现实中很难实现。所以，一般情况下不采用整体式中墙。笔者认为不是从防排水角度，是因为构造特殊，施作空间小，故严谨地选择错误。

三、多项选择题

【2021 年真题】

13. 下列关于防水卷材焊缝强度检查表述正确的有（　　）。

A. 焊缝拉伸强度不得小于防水板强度的 85%
B. 焊缝拉伸强度不得小于防水板强度的 70%
C. 焊缝抗剥离强度不小于 70N/cm
D. 焊缝抗剥离强度不小于 85N/cm

解析：焊缝拉伸强度不得小于防水板强度的 70%，焊缝抗剥离强度不小于 70N/cm。

【2020 年真题】

14. 隧道施工常用止水带按材质有（　　）等。

A. 碳纤维止水带　　B. 橡胶止水带　　C. 沥麻止水带　　D. 金属止水带

解析：止水带按材质可分为橡胶止水带、塑料止水带、金属止水带。

【2023 真题】

15. 关于中埋式止水带施工表述正确的有（　　）。

A. 在衬砌转角位置的止水带应采用连续圆弧过渡
B. 橡胶止水带转角半径不应小于 200mm
C. 钢边止水带转角半径不应小于 300mm
D. 止水带每隔 3m~5m 预埋钢筋卡固定

解析：二次衬砌浇筑是一环一环地逐段推进。止水带通常在先浇的一环衬砌端头由挡头板固定。止水带出现转角时应做成圆弧形，转角半径橡胶止水带不小于 200mm，钢边止水带不小于 300mm。选项 A 错误圆弧只能一个，不能连续。选项 BC 正确。根据止水带材质和止水带部位可采用不同的接头方法，每环中的接头不宜多于 1 处，且不得设在结构转角处。对于橡胶止水带，其接头形式应采用搭接或复合接，对于塑料止水带，其接头形式应采用搭接或对接。止水带的搭接宽度可取 10cm，冷粘或焊接的缝宽不小于 5cm。止水带每隔 0.3~0.5m 预埋钢筋卡，在浇筑下一模衬砌混凝土时将露出的另一半止水带卡紧固定，使止水带垂直施工缝浇筑在混凝土内。

【2024 真题】

16. 根据《公路隧道设计规范》(JTG 3370.1—2018)，高速公路、一级公路和二级公路隧道防排水工程应满足（　　）。

A. 拱部、边墙、路面、设备箱洞不渗水

B. 有冻害地段隧道衬砌背后不积水，排水沟不冻结

C. 车行横通道、人行横通道等服务通道拱部不滴水，边墙不淌水

D. 遵循"截、堵结合，因地制宜，综合治理"原则

解析：隧道防排水应遵循"防、排、截、堵结合，因地制宜，综合治理"的原则。隧道防排水设计应对地下水妥善处理，洞内外应形成一个完整畅通的防排水系统。

高速公路、一级公路和二级公路隧道防排水应满足下列要求：

（1）拱部、边墙、路面、设备箱洞不渗水。

（2）有冻害地段隧道衬砌背后不积水，排水沟不冻结。

（3）车行横通道、人行横通道等服务通道拱部不滴水，边墙不淌水。

四、综合题

【2023 真题】

17. 隧道防排水措施应遵循"防、排、截、堵相结合，因地制宜，综合治理"的原则，请回答有关隧道防排水系统的问题。

1）高速公路、一级公路和二级公路隧道防排水应满足的要求有（　　）。

A. 拱部、边墙、路面、设备箱洞不渗水

B. 有冻害地段隧道衬砌背后不积水

C. 有冻害地段隧道排水沟不冻结

D. 车行横通道、人行横通道等服务通道拱部不滴水；边墙不淌水

解析：隧道防排水应遵循"防、排、截、堵相结合，因地制宜，综合治理"的原则，对地下水妥善处理，使洞内外形成一个完整畅通的防排水系统。

（1）高速公路、一级公路和二级公路隧道防排水应满足下列要求：①拱部、边墙、路面、设备箱洞不渗水。②有冻害地段隧道衬砌背后不积水，排水沟不冻结。③车行横道、人行横通道等服务通道拱部不滴水、边墙不淌水。

（2）三级、四级公路隧道应做到：①拱部、边墙不滴水、路面不积水，设备箱洞不渗水。②有冻害地段隧道衬砌背后不积水，排水沟不冻结。

2）关于复合式衬砌防水系统表述正确的有（　　）

A. 复合式衬砌结构在初期支护与二次衬砌之间铺设有防水层

B. 防水层包括无纺布和防水板

C. 无纺布通常铺设在二次衬砌与防水板之间，起缓冲、滤水和导水作用

D. 防水板通常采用高分子防水卷材，起防止结构与卷材间水窜流作用

解析： 复合式衬砌结构的防水，是在初期支护与二次衬砌之间铺设防水层，相当于给二次模筑混凝土衬砌"穿上一层雨衣"，选项 A 正确。防水层包括无纺布和防水板，选项 B 正确。无纺布通常采用土工织物，铺设在初期支护和防水板之间，起缓冲、滤水和导水作用，选项 C 错误。防水板通常采用高分子防水卷材，包括 EVA、ECD、PE（含 HDPE、LDPE）等，近年来也有采用预铺反粘类（通常称为自粘式）卷材，它具有防止结构与卷材间水窜流作用，选项 D 正确。

3) 关于复合式衬砌排水系统表述正确的有（　　）。
A. 围岩体内渗水通过防水层及环向排水管汇入二次衬砌拱脚处的纵向排水管
B. 纵向排水管联通横向导水管，导入路面下方的中央水沟排出洞外
C. 路基下渗出的地下水通过渗水盲管汇入中央水沟或路侧边沟排出洞外
D. 隧道内路面污水由路侧边沟排出洞外

解析： 隧道内水的来源一般是由围岩中渗出的地下水和隧道使用过程中产生的污水，需要通过完善的排水系统排出洞外。
（1）围岩体内渗水通过防水板与初期支护间的土工布（无纺布）及环向排水管，汇入二次衬砌拱脚处沿隧道纵向设置的排水管，选项 A 正确，再通过与纵向排水管相连的横向导水管，排入路面下方的深埋（中央）水沟排出洞外，选项 B 正确。
（2）路基下渗出的地下水通过路面下渗水盲管汇入深埋（中央）水沟或路侧边沟排出洞外，选项 C 正确。
（3）隧道内路面污水由路侧边沟排出洞外，选项 D 正确。

4) 纵向排水盲管设置于隧道模筑混凝土衬砌两侧墙脚背后的目的有（　　）。
A. 收集路侧边沟至边墙角的水
B. 收集环向排水盲管至边墙角的水
C. 收集被防水卷材阻挡经无纺布导流或自重淌流至边墙脚的水
D. 收集横向导水管至边墙角的水

解析： 纵向排水盲管设置于隧道模筑混凝土衬砌两侧墙脚背后，其作用一是收集环（竖）向排水盲管排至边墙的水，二是收集被防水卷材阻挡经无纺布导流或自重淌流至边墙脚的水。最后将衬砌背后汇入边墙脚的地下水通过横向导水管、泄水孔引入深埋水沟或路侧边沟。

5) 关于防水层铺设表述正确的是（　　）。
A. 在防水卷材铺设前，应对喷射混凝土基面进行检测
B. 铺设基面不得有锚杆头和钢筋头外露
C. 在防水施工前，如拱墙有渗流、涌水，应用不渗水薄膜隔离、铺排水管，将水隔离并引至边墙角
D. 明洞衬砌拱背混凝土应平整，不得有钢筋头外露

解析： 防水层铺设的基面要求如下：

（1）隧道开挖并进行初期支护后，喷射混凝土基面可能存在粗糙，局部凹凸不平，并可能有锚杆头外露的现象，影响防水层铺设，并可能损伤防水层。因此，在防水卷材铺设前，应对喷射混凝土基面进行检测。喷射混凝土要求表面平顺，无凹凸不平现象，基面平整度满足标准要求。选项 A 正确。

（2）铺设基面不得有锚杆露头和钢筋断头外露。选项 B 正确。

（3）在防水施工前，如拱墙有渗流、涌水，应用不渗水薄膜隔离、铺排水管，将水隔离并引至边墙角。选项 C 正确。

（4）明洞衬砌拱背混凝土应平整，不得有钢筋头外露。如有不平整现象，可用砂浆抹平。选项 D 正确。

答案： 1. B 2. C 3. A 4. B 5. C 6. B 7. A 8. B 9. A 10. B 11. B 12. B 13. B、C 14. B、D 15. B、C 16. A、B、C 17. 1）A、B、C、D，2）A、B、D，3）A、B、C、D，4）B、C，5）A、B、C、D

第十三章 辅助工程施工质量检查

一、单项选择题

【2021年真题】

1. 《公路隧道设计规范 第一册 土建工程》（JTG 3370.1—2018）规定，隧道超前管棚钢管环向间距宜为（　　）。

　　A. 100mm～200mm　　　　　　　　B. 200mm～300mm
　　C. 350mm～500mm　　　　　　　　D. 450mm～550mm

解析：管棚钢管沿隧道开挖轮廓线外100～200mm外布设，需有一定外倾角以保证管棚钢管不侵入隧道开挖轮廓线内；钢管环向间距一般为350～500mm，一次支护的长度一般为10～45m。

【2021年真题】

2. 注浆材料的渗透能力即渗透性，对于悬浊液取决于（　　）。

　　A. 颗粒大小　　　B. 黏度　　　C. 胶凝时间　　　D. 抗压强度

解析：渗透能力即渗透性，指浆液注入岩层的难易程度。对于悬浊液，渗透能力取决于颗粒大小；对于溶液，渗透能力取决于黏度。

【2020年真题】

3. 不属于隧道辅助工程施工质量检查内容的是（　　）。

　　A. 浆液注浆量　　　　　　　　B. 管棚搭接长度
　　C. 纵向排水盲管平面位置　　　D. 超前锚杆砂浆灌注饱满度

解析：ABD均为辅助工程施工的内容，而C选项为第十二章隧道防排水检测的内容。

【2023真题】

4. 超前管棚施作时，钢管沿开挖轮廓线外环向布设，并注满强度不小于（　　）的水泥砂浆。

　　A. M15　　　B. M20　　　C. M25　　　D. M30

解析：超前大管棚、超前锚杆和地表砂浆锚杆充填砂浆锚杆强度等级不低于M20，超前小导管充填砂浆强度不低于M10。

【2024 真题】

5. 根据《公路隧道施工技术规范》（JTG/T 3660—2020），超前管棚施作时，钢管环向间距布置质量检查控制指标是（ ）。

A. ±20mm　　　　　B. ±50mm　　　　　C. ±60mm　　　　　D. ±100mm

解析：《公路隧道施工技术规范》（JTG/T 3660—2020），P148。

超前管棚施工质量检查及控制标准应符合下表规定。

超前管棚施工质量检查及控制标准

序号	检查项目	施工控制值	检验频率	检验方法
1	管棚钢管长度/mm	不小于设计值	逐根检查	尺量
2	管棚钢管数量/根	不少于设计值	逐环清点	目测
3	管棚钢管环向间距/mm	±50	每环检查不少于5根	尺量
4	钻孔深度/mm	大于钢管长度设计值	逐根检查	尺量
5	管棚钢管管内钢筋笼	符合设计	每环检测不少于5根	目测、电测
6	管棚钢管管内砂浆	密实、饱满	每环检测不少于5根	目测、电测
7	套拱中线位置/mm	±50	每处检查	全站仪
8	套拱顶高程/mm	±50	每处拱顶检查	水准仪
9	套拱厚度/mm	±50	每处检查	尺量
10	套拱跨度/mm	±100	每处检查	尺量

二、判断题

【2021年真题】

6. 超前管棚适用于围岩及掌子面自稳能力较强、开挖后拱部易出现塌方的地段。

A. 正确　　　　　　　　　　　　　　　B. 错误

解析：超前管棚适用于围岩及掌子面自稳能力弱开挖后拱部易出现塌方的地段、富水断层破碎带、塌方处理段，浅埋段，地面有其他荷载作用的地段，地面沉降有较高控制要求的地段，地质较差的隧道洞口段、岩堆、（塌方）堆积体、回填土地、层砂土质地层地段。

【2019年真题】

7. 隧道超前锚杆与钢架支撑配合使用时，应从钢架腹部穿过，尾端与钢架焊接。

A. 正确　　　　　　　　　　　　　　　B. 错误

解析：《公路隧道施工技术规范》（JTG/T 3660—2020）第142页。超前锚杆支护是沿隧道开挖轮廓线向外以一定的角度（5°~12°）并排打入一系列锚杆，超前锚杆尾端与钢架焊接，共同组成棚架，实现对围岩的支撑。锚杆尾端与钢架焊接应无假焊、漏焊。

【2020年真题】

8. 围岩径向注浆适用于隧道开挖后围岩稳定时间短，变形较大的地段。

A. 正确 B. 错误

解析：围岩径向注浆适用于围岩稳定性时间长，变形较大的地段。

【2021 年真题】

9. 以加固围岩为目的的注浆宜采用强度高、耐久性好的双液浆。

A. 正确 B. 错误

解析：以加固围岩为目的的注浆宜采用强度高、耐久性好的单液浆；以堵水为目的的注浆宜采用凝固时间短、强度较高的双液浆或其他化学浆液。

【2019 年真题】

10. 隧道施工注浆效果检查可采用地质雷达、声波探测仪等物探仪器进行无损检测，以判定注浆效果。

A. 正确 B. 错误

解析：围岩注浆结束后，应及时对注浆效果进行检查。检查方法通常有以下三种：（1）分析法。（2）检查孔法。（3）物探无损检测法（地质雷达、声波探测仪等）。

【2023 真题】

11. 地表砂浆锚杆锚固时，锚固砂浆在达到设计强度的 70% 以上才能进行下方隧道开挖。

A. 正确 B. 错误

解析：地表砂浆锚杆是在地面对地层加固的一种方法，是从隧道上方地表向下设置的砂浆锚杆，一般垂直向下设置，也可根据地形及主结构面具体情况倾斜设置。锚杆一般采用 16~22mm 螺纹钢筋，由单根或多根钢筋并焊组成，间距宜为 1.0~1.5m，呈梅花形布置。锚杆长度一般深至距衬砌外缘 0.5m，锚孔直径应大于杆体直径 30mm，充填砂浆强度等级不低于 M20。锚杆设置范围：纵向一般超过不良地段 5~10m；横向为 1~2 倍隧道宽度。为保证达到预期加固效果，锚固砂浆在达到设计强度的 70% 以上时，才能进行下方隧道的开挖。

【2023 真题】

12. 超前管棚钢管内需要插有钢筋笼或钢筋束，并注满强度等级不小于 M15 的水泥砂浆。

A. 正确 B. 错误

解析：超前大管棚、超前锚杆和地表砂浆锚杆充填砂浆锚杆强度等级不低于 M20，超前小导管充填砂浆强度不低于 M10。

【2024 真题】

13. 测定一般注浆材料浆液凝胶时间时，通常采用手持玻璃棒搅拌浆液，以感觉不再流动或拉不出丝为止，从而测定凝胶时间。

A. 正确 B. 错误

解析：凝胶时间是指参加反应的全部成分从混合时起，直到凝胶发生，浆液不再流动为止的一段时间。其测定方法是：凝胶时间长的，用维卡仪；一般浆液，通常采用手持玻璃棒搅拌浆液，以手感觉不再流动或拉不出丝为止，从而测定凝胶时间。

三、多项选择题

【2020 年真题】

14. 隧道注浆材料应符合的要求表述正确的有（　　）。
A. 浆液应无毒无臭，对人体无害，不污染环境
B. 浆液黏度高、流动性好、可注性强，凝结时间可按要求控制
C. 浆液固化体稳定性好，能满足注浆工程的使用寿命要求
D. 浆液应对注浆设备、管路及混凝土结构腐蚀性低，易于清洗

解析：对注浆材料的要求：（1）浆液应无毒无臭，对人体无害，不污染环境。（2）浆液黏度低、流动性好、可注性强、凝结时间可按要求控制。（3）浆液固化体稳定性好，能满足注浆工程的使用寿命要求。（4）浆液应对注浆设备、管路及混凝土结构物无腐蚀性，易于清洗。

【2021 年真题】

15. 在注浆结束后应及时对注浆效果进行检查，其检查方法通常有（　　）。
A. 分析法　　　B. 检查孔法　　　C. 声波检测法　　　D. 红外成像法

解析：围岩注浆结束后，应及时对注浆效果进行检查。检查方法通常有以下三种：（1）分析法。（2）检查孔法。（3）物探无损检测法（地质雷达声波探测仪等）。

【2021 年真题】

16. 隧道注浆工程中，对于粉砂土地层，宜选用的注浆材料有（　　）。
A. 丙烯盐酸浆液
B. 水泥浆液
C. 水玻璃浆液
D. 水溶性聚氨酯浆液

解析：砂性土孔隙直径必须大于浆液颗粒直径的 3 倍以上浆液才能注入。据此，国内标准水泥粒径为 0.085mm，只能注入 0.255 的孔隙或粗砂中。凡水泥不能渗入的中、细、粉砂土地层，只能用化学浆液。

【2023 真题】

17. 关于超前围岩预注浆堵水工程表述正确的有（　　）。
A. 注浆圈厚度一般为 3m～6m
B. 注浆圈厚度一般为 6m～9m
C. 注浆段长度一般为 10m～30m
D. 注浆段长度一般为 30m～50m

解析：超前注浆圈厚度和注浆段长度根据掌子面前方围岩地质条件、地下水涌水量和地下水压力、止浆墙厚度和施工机械水平以及经济合理等因素确定。注浆圈厚度是指隧道开挖轮廓线至注浆外缘的距离，一般为 3~6m；注浆段长度是指岩隧道纵向的注浆段长度，一次

注浆长度一般为10~30m。注浆孔底中心间距以各孔浆液扩散范围相互重叠为原则，一般中心间距为1.5~3.0m，为浆液扩散半径的1.5~1.7倍。

四、综合题

【2020年真题】

18. 压浆材料是隧道施工过程中广泛使用的材料，其性能试验直接影响工程质量，回答以下关于注浆材料的问题。

1) 按浆液的分散体系划分，以颗粒直径（　　）为界，大的为悬浊液，如水泥浆；小的为溶液，如化学浆。

　　A. $0.01\mu m$　　　　　B. $0.1\mu m$　　　　　C. $1\mu m$　　　　　D. $2\mu m$

解析：按浆液的分散体系划分，以颗粒直径$0.1\mu m$为界，大者为悬浊液，如水泥浆；小者为溶液，如化学浆。

2) 黏度表示浆液流动时，因分子间互相作用而产生的阻碍运动的内摩擦力，黏度大小影响（　　）等参数的确定。

　　A. 浆液扩散半径　　B. 注浆凝胶时间　　C. 流量　　　　　D. 注浆压力

解析：黏度大小影响浆液扩散半径、注浆压力、流量等参数的确定。

3) 砂性土孔隙直径必须大于浆液颗粒直径的（　　），浆液才能注入。

　　A. 2倍以上　　　　B. 3倍以上　　　　C. 1.5倍以上　　　D. 2.5倍以上

解析：砂性土孔隙直径必须大于浆液颗粒直径的3倍以上浆液才能注入。

4) 对于注浆材料说法正确的有（　　）

A. 以加固为目的的注浆宜采用强度高、耐久性好的单液浆；以堵水为目的的注浆宜采用凝固时间短、强度较高的的双液浆

B. 以加固为目的的注浆宜采用强度高、耐久性好的双液浆；以堵水为目的的注浆宜采用凝固时间短、强度较高的的单液浆

C. 对于溶液，渗透能力取决于颗粒大小；对于悬浊液，渗透能力取决于黏度

D. 对于悬浊液，渗透能力取决于颗粒大小；对于溶液，渗透能力取决于黏度

解析：以加固围岩为目的注浆宜采用强度高、耐久性好的单液浆；以堵水为目的的注浆宜采用凝固时间短、强度较高的双液浆或其他化学浆液。对于悬浊液，渗透能力取决于颗粒大小；对于溶液，渗透能力则取决于黏度。

5) 隧道施工时涌水处理可采用的注浆方式有（　　）。

　　A. 超前周边预注浆　　B. 径向注浆　　C. 超前帷幕预注浆　　D. 劈裂注浆

解析：超前围岩预注浆堵水是对掌子面前方未开挖段的围岩进行注浆堵水的措施，可根据地质条件和工程目的，选用超前帷幕预注浆、超前周边预注浆、超前局部断面预注浆等方

式。题干问施工时,故 A、C 不选。径向注浆堵水是对隧道开挖后的隧道周边暴露的股状水、裂隙水、大面积淋水采用沿隧道径向对围岩进行注浆堵水的措施,可选用全周边径向注浆、局部径向注浆和补充注浆等措施。选项 B 正确。劈裂注浆是一种注浆工艺,且常用于加固。选项 D 不选。

答案:1. C 2. A 3. C 4. B 5. B 6. B 7. A 8. B 9. B 10. A 11. A 12. B 13. A 14. A、C 15. A、B、C 16. A、C、D 17. A、C 18. 1)B,2)A、C、D,3)B,4)A、D,5)B

第十四章 施工监控量测

一、单项选择题

【2019年真题】

1. 单洞隧道地表沉降断面布设时,每个断面的测点不少于( )个。

A. 2   B. 3   C. 5   D. 7

解析:量测范围应大于隧道开挖影响范围。隧道中线附近适当加密测点。单洞隧道每个量测断面的测点不少于5个,连拱隧道每个量测断面测点不少于7个。

【2024真题】

2. 拱顶沉降测量中,基点高程1650.00mm,前一次后视点读数为2022.00mm,前视点读数为1618.00mm;第二次后视点读数为2023.00mm,前视点读数为1616.00mm,则拱顶位移值为( )。

A. 3.00mm   B. -3.00mm   C. 1.00mm   D. -1.00mm

解析:计算拱顶下沉值。设基点高程为 h_0,前一次后视点(基点)读数为 A_1,前视点(拱顶测点)读数为 B_1,当次后视读数为 A_2,前视读数为 B_2。前一次拱顶高程为:$h_1 = h_0 + A_1 + B_1$。当次拱顶高程为:$h_2 = h_0 + A_2 + B_2$。

拱顶位移值:$\Delta h = h_2 - h_1 = (A_2 + B_2) - (A_1 + B_1) = (2023.00 + 1616.00) - (2022.00 + 1618.00) = -1.00$mm。计算结果:若 $\Delta h < 0$,则拱顶下沉;若 $\Delta h > 0$,则拱顶上移。

二、判断题

【2019年真题】

3. 锚杆轴力量测仪器,按其量测原理可分为钢弦式和机械式两类,它们是通过量测不同深度锚杆的变形,了解锚杆轴力及分布。

A. 正确   B. 错误

解析:锚杆轴力量测,按其测量原理可分为电测式和机械式两类。其中电测式又可分为电阻应变式和钢弦式。电阻应变式和机械式是通过量测不同深度锚杆的变形,钢弦式是通过测定不同深度处传感器受力后钢弦振动频率的变化。

【2021 年真题】

4. 爆破振动量测属于隧道监控量测的必测项目。

    A. 正确　　　　　　　　　　　　　　　B. 错误

解析：爆破振动量测属于隧道监控量测的选测项目。选测量测项目内容较多，包括围岩内部位移量测、锚杆轴力量测、围岩与喷射混凝土间接触压力量测、喷射混凝土与二次衬砌间接触压力量测、喷射混凝土内应力量测、二次衬砌内应力量测、钢支撑内力量测、围岩弹性波速、爆破振动量测等。

【2023 真题】

5. 围岩声波测试时，通常岩体的波速越低，表明岩体越坚硬，弹性性能越强，结构越完整，所含较弱的结构面减小。

    A. 正确　　　　　　　　　　　　　　　B. 错误

解析：在当前国内外的围岩分类中，常引用岩体纵波波速以及岩体与岩块波速比的平方作为围岩分类的基本依据。通常，岩体的波速越高，表明岩体越坚硬，弹性性能越强，结构越完整，所含较弱的结构面减小。但有时波速并不能反映岩体完整性好坏，如有些破碎硬岩的波速高于完整性较好的软岩，因此还要采用岩体完整性系数来反映岩体的完整性，完整性系数越接近于 1，表示岩体越完整。

【2024 真题】

6. 钢丝式单点位移计安装好后，需要待锚固砂浆强度达到 70%方可量测。

    A. 正确　　　　　　　　　　　　　　　B. 错误

解析：钢丝式单点位移计按安装说明书进行安装，不需要注浆。

数据采集：多点位移计量测待锚固砂浆强度达到 70%以后即可测取初始读数（钢丝式单点位移计安装好后立即量测）。量测前先用纱布擦干净基准板上的锥形测孔，然后将百分表插入孔口固定件通孔内，用百分表测取读数。

三、多项选择题

【2020 年真题】

7. 围岩声波测试，一般用波速、波幅、频谱等参数进行表征。关于围岩声波测试，以下说法正确的是（　　）。

    A. 岩体风化、破碎、结构面发育，则波速高衰减快，频谱复杂

    B. 岩体风化、破碎、结构面发育，则波速低衰减快，频谱复杂

    C. 岩体充水或应力增加，则波速增高，衰减减小，频谱简化

    D. 岩体充水或应力增加，则波速降低，衰减加快，频谱简化

解析：在岩体中，波的传播速度与岩体的密度及弹性常数有关，受岩体结构构造、地下水、应力状态的影响，一般说来有如下规律：（1）岩体风化、破碎、结构面发育，则波速低衰减快，频谱复杂。（2）岩体充水或应力增加，则波速增高，衰减减少，频谱简化。

（3）岩体不均匀性和各向异性使波速与频谱的变化也相应地表现出不均一性和各向异性。

【2021 年真题】
8. 以下哪些是隧道施工监控量测选测项目？（　　）

A. 钢架内力　　　　　　　　　　　　B. 锚杆轴力
C. 洞内外观察　　　　　　　　　　　D. 洞内围岩内部位移

解析：选测量测项目内容较多，包括围岩内部位移量测、锚杆轴力量测、围岩与喷射混凝土间接触压力量测、喷射混凝土与二次衬砌间接触压力量测、喷射混凝土内应力量测、二次衬砌内应力量测、钢支撑内力量测、围岩弹性波速、爆破振动量测等。

【2021 年真题】
9. 下列关于隧道钢架应力监测的描述正确的有（　　）。

A. 常采用钢筋计进行量测
B. 每断面不宜少于 5 个测点，连拱隧道不宜少于 7 个
C. 型钢钢架测点应布置在型钢翼缘两侧
D. 钢架内力量测应分别在钢架安装前后测试仪器读数

解析：（1）型钢钢架应力量测可采用钢弦式表面应变和钢弦式钢筋应力计，格栅钢架应力量测一般采用钢弦式钢筋应力计。也有采用光纤光栅表面应变计和钢筋计，光纤光栅传感器具有体积小、质量轻，对被测介质影响小，灵敏度和分辨率高，结构简单灵活、安装方便等特点，逐渐在隧道测试中得到应用。目前多采用钢弦式钢筋应力计。选项 A 正确。

（2）测点不宜少于 5 个，连拱隧道不宜少于 7 个测点。选项 B 正确。

（3）《公路隧道施工技术规范》（JTG/T 3660—2020）P189。钢架内力量测应符合下列规定：①采用钢筋计量测格栅钢架内力，钢筋计直径应与格栅主筋直径相同，且宜与钢筋轴线重合对焊；②采用电阻应变片量测型钢应力，应变片应成对粘贴在型钢翼缘内侧测点位置处。③监测元器件应在监测断面上成对布置在钢架的内外两侧。选项 C 正确。

（4）《公路隧道施工技术规范》（JTG/T 3660—2020）P189。钢架内力量测应分别在钢架安装前后测试仪器读数。选项 D 正确。

【2019 年真题】
10. 压力盒可用于隧道（　　）监测。

A. 围岩与初支间接触压力　　　　　　B. 初支与二衬间接触压力
C. 锚杆轴力　　　　　　　　　　　　D. 二衬内应力

解析：压力盒的埋设：（1）围岩与初期支护间的接触压力，将压力盒埋设在围岩与初期支护间。（2）初期支护与二次衬砌之间的接触压力，将压力盒埋设在初期支护与二次衬砌之间。

【2023 真题】
11. 围岩级别定量划分依据包括（　　）。

A. 岩石坚硬程度　　B. 岩体完整程度　　C. 修正因素　　　　D. 围岩孔隙率

解析： 围岩级别的定量划分：隧道围岩分级的综合评判方法应按以下顺序进行：首先，根据岩石的坚硬程度和岩体完整程度两个基本因素的定性特征和定量的岩体基本质量指标（BQ），综合进行初步分级。其次，对围岩进行详细定级时，应在岩体基本质量分级基础上，考虑修正因素的影响修正岩体基本质量指标值。最后，按修正后的岩体基本质量指标（BQ），结合岩体的定性特征综合评判，确定围岩的详细分级。

四、综合题

【2024 真题】

12. 关于隧道监控，请回答下列问题。

1）隧道监控量测项目通常分为必测项目和选测项目两类，（　　）属于必测项目。
 A. 周边收敛　　　　B. 爆破振动　　　　C. 拱顶下沉　　　　D. 围岩弹性波速

解析： 必测量测项目包括：洞内外观察（使用地质罗盘）、拱顶下沉量测（使用水准仪、铟钢尺、全站仪等）、周边收敛量测（使用收敛计、全站仪等）、地表沉降观测（水准仪、铟钢尺、全站仪等）、拱脚下沉（使用水准仪、铟钢尺、全站仪等）。

2）根据《隧道施工技术规范》（JTG/T 3660—2020），关于隧道洞内外观察频率表述正确的是（　　）。

 A. 洞内掌子面观察：每开挖循环做一次

 B. 初期支护：每天巡查一次

 C. 洞内掌子面观察：每天巡查一次

 D. 初期支护：观察遇天气变化应实时观察

解析： 隧道洞内掌子面一般每开挖循环做一次，下台阶和仰拱每开挖循环检查一次；初期支护、二次衬砌巡查每天一次；洞外观察与地表沉降观测一致，当遇天气变化特别是极端天气情况时应实时观察。

3）适用于周边位移测量的设备的是（　　）。
 A. 弹簧式收敛计　　B. 重锤式收敛计　　C. 单点位移计　　D. 多点位移计

解析： 周边收敛是指隧道两侧壁面测点之间连线的相对位移。隧道周边收敛量测是在隧道两侧壁面对称埋设测桩，用收敛计进行量测。目前隧道施工中常用的收敛计为弹簧式收敛计和重锤式收敛计。

4）关于周边位移量测操作表述正确的是（　　）。

 A. 宜将量测断面布置在与拱顶下沉量测相同的断面上

 B. 在靠近掌子面位置将测桩焊在钢拱架上

 C. 某一量测断面每次量测都使用同一收敛仪

 D. 待固定测桩的锚固剂强度达到60%以后即可测取初始读数

解析：（1）周边收敛量测断面和拱顶下沉量测断面应布置在同一断面（桩号），选项 A

正确。

（2）隧道开挖初喷后，在测线布置位置钻直径 42mm、深 300mm 的孔，埋入测桩，测桩杆长 ≥300mm，用锚固剂将测桩锚固在钻孔内（测桩不能焊在钢拱架上），选项 B 错误。

（3）某一量测断面每次量测都使用同一收敛仪量测，以避免不同仪器出现的量测误差。选项 C 正确。

（4）周边收敛量测频率：待固定测桩的锚固剂强度达到 70% 以后即可测取初始读数，选项 D 错误。

5）下列是隧道施工监控测量数据得到围岩位移随时间变化，可正常施工的是（   ）。
A. 围岩位移速率<0.2mm/d
B. 围岩实测位移小于设计极限位移 1/3
C. 围岩位移速率不变，即 $d^2u/d^2t=0$ 时态曲线始终上升
D. 围岩位移速率增大，即 $d^2u/d^2t>0$，时态曲线出现反弯点

解析：
根据位移量测结果判断：
（1）位移速率
① 当位移速率大于 1mm/d 时，表明围岩处于急剧变形阶段，应密切关注围岩动态。
② 当位移速率在 1～0.2mm/d 时，表明围岩处于缓慢变形阶段。
③ 当位移速率小于 0.2mm/d 时，表明围岩已达到基本稳定，可以进行二次衬砌作业。
（2）位移时态曲线
① 当位移速率很快变小时，时态曲线很快平缓，表明围岩稳定性好，可适当减弱支护。
② 当位移速率逐渐变小，即 $d^2u/d^2t<0$ 时，时态曲线趋于平缓，表明围岩变形趋于稳定，可正常施工。
③ 当位移速率不变，即 $d^2u/d^2t=0$ 时，时态曲线直线上升，表明围岩变形急剧增长，无稳定趋势，应及时加强支护，必要时暂停掘进。
④ 当位移速率逐步增大，即 $d^2u/d^2t>0$ 时，时态曲线出现反弯点，表明围岩已处于不稳定状态，应停止掘进，及时采取加固措施。
（3）位移量
将隧道设计的预留变形量作为极限位移值，根据实测的总位移量进行施工管理，见下表。

位移管理等级

管理等级	管理位移/mm	施工状态
Ⅲ	$U<(U_0/3)$	可正常施工
Ⅱ	$(U_0/3)≤U≤(2U_0/3)$	应加强支护
Ⅰ	$U>(2U_0/3)$	应采取特殊措施

注：U 为实测位移值；U_0 为设计极限位移值。

答案： 1.C 2.D 3.B 4.B 5.B 6.B 7.B、C 8.A、B、D 9.A、B、C、D 10.A、B 11.A、B、C 12.1) A、C, 2) A、B, 3) A、B, 4) A、C, 5) A、B

第十五章　超前地质预报

一、单项选择题

【2021 年真题】

1. 地质雷达在掌子面进行预报时，常采用（　　）。
   A. 拖行模式　　　　B. 点测模式　　　　C. 距高模式　　　　D. 连续扫描

   解析：地质雷达法对掌子面进行超前地质预报常采用单点探测方式，同时可结合连续探测方式进行比对。

【2019 年真题】

2. 隧道工程检测中瞬变电磁法超前地质探测对下列异常体中的（　　）响应较敏感。
   A. 含水体　　　　B. 溶洞　　　　C. 裂隙带　　　　D. 断层

   解析：瞬变电磁法是一种时间域的电磁探测方法，瞬变电磁法超前地质预报探测原理是在隧道掌子面布设一定波形电流的发射线圈，向掌子面前方发射一次脉冲磁场，并在掌子面前方低阻异常带产生感应电流；在一次脉冲磁场间断期间，感应电流不会立即消失，在其周围空间形成随时间衰减的二次磁场；通过掌子面接收线圈接收二次磁场的变化，就可以判断前方低阻异常带电性要素，并推断出前方地质异常体位置和规模，进而推断围岩破碎、含水、地质构造等情况。总体而言，前方地质体的导电性越好，二次磁场（瞬变场）的强度就越大且热损耗就越小，故衰减越慢，延迟时间越长。

【2024 真题】

3. 瞬变电磁法进行超前地质预报时，每次有效预报距离约为（　　），连续探测时宜重叠（　　）以上。
   A. 100m，30m　　　B. 100m，10m　　　C. 30m，10m　　　D. 30m，5m

   解析：瞬变电磁法每次有效预报距离宜为100m左右，且由于采用该方法进行探测时会存在20m以上的盲区，因此连续探测时宜重叠30m以上。

【2024 真题】

4. 采用地震波法进行超前地质预报时，根据初至波信号的特性对信号波形进行质量控制，若初至后出现鸣震，可能的原因是（　　）。

A. 背景噪声过大

B. 接收器单元没有与围岩充分耦合

C. 炸药量不足

D. 炸药量偏大

解析：采用地震波法进行超前地质预报时，根据初至波信号的特性，对信号波形进行质量控制，若初至后出现鸣震，表明接收器单元没有与围岩很好耦合或可能由于套管内严重污染造成，这时，应清洁套管和重新插入接收器单元，直至信号改善为止。

二、判断题

【2021年真题】

5. 隧道超前地质预报中的地震波反射法主要用于地下水的探测预报。

A. 正确   B. 错误

解析：地震波反射法适用于划分地层界线、查找地质构造、探测不良地质体的厚度和范围。

【2023真题】

6. 地震波反射法连续预报时前后两次预报距离重叠 5m~8m 为合理距离。

A. 正确   B. 错误

解析：地震波反射法连续预报时前后两次预报距离宜重叠 10m 以上，预报距离符合：（1）在软弱破碎地层或岩溶发育区，每次预报距离宜为 100m 左右，不宜超过 150m。（2）在岩体完整的硬质岩地层每次预报距离宜为 150~180m，不宜超过 200m。（3）水平声波剖面法可中短距离预报断层破碎带、洞穴、采空区等。软弱破碎地层或岩溶发育区的有效探测距离宜取 20~50m，不宜超过 70m；岩体完整的硬岩地层有效探测距离宜取 50~70m，不宜超过 100m。（4）隧道位于曲线上时，应根据曲线半径大小，按上述原则合理确定预报距离。

【2024真题】

7. 超前地质预报是在超前钻探基础上，采用物探等手段，对隧道开挖工作面前方的工程地质与水文地质条件等进行探测、分析。

A. 正确   B. 错误

解析：隧道超前地质预报是一项复杂的系统性工作，是设计阶段地质勘察的补充和延伸，是保证隧道施工安全的重要环节和重要技术手段。其主要工作是在分析既有地质资料的基础上，采用地质调查、物探、超前地质钻探、超前导坑等手段，对隧道开挖工作面前方的工程地质与水文地质条件以及不良地质体的工程性质、位置、产状、规模等进行探测、分析、判释，并做出预报和提出技术建议。避免或减少由于地质不明所造成的工程事故以及由此带来的不必要的人力、物力、财力浪费。

三、多项选择题

【2021 年真题】

8. 下列哪些方法可对地下水进行预报（　　）。
   A. 高分辨直流电法　　B. 瞬变电磁法　　C. 红外探测法　　D. TGP/TSP

   解析：（1）高分辨直流电法适用于探测地层中存在的地下水体位置及定性判断含水量，如断层破碎带、溶洞、溶隙、暗河等地质体中的地下水。选项 A 正确。

   （2）瞬变电磁法超前地质预报探测原理是在隧道掌子面布设一定波形电流的发射线圈，向掌子面前方发射一次脉冲磁场，并在掌子面前面低阻异常带产生感应电流；在一次脉冲磁场间断期间，感应电流不会立即消失，在其周围空间形成随时间衰减的二次磁场；通过掌子面接收线圈接收二次磁场的变化，就可以判断前方低阻异常带电性要素，并推断出前方地质异常体位置和规模，进而推断围岩破碎、含水、地质构造等情况。选项 B 正确。

   （3）红外探测适用于定性判断探测点前方有无水体存在及其方位，不能定量给出水量大小等数据。选项 C 正确。

   （4）地震波反射法通过后处理软件得到各种围岩构造界面地层界面与隧道轴线相交所呈现的角度及与掌子面的距离，并可初步测定岩石的弹性模量，密度、泊松比等参数以供参考，进一步分析隧道前方围岩性质、节理裂隙密条带分布、软弱岩层及含水状况等。隧道地震波反射法通常采用 TGP 或 TSP 隧道超前地质预报系统。选项 D 正确。

【2020/2019 年真题】

9. 超前地质预报工作的内容包括（　　）。
   A. 围岩级别变化的判断　　　　　　B. 地层岩性预报
   C. 不良地质条件预报　　　　　　　D. 围岩变形稳定性预报

   解析：超前地质预报的主要内容包括：地层岩性预报、地质构造预报、不良地质条件预报、地下水状况预报、对围岩级别变化的判断。

【2023 真题】

10. 隧道超前地质预报方法中，物探法主要包括（　　）。
    A. 地震波反射法　　B. 电磁波反射法　　C. 瞬变电磁法　　D. 红外探测法

    解析：物探法包括弹性波反射法、电磁波反射法（地质雷达探测）、瞬变电磁法、高分辨直流电法、红外探测等。其中弹性波反射法是利用人工激发的地震波、声波在不均匀地质体中所产生的反射波特性来预报隧道开挖工作面前方地质情况的一种物探方法，它包括地震波反射法、水平声波剖面法、负视速度法和极小偏移距高频反射连续剖面法（简称"陆地声呐法"）等方法，目前最常用的为地震波反射法。

【2023 真题】

11. 开挖工作面瓦斯突出危险性预测应采用（　　）作为主要预测方法，并选取其他方法验证。

A. 瓦斯压力法　　　　B. 瓦斯含量法　　　　C. 钻屑指标法　　　　D. 综合指标法

解析： 穿越煤层前应进行瓦斯突出危险性预测，并应符合以下规定：（1）根据围岩强度和预计瓦斯压力确定掌子面距突出煤层的安全距离，在煤层垂距不小于安全距离处的开挖掌子面进行瓦斯突出危险性预测；（2）开挖工作面瓦斯突出危险性预测可以采用瓦斯压力法或瓦斯含量法作为主要预测方法，并至少选取钻屑指标法或钻孔瓦斯涌出初速度法进行验证。

【2023 真题】

12. 不良地质体预报时，构造断层出现前兆的标志有（　　）。

A. 节理组数急剧增加

B. 岩层牵引褶皱出现

C. 岩石强度明显降低

D. 临近富水断层的隔水岩层出现淋水现象

解析：（1）断层出现前兆标志一般有：节理组数急剧增加；岩层牵引褶皱出现；岩石的强度明显降低；压碎岩、破裂岩、断层角砾石等出现；临近富水断层前断层下盘泥岩、页岩等隔水岩明显湿化、软化，或出现淋水和其他涌突水现象。

（2）大型岩溶出现前兆标志一般有：裂隙、溶隙间出现较多的铁染锈或黏土；岩层明显湿化、软化，或出现淋水现象；小溶洞出现的频率增加，且多有水流、河砂或水流痕迹；钻孔中的涌水量增加，且多有泥沙或小砾石；有哗哗的流水声；钻孔中有凉风冒出。

（3）煤层瓦斯出现的前兆标志一般是：开挖掌子面地层压力增大，鼓壁、深部岩层或煤层的破裂声明显，响煤炮，掉渣，支护严重变形，瓦斯浓度突然增大或忽高忽低，掌子面温度降低，憋闷，有异味；煤层结构变化明显，层理紊乱，由硬变软，厚度与倾角发生变化，煤由湿变干，光泽暗淡，煤层顶、底板出现断裂、波状起伏等；钻孔时有顶钻、夹钻、顶水、喷孔等动力现象；掌子面发出瓦斯强涌出的嘶嘶声，同时带有粉尘；掌子面有移动感。

【2024 真题】

13. 关于隧道地质调查法进行超前地质预报的表述正确的是（　　）。

A. 隧道地表补充地质调查应与洞内超前地质预报同时进行

B. 地质素描图应采用现场绘制草图，室内及时誊清的方式完成，实时记录现场实际揭露情况

C. 隧道地表补充地质调查和洞内地质素描资料应及时补充绘制在隧道工程地质平面图和纵断面图上

D. 地质素描原始记录、图、表、采集的标本应及时整理

解析： 地质调查法工作要求：（1）隧道地表补充地质调查应在洞内超前地质预报前进行，并在洞内超前地质预报实施过程中根据需要随时补充，做好现场记录，并及时整理。

（2）地质素描图应采用现场绘制草图、室内及时誊清的方式完成，实时记录现场实际揭露情况。地质素描原始记录、图、表应及时整理。

（3）隧道地表补充地质调查和洞内地质素描资料应及时补充绘制在隧道工程地质平面图和纵断面图上。

（4）采集的标本应及时整理。

答案： 1. B 2. A 3. A 4. B 5. B 6. B 7. B 8. A、B、C、D 9. A、B、C 10. A、B、C、D 11. A、B 12. A、B、C、D 13. B、C、D

第十六章 隧道施工环境检测

一、单项选择题

【2024 真题】

1. 根据《公共地下建筑及地热水应用中氡的放射防护要求》（WS/T 668—2019），隧道施工可参照的地下建筑氡浓度安全水平为（　　）。

A. 所有检测点的氡浓度算术平均值$<300Bq/m^3$

B. 每个检测点的氡浓度均$<300Bq/m^3$

C. 所有检测点的氡浓度算术平均值$<400Bq/m^3$

D. 每个检测点的氡浓度均$<400Bq/m^3$

解析：《公路隧道施工技术规范》（JTG/T 3660—2020）未对氡气的浓度进行规定。国家职业卫生标准《公共地下建筑及地热水应用中氡的放射防护要求》（WS/T 668—2019）中，对地下建筑的氡浓度水平规定为每个检测点的氡浓度均小于$400Bq/m^3$，取各点检测结果的算术平均值作为该场所的检测值，可判定该场所的浓度符合本标准，如果有一个以上的点的氡浓度大于或等于$400Bq/m^3$，则需对场所进行跟踪测量。隧道施工可参照此标准进行氡及其子体浓度控制。

二、判断题

【2023 真题】

2. 某地区海拔高度大于3000m，经检测该地区隧道环境中CO浓度为$20mg/m^3$，符合工作场所有毒物质的容许浓度。

A. 正确　　　　　　　　　　　　B. 错误

解析：

工作场所空气中有毒物质容许浓度（单位：mg/m^3）

中文名（CAS No.）	MAC	TWA	STEL
一氧化碳			
非高原	—	20	30
高原			

续表

中文名（CAS No.）	MAC	TWA	STEL
海拔2000～3000m	20	—	—
海拔>3000m	15	—	—

注：MAC——最高容许浓度，指在一个工作日内任何时间都不应超过的浓度；

　　TWA——时间加权平均容许浓度（8h）；

　　STEL——短时间接触容许浓度（15min）。

【2023真题】

3. 隧道施工环境监测时，发现检测到的白云石粉尘总粉尘浓度为 $10mg/m^3$，该值在粉尘容许浓度范围内。

A. 正确　　　　　　　　　　　　　　B. 错误

解析：

工作场所空气中粉尘容许浓度（单位：mg/m^3）

名称	PC-TWA		临界不良健康效应
	总粉尘	呼吸性粉尘	
白云石粉尘	8	4	尘肺病
沉淀SiO_2（白炭黑）	5	—	上呼吸道及皮肤刺激
大理石粉尘（碳酸钙）	8	4	眼、皮肤刺激；尘肺病
电焊烟尘	4	—	电焊工尘肺
沸石粉尘	5	—	尘肺病，肺癌
硅灰石粉尘	5	—	—

【2024真题】

4. 隧道施工作业环境CO现场检测常用的方法主要有亚甲基蓝比色法、检知管法、醋酸铅试纸法。

A. 正确　　　　　　　　　　　　　　B. 错误

解析： 国家、行业标准规定的硫化氢测定方法是亚甲基蓝比色法。现场检测常用的方法主要有检知管法、醋酸铅试纸法和硫化氢传感器法。

【2024真题】

5. 滤膜测尘法检测粉尘浓度是用已知质量的滤膜采集空气中的待测粉尘，根据滤膜增量和采气量，计算出待测定粉尘的浓度。

A. 正确　　　　　　　　　　　　　　B. 错误

解析： 检测粉尘浓度的基本方法和检测原理：我国常采用质量法测定粉尘浓度，目前普遍采用滤膜测尘法。

（1）总粉尘（总尘）浓度检测原理：空气中的总粉尘用已知质量的滤膜采集，由滤膜的增量和采气量，计算出空气中总粉尘的质量浓度。

（2）呼吸性粉尘（呼尘）浓度检测原理：空气中粉尘通过采样器上的预分离器，分离出的呼吸性粉尘颗粒采集在已知质量的滤膜上，由采样后的滤膜增量和采气量，计算出空气中呼吸性粉尘的浓度。

三、多项选择题

🔲 【2024 真题】

6. 关于光干涉瓦斯检定器的检测原理表述正确的是（　　）。

A. 含瓦斯气体与空气的折射率不同，通过反射、折射后两束光波产生光程差

B. 两束具有光程差的相干波（同一光源发出的光波）相遇，发生光的干涉现象

C. 光程差使白色光源产生黑白相间的条纹

D. 根据干涉条纹移动的位移测得瓦斯引起的折射率变化

解析：根据光学知识，某种物质的折射率等于光在真空中传播的速度除以光在这种物质中传播的速度。光程等于光线所通过的路程乘以光所通过的物质的折射率。由此可知，如果两束光波通过的路程长短不同，或是通过的物质不同，或是通过的路程和物质都不同，光程都可能不同。两束光波光程长短的差别，叫作光程差。两束具有光程差的相干波（同一光源发出的光波）相遇，就会产生光的干涉现象，选项 B 正确。当两束光波的光程差等于 $(n+1/2)\lambda$ 时，产生暗条纹；当两列光波的光程差等于 $n\lambda$ 时，产生亮条纹。因为白色光是各种单色光的混合光，白色光具有不同的波长，在一定的路程内，各色光的光程差不同。如果使用单色光为光源，干涉将形成明暗相间的条纹；如果使用白色光源，干涉所产生的条纹是彩色条纹，选项 C 错误。当气室各小室内充进相同的气体时，两列光波所经过的光程一定。如在一支光路中改变气体的化学成分或温度、压力等，则因折射率起了变化，光程及光程差也就随之变化，所看到的干涉条纹便会移动。光通过的路程是固定的，根据条纹移动的大小可测知气体折射率的变化，选项 D 错误。如使两通路的温度、压力相同，当被测气体的化学成分已知时，则可做定量分析，测出被测气体的浓度。这就是光干涉检定器的工作原理。

🔲 【2024 真题】

7. 关于催化型瓦斯测量仪检测原理表述正确的是（　　）。

A. 在催化剂的作用下、瓦斯与氧气发生强烈氧化（无焰燃烧），放出反应热

B. 金属催化剂的吸附能力取决于温度

C. 反应热被敏感元件吸收引起温度升高、电阻减小

D. 电桥测量电阻变化与瓦斯浓度成正比

解析：

在催化剂的作用下，瓦斯与氧气在较低温度下发生强烈氧化（无焰燃烧），反应的化学方程式为：

$$CH_4 + 2O_2 \xrightarrow{\text{催化}} CO_2 + 2H_2O + Q$$

根据催化理论，反应过程是由于催化剂 Pt、Pd 的存在，降低了瓦斯（CH_4）和氧（O_2）发生链反应的活化能，在催化剂表面的活化中心附近，被吸附的 CH_4 分子内部结构离开了稳定状态而活化裂解，加速链反应的进行。CH_4 与 O_2 在 Pt、Pd 催化下的反应是一种多相反应，在这种反应中，气体在催化剂表面上的吸附与否与活化程度和催化反应密切相关。金属催化剂的吸附能力取决于金属和气体分子结构以及吸附条件。另外，催化剂的分散度对化学反应也有重要影响。

利用载体催化元件测量瓦斯浓度的原理如图所示。这是一个简单的测量电桥，催化元件 T_1（黑元件）为工作元件，没有浸渍催化剂的元件 T_2（白元件）为补偿元件。无瓦斯时，通过 W_2 的调整，可使电桥处于平衡状态，此时在工作电流加热下，元件温度为 500℃ 左右。当有瓦斯时，瓦斯与氧气在工作元件表面发生反应，放出反应热 Q。反应热被元件表面吸收，由于铂丝是电阻温度系数很高的热敏材料，元件的温度增量 ΔT 将引起电阻增量 ΔR，从而使电桥不平衡，产生一个与瓦斯浓度成正比的输出信号。利用这个原理可以检测瓦斯浓度。如果把获得的信号放大传送到远处，就可以实现瓦斯浓度的遥测。

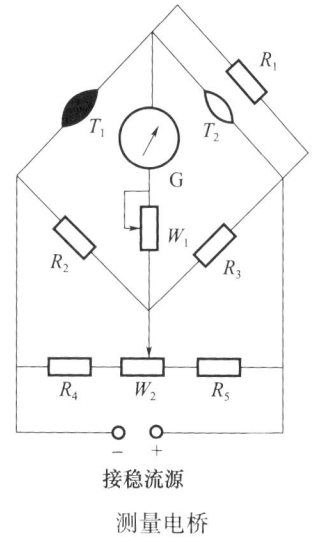

测量电桥

答案： 1. D 2. B 3. B 4. B 5. B 6. A、B 7. A、D

第十七章 隧道运营环境检测

一、判断题

【2023 真题】

1. 行人与车辆混合通行的隧道，中间段亮度不应大于 $2.0cd/m^2$。

A. 正确　　　　　　　　　　　　　　B. 错误

解析：行人与车辆混合通行的隧道，中间段亮度不应小于 $2.0cd/m^2$。

【2023 真题】

2. 隧道内进行养护维修时，作业段空气烟尘允许浓度不应大于 $0.0030m^{-1}$。

A. 正确　　　　　　　　　　　　　　B. 错误

解析：双洞单向交通临时改为单洞双向交通时，隧道内烟尘浓度不应大于 $0.012m^{-1}$。隧道内养护维修时，作业段空气的烟尘浓度不应大于 $0.0030m^{-1}$。

【2024 真题】

3. 烟雾浓度可通过测定光线在烟雾中的光强来确定。

A. 正确　　　　　　　　　　　　　　B. 错误

解析：煤烟对空气的污染程度用烟雾浓度表示。烟雾浓度可通过测定光线在烟雾中的透过率来确定。

【2024 真题】

4. 长度 $L \leqslant 300m$ 的隧道，可不设置过渡段加强照明。

A. 正确　　　　　　　　　　　　　　B. 错误

解析：过渡段照明：由 TR_1、TR_2、TR_3 三个照明段组成。

① 长度 $\leqslant 300m$ 的隧道可不设置过渡段加强照明；

② 长度 $300m < L \leqslant 500m$ 的隧道，当在过渡段 TR_1 能完全看到隧道出口时，可不设置过渡段 TR_2、TR_3 加强照明；

③ 当 TR_3 的亮度 L_{tr3} 不大于中间段亮度 L_{in} 的 2 倍时，可不设置过渡段 TR_3 加强照明。

二、多项选择题

【2023 真题】

5. 隧道机械通风的基本方式主要有（　　）。
   A. 纵向通风　　　B. 半横向通风　　　C. 全横向通风　　　D. 组合通风

   解析：隧道通风分为自然通风和机械通风两大类。自然通风是通过气象因素形成的隧道内空气流动，以及机动车从洞外带入新鲜空气来实现隧道内外空气交换。机械通风是通过风机作用使空气沿着预定路线流动来实现隧道内外空气交换。隧道机械通风的基本方式主要有纵向式、半横向式、全横向式以及在这三种基本方式基础上的组合通风方式。

三、综合题

【2023 真题】

6. 请回答关于隧道环境检测的问题。

1）属于隧道施工环境检测的内容有（　　）。
   A. 粉尘浓度　　　B. 一氧化碳浓度　　　C. 硫化氢浓度　　　D. 洞内温度

   解析：根据《公路隧道施工技术规范》（JTG/T 3660—2020）规定，一般隧道施工，主要监测粉尘浓度、一氧化碳浓度、硫化氢浓度、氡气浓度、洞内温度；瓦斯隧道施工，重点监测瓦斯浓度；放射性地层隧道施工，重点监测核辐射。

2）属于氡气检测的方法有（　　）。
   A. 双滤膜法　　　B. 电离室法　　　C. 气球法　　　D. 比色法

   解析：氡气检测的方法很多，常用的氡测量方法有电离室法、闪烁室法、双滤膜法、气球法、扩散静电法、活性炭吸附法、径迹蚀刻法等。

3）隧道空气压力测定中，可以用（　　）与皮托管配合测定相对静压。
   A. 空盒气压计　　　B. U形压差计　　　C. 单管倾斜压差计　　　D. 补偿式微压计

   解析：隧道相对静压的测定，通常使用 U 形压差计、单管倾斜压差计或补偿式微压计与皮托管配合测定风流的静压、动压和全压。皮托管是接收和传递压力的工具，与压差计相配合使用。

4）关于粉尘浓度滤膜称重表述正确的有（　　）。
   A. 滤膜安装时，滤膜毛面应朝进气方向，滤膜放置应平整，不能有裂隙或褶皱
   B. 采样前后，滤膜称量应使用同一台分析天平
   C. 测尘滤膜通常带有静电，影响称量的准确性，因此每次称量前应除去静电
   D. 呼吸性粉尘称量应使用感量为 0.1mg 的分析天平

   解析：隧道粉尘浓度测定应符合下列规定：
   （1）安装时，滤膜毛面应朝进气方向，滤膜放置应平整，不能有裂隙或褶皱。选项 A

正确。

(2) 采样前后，滤膜称量应使用同一台分析天平。选项 B 正确。

(3) 测尘滤膜通常带有静电，影响称量的准确性，因此每次称量前应除去静电。选项 C 正确。

(4) 在测定呼吸性粉尘时，滤膜增量 $\Delta m \geqslant 1\text{mg}$ 时，可用感量为 0.1mg 的分析天平称量；滤膜增量 $\Delta m \leqslant 1\text{mg}$ 时，应用感量为 0.01mg 的分析天平称量。选项 D 错误。

5）关于隧道通风表述正确的有（　　）。

A. 隧道运营通风通过洞外新鲜空气置换洞内空气

B. 对于射流纵向通风，风速过小，不足以稀释排出隧道内的车辆废气

C. 对于射流纵向通风，风速过大，会使隧道内粉尘含量过高

D. 公路隧道都采用射流风机纵向通风

解析：隧道运营通风主要通过洞外的新鲜空气置换被来往车辆废气污染过的洞内空气，提高行车的安全性和舒适性，保护驾乘人员和洞内工作人员的身体健康。选项 A 正确。在我国已建成的设有机械通风的公路隧道中，绝大部分都采用射流风机纵向通风，选项 D 错误。在这种通风方式下，风流速度既不能过小，也不能过大。风速过小，则不足以稀释排出隧道内的车辆废气；风速过大，则会使隧道内尘土飞扬，使行人感到不适。选项 BC 正确。

【2024 真题】

7. 某运营隧道照明检测中测得某中间段测区照度值（lx）如下表，请回答下列问题。

横向位置 纵向位置	测点 1	测点 2	测点 3	测点 4	测点 5	测点 6	测点 7	测点 8	测点 9	测点 10
路中心	72.2	67.1	67.0	65.3	71.0	67.2	70.4	68.0	65.5	69.0

1）根据隧道行车的视觉特点，隧道运营照明的基本方式可根据隧道照明区段分为（　　）。

A. 入口段　　　　B. 过渡段　　　　C. 中间段　　　　D. 出口段

解析：根据隧道行车的视觉特点，隧道运营照明的基本方式可根据隧道照明区段分为入口段照明、过渡段照明、中间段照明和出口段照明。

2）隧道照明现场检测主要对灯群照明下的（　　）进行检测。

A. 路面照度　　　　B. 路面亮度　　　　C. 眩光　　　　D. 光通量

解析：隧道照明检测可分为试验室检测和现场检测。试验室检测主要对单个灯具的特性或质量进行检测，为照明设计提供依据或为工程选用合格产品；现场检测则主要对灯群照明下的路面照度、亮度和眩光参数进行检测，用以评价隧道照明工程的设计效果与施工质量。

3) 关于照度的表述正确的是（   ）。
A. 照度用来表示被照面上光的强弱
B. 照度用来表示发光体表面光的强弱
C. 照度以被照场所光通量的面积密度来表示
D. 照度以被照场所光通量的空间角密度来表示

解析：照度是用来表示被照面上光的强弱的，以被照场所光通量的面积密度来表示。

4) 关于路面亮度的表述正确的是（   ）。
A. 亮度可通过测量照度换算   B. 亮度可通过亮度成像测量法测量
C. 路面亮度与路面材料有关   D. 路面亮度与路面材料无关

解析：
在隧道照明中，路面亮度是最重要的技术指标，并且经常把路面的光反射视为理想漫反射。在这种假设下，亮度（L）与照度（E）、反射系数（ρ）间存在以下简单的关系：

$$L=\frac{\rho E}{\pi}$$

严格地讲，路面某点的亮度与观察它的方向有关；但工程上为了简便，将路面的光反射看成理想漫反射，这样，作为二次光源的路面亮度便与方向无关。传统检测方法根据亮度与照度之间的关系进行换算，即 $L=E/C$，对混凝土路面 $C=13$，对沥青路面 $C=22$。目前，随着成像技术与电子技术的不断成熟，已有不同亮度计可直接用于现场亮度检测。本教材就分别对两种亮度检测方法进行介绍。

5) 根据该路段照度测量值，可得路面中线亮度纵向均匀度为（   ）。
A. 0.9   B. 6.9   C. 0.096   D. 0.101

解析：
为了提供视觉舒适性，要求沿路面中线有一定的纵向均匀度。纵向均匀度是沿中线局部亮度的最小值和最大值之比。

$$U_1=\frac{L'_{\min}}{L'_{\max}}$$

纵向均匀度＝最小值/最大值＝65.3/72.2＝0.90。

答案：1. B 2. A 3. B 4. A 5. A、B、C、D 6.1) A、B、C、D, 2) A、B、C, 3) B、C、D, 4) A、B、C, 5) A、B、C 7.1) A、B、C, 2) A、B、C, 3) A、C, 4) A、B、C, 5) A

第十八章 运营隧道结构检查

综合题

【2024 真题】
关于隧道养护，请回答下列问题。

1）《公路隧道养护技术规范》（JTG H12—2015）提出了公路隧道分级养护的理念，公路隧道养护根据（　　）可分为三个等级。
　　A. 公路等级　　　　　B. 交通量大小　　　　C. 隧道长度　　　　D. 断面宽度
解析：《公路隧道养护技术规范》（JTG H12—2015）提出了公路隧道分级养护的理念，根据公路等级、隧道长度和交通量大小，公路隧道养护可分为三个等级，并根据隧道养护等级对我国隧道结构检测、分级标准及技术状况评定方法进行了规范。

2）隧道经常检查对各个检查项目的判定结果包括（　　）。
　　A. 完好　　　　　　　B. 情况正常　　　　　C. 一般异常　　　　D. 严重异常
解析：经常检查的结论以定性判断为主，对各个检查项目的判定结果分为情况正常、一般异常、严重异常三种情况。

3）关于隧道定期检查表述正确的是（　　）。
　　A. 定期检查是按规定周期对土建结构的技术状况进行的全面检查
　　B. 定期检查是按规定周期对机电设施的技术状况进行的专门检查
　　C. 主要目的在于发现异常情况和原有异常情况的发展变化
　　D. 为制定养护工作计划提供依据
解析：定期检查是按规定周期对土建结构的技术状况进行的全面检查，主要目的在于发现异常情况和原有异常情况的发展变化。通过定期检查，可系统掌握隧道结构各分项的技术状况和功能状况，进而可进行土建结构总体技术状况评定，为制定养护工作计划提供依据。

4）隧道渗漏水影响衬砌结构的安全性和耐久性，下列表述正确的是（　　）。
　　A. 当漏水显示出强酸性时，混凝土有严重劣化的危险
　　B. 当漏水显示出强碱性时，混凝土有严重劣化的危险
　　C. 出现漏水浑浊或有泥沙析出，需进行隧道衬砌材质检测

D. 漏水冻结，可能造成衬砌受损时，需进行隧道衬砌材质检测

解析：（1）浑浊程度：漏水如果是浑浊的，需检查砂土是否和漏水一起流出，如有，则需测定每处砂土流失量（如水槽内堆积的砂土量）；降雨后隧道出现漏水浑浊或有泥沙析出，则需进行隧道衬砌背后空洞和水流来源的详细勘察，地下水渗流规律的长期观测。

（2）pH值：漏水是助长衬砌材质劣化的原因之一，特别是当漏水显示出强酸性时，混凝土有严重劣化的危险。检查时，一般使用pH试纸对漏水的酸碱度作简易测定。

（3）冻结检查：主要检查隧道衬砌混凝土上的挂冰、路面堆冰和结冰的位置、分布，并记录温度变化、最低温度值。长隧道需测量隧道洞内沿隧道纵向的温度分布。当冻害可能造成衬砌材质受损时，需对衬砌材质进行检测。

5）某高速公路隧道定期检查结果如下表，评定该隧道为（　　）。

项目	洞口	洞门	衬砌	路面	检修道	排水系统	吊顶及各种预埋件	内装饰	标志、标线、轮廓线
Max（$JGCI_{ij}$）	2	2	2	3	1	3	0	0	0
权重 w_i	15	5	40	15	2	6	10	2	5

A. 1类　　　　　　　B. 2类　　　　　　　C. 3类　　　　　　　D. 4类

解析： 土建结构技术状况评定分类界限值宜按下表规定执行。

土建结构技术状况等级界限值

技术状况评分	土建结构技术状况评定分类				
	1类	2类	3类	4类	5类
JGCI	≥85	≥70，<85	≥55，<70	≥40，<55	<40

土建结构技术状况评定时，当洞口、洞门、衬砌、路面和吊顶及预埋件的技术状况评定状况值达到3或4时，对应土建结构技术状况应直接评为4类或5类。

100［1-1/4（2×0.15+2×0.05×2×0.40+3×0.15+1×0.02+3×0.06）］=53.75。

答案：1）A、B、C，2）B、C、D，3）A、C、D，4）A、D，5）D

第十九章　盾构隧道施工质量检测与监测

一、单项选择题

【2023 真题】

1. 根据《盾构隧道管片质量检测技术标准》（CJJ/T 164—2011），盾构管片抗弯性能试验反力架所能提供的反力不得小于最大试验荷载的（　　）倍。

　　A. 1.15　　　　　　B. 1.2　　　　　　C. 1.5　　　　　　D. 2

解析：盾构管片抗弯性能试验用于固定试件的试验反力架所能提供的反力不得小于最大试验荷载的 1.2 倍。试验反力架应具有足够的强度、刚度和稳定性。

【2024 真题】

2. 根据《盾构隧道管片质量检测技术标准》（CJJ/T 164—2011），盾构隧道管片质量抽样检测频率正确的是（　　）。

　　A. 混凝土强度抽检数量不少于同一检测批管片总数的 5%
　　B. 混凝土强度抽检数量不少于同一检测批管片总数的 10%
　　C. 混凝土强度每 1000 环抽检 1%，不足 1000 环时按 1000 环计
　　D. 混凝土强度每 200 环抽检 1%，不足 200 环时按 200 环计

解析：《盾构隧道管片质量检测技术标准》（CJJ/T 164—2011）对盾构隧道管片质量检测提出了明确的规定。混凝土管片质量检测项目应包括：混凝土强度、外观、尺寸、水平拼装、渗漏、抗弯性能及抗拔性能。其中，

（1）混凝土强度抽检数量不少于同一检测批管片总数的 5%；

（2）外观、尺寸每 200 环抽检 1 环，不足 200 环时按 200 环计；

（3）水平拼装、渗漏、抗弯性能、抗拔性能每 1000 环抽检 1 次（或 1 块），不足 1000 环时按 1000 环计。

二、判断题

【2023 真题】

3. 盾构隧道施工时，当实测变形值大于允许变形的 2/3 时，应进行报警。

　　A. 正确　　　　　　　　　　　　　　　　B. 错误

解析： 监测预警标准和预警等级主要根据工程特点、项目控制值和当地施工经验等确定，当监测数据达到预警标准或实测变形值大于允许变形的2/3时，应进行预警。当监测巡查时发现下列情况时，也应及时进行预警：（1）周边地表出现明显的沉降（隆起）或较严重的突发裂缝、坍塌。（2）建（构）筑物等周边环境出现危害正常使用功能或结构出现过大变形、沉降、倾斜或裂缝等。（3）周边地下管线变形明显增长或出现裂缝、渗漏等。（4）隧道结构出现明显变形、较大裂缝、较严重漏水。（5）根据工程经验判断可能出现的其他警情。

【2024 真题】

4. 盾构隧道管片抗弯性能检测和抗拔性能检测都需做破坏试验。

A. 正确 B. 错误

解析： 管片抗弯性能试验是指对管片进行径向破坏性压弯试验，以检测其在外力作用管片下外表面径向承受的最大荷载是否符合设计要求。管片抗弯性能试验应按照行业标准《盾构隧道管片质量检测技术标准》（CJJ/T 164—2011）进行。管片抗拔性能检测主要是检测吊装孔预埋受力构件是否能满足管片吊装时的施工要求故检测荷载满足设计荷载即可，不需做破坏试验。试验的目的在于验证管片起吊、安装时的安全性。管片抗拔性能检测应按照行业标准《盾构隧道管片质量检测技术标准》（CJJ/T 164—2011）进行。

三、多项选择题

【2023 真题】

5. 根据《盾构隧道管片质量检测技术标准》（CJJ/T 164—2011），关于混凝土管片质量检测数量表述正确的是（　　）。

A. 尺寸：每400环抽检1次，不足400环时按400环计
B. 混凝土强度：抽检数量不少于同一检测批管片总数的5%
C. 渗漏：每2000环抽检1次，不足2000环时按2000环计
D. 水平拼装：每1000环抽检1次，不足1000环时按1000环计

解析：《盾构隧道管片质量检测技术标准》（CJJ/T 164—2011）对盾构隧道管片质量检测提出了明确的规定。混凝土管片质量检测项目应包括混凝土强度、外观、尺寸、水平拼装、渗漏、抗弯性能及抗拔性能，抽样检测数量见下表。

混凝土管片质量抽样检测数量

序号	检测项目	抽样检测数量
1	混凝土强度	抽检数量不少于同一检测批管片总数的5%
2	外观	每200环抽检1环，不足200环时按200环计
3	尺寸	
4	水平拼装	每1000环抽检1次，不足1000环时按1000环计

续表

序号	检测项目	抽样检测数量
5	渗漏	每1000环抽检1次,不足1000环时按1000环计
6	抗弯性能	
7	抗拔性能	

注:外观及尺寸的检测应按标准块、邻接块、封顶块三种类型管片分别抽检;渗漏、抗弯性能检测宜选用标准块。

答案: 1. B   2. A   3. A   4. B   5. B、D

模拟卷（一）

一、单选题（共30题，每题1分，共30分）

1. 工程质量检验评定以（　　）为基本单元，采用合格率法进行评定。
   A. 单位工程　　　　B. 分部工程　　　　C. 分项工程　　　　D. 建设项目

2. 某桥梁进行支座更换，应按下列哪个标准进行质量检验评定？（　　）
   A.《公路工程质量检验评定标准 第一册 土建工程》
   B.《公路桥涵养护规范》
   C.《公路养护工程质量检验评定标准 第一册 土建工程》
   D.《公路隧道养护技术规范》

3. 泵送混凝土用碎石最大粒径不宜超过输送管径的（　　）。
   A. 1/2　　　　　　B. 1/2.5　　　　　C. 1/3　　　　　　D. 1/4

4. 依据《金属材料 拉伸试验 第1部分：室温试验方法》（GB/T 228.1—2010），某钢材断后伸长率采用 A_{80mm} 进行判断，则直径为20mm的圆形截面试样的原始标距为（　　）。
   A. 100mm　　　　B. 80mm　　　　C. 200mm　　　　D. 1600mm

5. 依据《预应力混凝土桥梁用塑料波纹管》（JT/T 529—2016），扁形塑料波纹管的环刚度不小于（　　）kN/m^2。
   A. 2　　　　　　　B. 4　　　　　　　C. 6　　　　　　　D. 8

6. 预应力混凝土桥梁用塑料波纹管环刚度试验，应从（　　）根管材上各截取长（　　）mm试样一段，两端与轴线垂直切平。（　　）
   A. 5、500±10　　B. 3、500±10　　C. 5、300±10　　D. 3、300±10

7. 预应力混凝土桥梁用塑料波纹管的试验项目大部分都需进行5次，并取5次的平均值作为试验结果，下面不需要进行5次试验的是（　　）。
   A. 环刚度试验　　　　　　　　　　B. 局部横向荷载试验
   C. 柔韧性试验　　　　　　　　　　D. 不圆度试验

8. 隧道用土工合成材料宽条拉伸性能试验的拉伸速率为（　　）。
   A. 300mm/min±10mm/min　　　　B. 12mm/min±0.6mm/min
   C. 100mm/min±5mm/min　　　　　D. 60mm/min±5mm/min

9. 回弹测点宜在测区范围内均匀布置，相邻两测点的净距不宜小于（　　），测点距外露钢筋、预埋件的距离不宜小于（　　）。

　　A. 30mm、30mm　　B. 30mm、20mm　　C. 20mm、20mm　　D. 20mm、30mm

10. 超声法检测混凝土结构内部缺陷与表层损伤时，为测定两个径向换能器的声时初读数。已知 l_1 为 100mm，此时的声时值 t_1 为 30.2μs，l_2 为 200mm 时，此时的声时值 t_2 为 58.7μs，则声时初读数为（　　）μs。

　　A. 8.7　　　　　　B. 1.7　　　　　　C. 3.3　　　　　　D. 3.4

11. 地质雷达天线可采用不同频率的天线组合，低频天线的特点是（　　）。

　　A. 探测距离长、精度高　　　　　　B. 探测距离长、精度低

　　C. 探测距离短、精度高　　　　　　D. 探测距离短、精度低

12. 关于平板荷载试验，以下说法正确的是（　　）。

　　A. 浅层平板荷载试验与深层平板荷载试验的试验加荷分级一致

　　B. 浅层平板荷载试验与深层平板荷载试验稳定标准一致

　　C. 浅层平板荷载试验与深层平板荷载试验终止加载条件一致

　　D. 浅层平板荷载试验与深层平板荷载试验对地基土基本容许值的确定方法不一致

13. 影响桩端承载力的发挥的主要因素是（　　）。

　　A. 桩位　　　　　　B. 桩径　　　　　　C. 垂直度　　　　　　D. 沉淀厚度

14. 某试验室依据《公路工程基桩检测技术规程》（JTG/T 3512—2020）对某工程钻孔灌注桩采用钻芯法判定桩身完整性，已知该灌注桩桩径 1.6m，桩长 25m，则应钻取（　　）孔，每孔至少应取（　　）组芯样。

　　A. 1、2　　　　　　B. 1、3　　　　　　C. 2、2　　　　　　D. 2、3

15. 高应变动力试桩法不适用于（　　）。

　　A. 等截面非嵌岩灌注桩　　　　　　B. 预制混凝土桩

　　C. 钢桩　　　　　　　　　　　　　D. 超长桩

16. 依据《公路桥涵养护规范》（JTG 5120—2021），下列桥梁的养护检查等级为Ⅱ级的是（　　）。

　　A. 单跨跨径大于 150m 的特大桥　　B. 大桥

　　C. 技术状况评定为 3 类的二级公路小桥　　D. 三级公路中桥

17. 某梁式桥梁 3 跨，每跨 6 片预制空心梁，在进行铰缝部件技术状况评分时，某道铰缝评分为 38.76 分，其他铰缝评分均为 100 分，则该铰缝部件的评分和评定标度应为（　　）。t 值随构件的数量而变的系数见下表。

n（构件数）	6	7	8	9	10	11	12	13	14	15	16	17	18
t	8.9	8.7	8.5	8.3	8.1	7.9	7.7	7.5	7.3	7.2	7.08	6.96	6.84

　　A. 96.60，1 类　　B. 87.64，2 类　　C. 38.76，5 类　　D. 87.42，2 类

18. 某预应力混凝土桥进行桥梁静载试验，最大试验荷载作用下，跨中挠度初始值、加载测值、卸载测值分别为 0.05mm、18.05mm、2.05mm，挠度理论计算值为 20.00mm，该梁的相对残余变形，表述正确的是（　　）。

A. 实测相对残余变形为 12.5%
B. 实测相对残余变形为 11.1%
C. 实测相对残余变形超过 10%，该梁弹性工作性能较差，不满足要求
D. 实测相对残余变形未超过 25%，该梁弹性工作性能正常

19. 下列不属于桥梁动载试验动态"输出"的是（　　）。
A. 动应力　　　B. 频率　　　C. 动挠度　　　D. 加速度

20. 下列属于隧道欠挖的后果的是（　　）。
A. 增加出渣量　　　　　　　　　B. 增加回填工程量
C. 减少支护结构厚度　　　　　　D. 引起应力集中，影响围岩稳定性

21. 隧道围岩条件为中硬岩时，周边炮眼痕迹保存率的标准为（　　）。
A. ≥80%　　　B. ≥70%　　　C. ≥50%　　　D. ≥100%

22. 隧道锚杆锚固密实度检测主要采用（　　）原理进行。
A. 地质雷达法　　B. 激光断面仪法　　C. 声波反射法　　D. 超声透射波法

23. 明洞槽边坡、仰坡坡面水，是在开挖线以外设置（　　）。
A. 排水沟　　　B. 截水沟　　　C. 边沟　　　D. 深埋水沟

24. 橡胶止水带出现转角时应做成圆弧形，转角半径不小于（　　）mm，在接头处，应采用（　　）。
A. 300、对接　　B. 300、搭接　　C. 200、搭接　　D. 200、对接

25. 隧道防水卷材出现破损、烤焦、焊穿及固定点外露等须立即修补，修补片材料与防水板相同，修补片宜裁剪成（　　）。
A. 圆角　　　B. 正方形　　　C. 长方形　　　D. 三角形

26. 下列关于围岩稳定措施，说法正确的（　　）。
A. 超前大管棚、超前小导管、超前锚杆、地表砂浆锚杆充填砂浆强度等级均不应低于 M20
B. 超前水平旋喷桩一次施作长度一般为 5~20m，每一循环的搭接长度不小于 3.0m
C. 地表注浆加固范围纵向超出不良地质地段 5~10m，横向为 1~2 倍隧道宽度
D. 超前玻璃纤维锚杆有全螺纹实心锚杆和全螺纹中空锚杆，全螺纹实心锚杆直径为 18~60mm，全螺纹中空锚杆直径为 18~32mm

27. 下列隧道超前地质预报的方法，属于电磁波反射法的是（　　）。
A. 地质雷达法　　　　　　　　B. 地震波发射法
C. 陆地声呐法　　　　　　　　D. 高分辨直流电法

28. 下列隧道运营通风方式中不属于纵向通风方式的是（　　）。
A. 集中送入式　　B. 通风井送排式　　C. 平导压入式　　D. 吸尘式

29. 我国隧道盾构管片主要是采用（　　）。
A. 钢管片　　　B. 钢筋混凝土管片　　C. 纤维混凝土管片　　D. 铸铁管片

30. 能反映盾构隧道同步注浆和二次注浆效果的施工监测项目为（　　）。
A. 竖向位移　　B. 水平位移　　C. 净空收敛　　D. 地表沉降

二、判断题（共 30 题，每题 1 分，共 30 分）

1. 所有连拱隧道和隧道改扩建工程均需进行安全风险评估。（　）

2. 混凝土抗压强度、混凝土轴心抗压强度、混凝土劈裂抗拉强度试验结果超差处理方法是一致的。（　）

3. 锚具疲劳荷载试验和锚具周期荷载试验的应力上限均为钢材抗拉强度的 80%。
（　）

4. 锚具辅助性试验，在进行钢绞线内缩量试验和锚口摩阻损失试验，张拉控制应力均为钢绞线抗拉强度 f_{ptk} 标准值的 80%。（　）

5. 根据 JT/T 4—2019 规定，耐寒型板式橡胶支座的摩擦系数应小于等于 0.03。（　）

6. 板式橡胶支座、盆式支座和球型支座摩擦系数的计算方式各不相同。（　）

7. 板式支座型号由名称代号、结构形式、外形尺寸（矩形支座：长度×宽度×厚度；圆形支座：直径×厚度）及适用温度四部分组成。（　）

8. 预应力桥梁用塑料波纹管环刚度试验时，上压板下降速度为 3mm/min±1mm/min，当试样垂直方向的内径变形量为原内径的 5% 时，记录此时试样所受的荷载。（　）

9. 依据《公路桥涵设计通用规范》（JTG D60—2015），桥梁伸缩装置的设计使用年限与支座的设计使用年限一致。（　）

10. 隧道用土工布厚度与隧道用防水卷材厚度测定用测厚仪要求一致。（　）

11. 碳化深度检测时，测区位置的选择原则可参照钢筋锈蚀电位测试的要求，若在同一测区，应先进行保护层厚度和锈蚀电位、电阻率的测量，再进行碳化深度及氯离子含量的测量。
（　）

12. 当采用厚度振动式换能器平测时，宜用钢卷尺测量发射、接收换能器中轴线之间的距离作为超声波传播距离（简称测距）。（　）

13. 当探杆长度超过 2m 时，轻型圆锥动力触探需对触探杆锤击数进行修正。（　）

14. 使地基发生剪切破坏而即将失去整体稳定性时相应的最小基础底面压力，称为地基容许承载力。（　）

15. 当采用低应变反射波法检测桩身完整性时，通常情况下，人们只对时域曲线进行积分、滤波、指数放大等进行信号处理后，即可将桩身存在的各种缺陷充分反映展示出来，从而判断桩身完整性问题，故无需再进行频域分析。（　）

16. 高应变动力试桩法在桩顶下两侧应对称安装 2 只加速度传感器和 2 只应变传感器，其与桩顶的距离不宜小于 2 倍桩径或桩边长。（　）

17. 依据《公路桥涵养护规范》（JTG 5120—2021），单孔跨径不小于 50m 的桥梁，应设立永久观测点，定期进行控制检测。（　）

18. 当某桥结构形式为先简支梁 1 跨后连续 10 跨，对该桥进行技术状况评定时，简支梁桥得分为 43.22，连续梁桥得分为 64.07，因为连续梁桥占比较多，故全桥评定为 3 类。（　）

19. 精密水准仪被应用在一些中小跨桥梁的挠度测量。（　）

20. 桥梁荷载试验的准备环节时十分重要的基础工作，试验准备工作的好坏将直接影响整个试验的质量。（　）

21. 对较长拉索而言，对计算索长的确定比较严格；对较短的拉索而言，频率的测试精度要求很高，抗弯刚度的影响也较小。（　　）

22. 环境随机振动法测定结构自振特性的采样频率至少是信号最高频率的 2 倍。（　　）

23. 锚杆插入孔内的长度不得短于设计长度。（　　）

24. 锚杆锚固密实度为 83%，则可评定锚杆的质量等级为 A。（　　）

25. 隧道施工监控量测项目中的选测项目多，测试元件埋设难度较大，费用较高，一般只对特殊地段、危险地段或有代表性的地段进行量测。多数选测量测项目竣工后可以长期观测。（　　）

26. 隧道监控量测项目中，围岩声波测试的发射换能器种类较多，按其结构可分为增压式、喇叭式和弯曲式等，其中喇叭式主要用于室内小试件高频超声测试。（　　）

27. 当根据围岩岩体或土体主要定性特征与岩体基本质量指标 BQ 或［BQ］确定的基本不一致时，应按围岩级别较差的等级作为围岩级别。（　　）

28. 隧道监控量测项目中的周边收敛、拱顶下沉和地表沉降，均应在固定测桩（基点、测点）的锚固剂达到 70% 以后测取初始读数。（　　）

29. 隧道超前地质预报中的电磁波发射法应通过试验选择雷达天线的工作频率，确定相对介电常数。当探测对象情况复杂时，应选择两种及以上不同频率的天线。当多个频率的天线均能符合探测深度要求时，应选择频率相对较低的天线。（　　）

30. 隧道内养护维修时，隧道作业段空气的一氧化碳设计浓度不应大于 30cm^3/m^3，烟雾设计浓度不应大于 0.0030m^{-1}。（　　）

三、多选题（共 20 题，每题 2 分，共 40 分。下列各题备选项中，至少有 2 个是符合题意的，选项全部正确得满分，选项部分正确按比例得分，出现错误选项该题不得分）

1. 隧道用土工合成材料筛分法试验包括（　　）。
   A. 干筛法　　B. 水筛法　　C. 负压筛析法　　D. 湿筛法

2. 影响钢筋保护层厚度测量准确度的因素有（　　）。
   A. 外加磁场　　　　　　　　B. 混凝土自身磁性
   C. 钢筋品种　　　　　　　　D. 布筋情况、钢筋间距等

3. 采用地质雷达法检测混凝土衬砌厚度时，应在现场标定二次衬砌的相对介电常数或电磁波波速，可采用的方法有（　　）。
   A. 仪器比对
   B. 钻孔实测
   C. 理论经验
   D. 在已知厚度部位或材料与隧道相同的其他预制构件上测量

4. 当采用低应变反射波法检测桩身完整性时，传感器可选择（　　）。
   A. 磁电式传感器　　B. 压电式传感器　　C. 伺服式传感器　　D. 振弦式传感器

5. 慢速维持荷载法单桩竖向抗压静载试验的终止加载条件有（　　）。
   A. 被检桩在某级荷载作用下的沉降量大于前一级荷载沉降量的 5 倍，且桩顶总沉降量

大于 40mm

B. 被检桩在某级荷载作用下的沉降量大于前一级的 2 倍且经 24h 尚未稳定，同时桩顶总沉降量大于 40mm

C. 桩身出现明显破坏现象

D. 当工程桩为锚桩时，锚桩上拔量已达到允许值

6. 下面关于桥梁静载试验，说法正确的是（   ）。

A. 实桥静载试验一般安排在晚上进行，主要考虑加载时温度变化和环境的干扰

B. 试验荷载应分级施加，加载级数应根据试验荷载重力和荷载分级增量确定，可分为 3～5 级

C. 当进行主要控制截面最大内力（变形）加载试验时，对于尚未投入运营的新桥，首个工况的分级加载稳定时间不宜少于 5min

D. 静载初读数是指准备阶段调试仪器的读数

7. 桥梁荷载试验应进行必要的与试验有关的计算，包括（   ）。

A. 试验控制荷载   B. 静力加载效率

C. 主要测试断面的应力控制值   D. 主要测试断面的变形控制值

8. 对于荷载试验结果，依据《公路桥梁承载能力检测评定规程》（JTG/T J21—2011），当出现（   ）时，应判定桥梁承载能力不满足要求。

A. 主要测点的静力荷载试验校验系数大于 1

B. 主要测点相对残余应变或相对残余变形超过 20%

C. 梁体发出异常响声或其他异常情况

D. 桥梁基础发生不稳定沉降变位

9. 下列关于洞身开挖质量，说法错误的是（   ）。

A. 应严格控制超挖。拱脚、拱脚以上 1m 范围内及净空图折角对应位置严禁超挖

B. 应尽量减少欠挖。对于 I 级围岩拱部欠挖允许值为：平均值 100mm，最大值 200mm

C. 隧道开挖轮廓应按设计要求一次挖到位

D. 仰拱超挖部分必须回填密实

10. 激光断面仪进行断面检测具有任意点检测的优势，但为了便于后期数据处理，下列说法正确的是（   ）。

A. 条件允许情况下，检测点放在隧道轴线上

B. 现场条件受限，可以偏离隧道轴线放检测点，但应记录实际高程和与隧道轴线偏位值，并适当加密测点

C. 直线隧道且检测点距离较短的情况下，可以用相邻测量断面的轴线检测点来确定测量断面与隧道轴线垂直的方向

D. 曲线隧道和偏离隧道，须事先放出法向点

11. 锚杆支护是利用锚杆的（   ），将围岩中被节理、裂隙切割的岩块串为一体、填补缝隙，起到改善围岩的力学性能，约束围岩内部和周边变形，调整围岩的受力状态，实现加固围岩，维护围岩稳定的作用。

A. 悬吊作用   B. 组合拱作用   C. 减跨作用   D. 挤压作用

12. 凿孔法可以检测喷射混凝土的（   ）。
    A. 抗压强度   B. 厚度   C. 表面平整度   D. 背后空洞
13. 公路隧道常见的质量问题和病害现象有（   ）。
    A. 隧道渗漏水   B. 隧道通风不足
    C. 衬砌背后空洞及不密实   D. 照明亮度不足
14. 隧道混凝土衬砌外观缺陷检测包括（   ）。
    A. 裂缝   B. 蜂窝麻面   C. 平整度   D. 几何轮廓
15. 下列属于化学浆的有（   ）。
    A. CS 液浆   B. 聚氨酯类浆液   C. 脲醛树脂类浆液   D. 普通水泥浆液
16. 围岩注浆结束后，应及时对注浆效果进行检查，检查方法有（   ）。
    A. 分析法   B. 检查孔法   C. 地质雷达法   D. 声波探测仪法
17. 隧道监控量测，下列属于必测项目的是（   ）。
    A. 拱顶下沉   B. 拱脚下沉   C. 地表水平位移   D. 洞内外观察
18. 隧道围岩分级，可以作为确定（   ）的基本依据。
    A. 隧道衬砌结构   B. 开挖方法   C. 临时支护措施   D. 指导施工
19. 氡子体的检测方法有很多，根据取样后测量时间和方法的不同，分为（   ）。
    A. 三点法   B. 三段法   C. 五段法   D. α 能谱法
20. 长度 ≤300m 的直线隧道至少应设置（   ）。
    A. 入口段照明   B. 过渡段照明   C. 中间段照明   D. 出口段照明

四、综合题（随机选答 5 道大题，每道大题 10 分，共 50 分。下列各题备选项中，至少有 1 个或 1 个以上是符合题意的，选项全部正确得满分，选项部分正确按比例得分，出现错误选项该题不得分）

1. 依据《桥梁球型支座》（GB/T 17955—2009），关于球型支座试验项目与技术要求，试回答下列问题。

1）下列关于球型支座试件取样和放置，说法正确的是（   ）。
A. 支座的承载力试验一般应采用实体支座进行。当受试验设备能力限制时，经业主同意可选用有代表性的小型支座进行试验
B. 试验室的标准温度为（23±5）℃，有争议时，以（23±2）℃为准
C. 试验前将试样直接暴露在标准温度下，停放 24h
D. 支座摩擦系数、转动性能试验，当受试验设备能力限制时，可选用有代表性的小型支座进行试验

2）下列关于球型支座竖向承载力试验过程和结果计算与判定，说法正确的是（   ）。
A. 正式加载前对支座预压 3 次，预压荷载为支座竖向设计承载力的 1.5 倍；预压初始荷载为该支座竖向设计承载力的 0.5%，每次加载至预压荷载宜稳压 2min 后卸载至初始荷载
B. 正式加载分 3 次进行，每次检验时预加设计承载力的 0.5% 作为初始荷载，分 10 级加载至检验荷载

C. 试验结果计算时，每次、每级竖向变形取该次、该级加载时4个竖向位移传感器（百分表）读数的算术平均值；每次、每级竖向变形取该次、该级加载时4个径向位移传感器（千分表）读数的绝对值和的一半

D. 试验结果评定时，在竖向承载力作用下支座压缩变形不大于支座总高度的2%，在竖向承载力作用下盆环上口径向变形不得大于盆环外径的0.05%进行4次精度小于1%球型支座直径。

3) 下列关于球形支座摩擦系数试验过程和结果计算与判定，说法正确的是（　　）。

A. 将试样按双剪组合置于试验机的承载板上，试件中心与承载板中心位置对准，精度小于1%球形支座直径

B. 将支座竖向设计荷载的1.5倍以连续均匀的速率加满，在整个摩擦系数试验过程中保持不变，其预压时间为1h

C. 用水平力加载装置连续均匀地施加水平力，由专用的压力传感器记录水平力大小，支座一旦发生滑动即停止施加水平力，由此计算出支座的初始摩擦系数。试验过程连续

D. 以实测第二次至第四次滑动摩擦系数的平均值，作为支座的实测摩擦系数

4) 下列关于球形支座转动性能试验过程和结果计算与判定，说法正确的是（　　）。

A. 将试样按双剪组合置于试验机的承载板上，试件中心与承载板中心位置对准

B. 将支座竖向设计荷载的1.5倍以连续均匀的速率加满，在整个转动试验过程中保持不变，其预压时间为1h

C. 用千斤顶以5kN/min的速率施加转动力矩，直至支座发生转动后千斤顶卸载，记录支座发生转动瞬间的千斤顶最大荷载。试验过程连续进行4次

D. 支座实测转动力矩为 $M_1 = P \cdot L/2$，取其第二次至第四次的转动试验平均值

5) 下列关于球形支座水平承载力试验过程和结果计算与判定，说法正确的是（　　）。

A. 将试样置于试验机的承载板上，将自平衡反力架及水平力试验装置组合配置好试验荷载为支座水平承载力。加载至水平承载力的0.5%后，核对水平方向百分表及水平千斤顶数据，确认无误后，进行预推

B. 将支座竖向承载力加载至设计承载力，用水平承载力的20%进行预推，反复进行3次

C. 将试验荷载由设计水平力的0.5%至试验荷载值均匀分为10级。试验时先将竖向承载力加载至50%后，再以支座设计水平力的0.5%作为初始推力，然后逐级加载，每级荷载稳压2min后，记录百分表数据，待设计水平力达到90%后，再将竖向承载力加载至设计竖向承载力，然后将水平承载力加载至试验荷载稳压3min后卸载。加载过程连续进行3次。

D. 水平力作用下变形分别取2个百分表的平均值，绘制荷载—水平变形曲线。变形曲线应呈线性关系

2. 某试验室依据《回弹法检测混凝土抗压强度技术规程》（JGJ/T 23—2011）对隧道二衬（设计强度为C35）进行强度测定，采用泵送混凝土进行浇筑，检测数据如下，试回答下列问题。

测区编号	回弹值/MPa																角度	浇筑面
1	37	39	39	47	42	45	40	38	40	46	46	46	45	45	43	40	0°	侧面
2	37	46	41	39	46	37	38	43	37	44	43	43	41	46	43	40	30°	侧面
3	47	40	47	37	37	46	45	37	37	37	38	43	41	40	48	38	45°	侧面
4	40	43	42	45	38	45	45	37	42	48	38	38	46	48	45	40	60°	侧面
5	40	39	39	41	47	43	43	40	38	46	46	46	45	38	44	44	90°	侧面
6	41	39	47	46	45	38	41	39	38	37	37	47	40	39	43	47	90°	侧面
7	37	43	47	41	37	41	36	38	37	47	46	38	46	43	36	41	60°	侧面
8	44	45	42	42	39	44	46	43	44	45	40	41	46	46	46	37	45°	侧面
9	45	48	43	38	37	47	42	42	40	45	47	40	38	42	45	41	30°	侧面
10	39	39	45	46	40	40	45	42	41	47	39	47	37	38	42	45	0°	侧面

1）测区3未修正前的回弹平均值为（ ）MPa。
A. 41.4　　　　　　B. 41.4　　　　　　C. 40.5　　　　　　D. 40.5

2）已知角度修正值（部分）见表1，则测区8修正后的回弹平均值为（ ）MPa。

表1　非水平方面检测时的回弹值修正值（部分）（MPa）

R_{ma}	检测角度							
	向上				向下			
	90°	60°	45°	30°	-30°	-45°	-60°	-90°
40	-4.0	-3.5	-3.0	-2.0	+1.5	+2.0	+2.5	+3.0
41	-4.0	-3.5	-3.0	-2.0	+1.5	+2.0	+2.5	+3.0
42	-3.9	-3.4	-2.9	-1.9	+1.4	+1.9	+2.4	+2.9
43	-3.9	-3.4	-2.9	-1.9	+1.4	+1.9	+2.4	+2.9
44	-3.8	-3.3	-2.8	-1.8	+1.3	+1.8	+2.3	+2.8

A. 40.2　　　　　　B. 40.3　　　　　　C. 40.7　　　　　　D. 40.6

3）已知附表A（部分）见表2，附表B（部分）见表3，测区碳化深度平均值为1.0mm，则测区6的强度换算值为（ ）MPa。

表2　附表A（部分）

平均回弹值 R_m	测区混凝土强度换算值/MPa			平均回弹值 R_m	测区混凝土强度换算值/MPa		
	平均碳化深度值 d_m/mm				平均碳化深度值 d_m/mm		
	0.0	0.5	1.0		0.0	0.5	1.0
37.0	35.5	34.4	33.0	37.8	37.1	36.0	34.5
37.2	35.9	34.8	33.4	38.0	37.5	36.4	34.9
37.4	36.3	35.2	33.8	38.2	37.9	36.8	35.2
37.6	36.7	35.6	34.1	38.4	38.3	37.2	35.6

续表

平均回弹值 R_m	测区混凝土强度换算值/MPa			平均回弹值 R_m	测区混凝土强度换算值/MPa		
	平均碳化深度值 d_m/mm				平均碳化深度值 d_m/mm		
	0.0	0.5	1.0		0.0	0.5	1.0
38.6	38.7	37.5	36.0	40.8	43.3	41.6	39.8
38.8	39.1	37.9	36.4	41.0	43.7	42.0	40.2
39.0	39.5	38.2	36.7	41.2	44.1	42.3	40.6
39.2	39.9	38.5	37.0	41.4	44.5	42.7	40.9
39.4	40.3	38.8	37.3	41.6	45.0	43.2	41.4
39.6	40.7	39.1	37.6	41.8	45.4	43.6	41.8
39.8	41.2	39.6	38.0	42.0	45.9	44.1	42.2
40.0	41.6	39.9	38.3	42.2	46.3	44.4	42.6
40.2	42.0	40.3	38.6	42.4	46.7	44.8	43.0
40.4	42.4	40.7	39.0	42.6	47.2	45.3	43.4
40.6	42.8	41.1	39.4	42.8	47.6	45.7	43.8

表3 附表B(部分)

平均回弹值 R_m	测区混凝土强度换算值/MPa			平均回弹值 R_m	测区混凝土强度换算值/MPa		
	平均碳化深度值 d_m/mm				平均碳化深度值 d_m/mm		
	0.0	0.5	1.0		0.0	0.5	1.0
37.0	38.0	37.3	36.5	40.0	44.2	43.4	42.5
37.2	38.4	37.7	36.9	40.2	44.7	43.8	42.9
37.4	38.8	38.1	37.3	40.4	45.1	44.2	43.3
37.6	39.2	38.4	37.7	40.6	45.5	44.6	43.7
37.8	39.6	38.8	38.1	40.8	46.0	45.1	44.2
38.0	40.0	39.2	38.5	41.0	46.4	45.5	44.6
38.2	40.4	39.6	38.9	41.2	46.8	45.9	45.0
38.4	40.9	40.1	39.3	41.4	47.3	46.3	45.4
38.6	41.3	40.5	39.7	41.6	47.7	46.8	45.9
38.8	41.7	40.9	40.1	41.8	48.2	47.2	46.3
39.0	42.1	41.3	40.5	42.0	48.6	47.7	46.7
39.2	42.5	41.7	40.9	42.2	49.1	48.1	47.1
39.4	42.9	42.1	41.3	42.4	49.5	48.5	47.6
39.6	43.4	42.5	41.7	42.6	50.0	49.0	48.0
39.8	43.8	42.9	42.1	42.8	50.4	49.4	48.5

A. 38.3 B. 34.7 C. 37.5 D. 34.0

4) 该构件的强度推定值为(   )MPa。

A. 41.8 B. 41.2 C. 36.4 D. 35.2

5）若依据《公路桥梁承载能力检测评定规程》（JTG/T J21—2011），该构件混凝土强度的评定标度为（　　）。注：隧道并没有依据混凝土强度进行评定标度的方法，此题仅为考查学员混凝土强度的评定标度的相关知识点，请不要深究!!!。

A．1　　　　　　B．2　　　　　　C．3　　　　　　D．4

3．某试验室依据《公路工程基桩检测技术规程》（JTG/T 3512—2020）对某工程钻孔灌注桩采用钻芯法判定桩身完整性，已知该灌注桩桩径1.6m，桩长25m，桩身混凝土设计强度为C30水下，检测数据如下，试回答下列问题。注：所有芯样直径均按100mm计算。

钻孔编号		1#	2#	钻孔编号		1#	2#
第1组芯样	深度/m	1.1~1.5	1.1~1.5	第3组芯样	深度/m	15.5~15.9	15.5~15.9
	抗压荷载/kN	255.34	269.38		抗压荷载/kN	268.64	269.62
		257.33	248.76			245.17	271.91
		247.77	266.67			252.70	265.99
第2组芯样	深度/m	8.1~8.5	8.1~8.5	第4组芯样	深度/m	23.5~23.9	23.5~23.9
	抗压荷载/kN	255.80	248.48		抗压荷载/kN	247.24	274.11
		242.58	263.43			269.92	261.16
		263.95	254.65			264.42	256.91

1）钻芯法检测桩身完整性的时间应满足（　　）。

A．被检桩混凝土强度不得低于设计强度的70%且不得小于15MPa

B．被检桩龄期不应少于7d

C．被检桩龄期应达到28d

D．被检桩混凝土强度不得低于设计强度

2）1#孔第1组芯样抗压强度代表值为（　　）MPa。

A．32.5　　　　B．31.5　　　　C．32.3　　　　D．32.8

3）深度为15.5~15.9m处芯样抗压强度代表值为（　　）MPa。

A．31.2　　　　B．32.5　　　　C．33.4　　　　D．34.3

4）该灌注桩芯样抗压强度代表值为（　　）MPa。

A．32.8　　　　B．32.4　　　　C．33.4　　　　D．30.9

5）若1#孔和2#孔在8.1~8.5m处的芯样侧面均有较多气孔，连续的蜂窝麻面、沟槽，其他芯样均无缺陷，则该灌注桩桩身完整性类别为（　　）。

A．Ⅰ类　　　　B．Ⅱ类　　　　C．Ⅲ类　　　　D．Ⅳ类

4．某简支梁桥进行荷载试验，测试截面加载前应变为$4\mu\varepsilon$，加载稳定的应变为$44\mu\varepsilon$，卸载稳定的应变读数为$10\mu\varepsilon$，应变理论计算值为$50\mu\varepsilon$，试回答下列问题。

1）下列需要进行荷载试验的是（　　）。

A．经加固施工完成

B．经技术状况评定上部结构评分63.22，下部结构评分61.34，桥面系评分43.24

C．经承载能力评定结构检算，作用效应与抗力效应的比值为1.07

D. 拟提高荷载等级

2) 该桥主要加载工况是（　　）。

A. 跨中截面主梁最大正弯矩工况

B. 支点附近最大剪力工况

C. $L/4$ 截面主梁最大正弯矩工况

D. 支点附近最大负弯矩工况

3) 该桥测试截面的弹性应变为（　　）。

A. $40\mu\varepsilon$　　　　B. $34\mu\varepsilon$　　　　C. $6\mu\varepsilon$　　　　D. $44\mu\varepsilon$

4) 该桥测试截面的相对残余为（　　）。

A. 15.0%　　　　B. 13.6%　　　　C. 25.0%　　　　D. 22.7%

5) 该桥测试截面的应变校验系数为（　　）。

A. 0.800　　　　B. 0.880　　　　C. 0.680　　　　D. 0.250

5. 关于隧道监控量测，回答以下问题。

1) 隧道施工监控量测的目的有（　　）。

A. 确保安全　　　B. 指导施工　　　C. 修正设计　　　D. 积累资料

2) 以下关于量测项目设备选用正确的有（　　）。

A. 周边收敛量测一般选用收敛计。目前隧道中常用的收敛计为弹簧式收敛计和重锤式收敛计

B. 拱顶下沉量测和地表沉降量测均采用精密水准仪、塔尺，量测精度为±1mm

C. 衬砌应力量测一般采用钢弦式压力盒

D. 钢架应力量测一般采用钢弦式钢筋应力计

3) 采用双孔法测试围岩松动圈，波速与孔深关系曲线描述正确的是（　　）。

A. "一"形，无松弛带，有应力升高，表示围岩较坚硬

B. "／"形，无明显分带，表示围岩较完整

C. "⌐"形，无应力升高带，有松弛带，但应分清是爆破松动还是围岩进入塑性松动

D. "凸"形，松弛带，应力升高带均有

4) 量测数据处理回归分析常用的回归曲线方程有（　　）。

A. 对数函数　　　B. 线性函数　　　C. 指数函数　　　D. 常数函数

5) 关于量测数据的应用，下列说法正确的是（　　）。

A. 当位移速度在 1~0.2mm/d 时，表明围岩已达到基本稳定，可以进行二次衬砌作业

B. 当位移速率逐渐变小，即 $d^2u/d^2t<0$，时态曲线趋于平缓，表明围岩变形趋于稳定，可正常施工

C. 当实测位移值小于 1/3 设计极限位移值时，可正常施工

D. 根据锚杆轴力换算锚杆应力，锚杆应力应小于钢材的极限强度

6. 关于运营隧道环境检测，回答下列问题。

1) 隧道运营时，CO 内设计浓度正确的是（　　）。

A. 中短隧道（正常交通时）的 CO 设计浓度与阻滞段（交通阻滞时）的平均 CO 设计浓度一致

B. 人车混合通行隧道，洞内 CO 设计浓度不应大于 30cm³/m³

C. 隧道内进行养护维修时，洞内 CO 设计浓度不应大于 70cm³/m³

D. 某隧道长度为 2000m，则 CO 设计浓度不应大于 100cm³/m³

2）下列关于隧道风压和风速检测和要求，说法正确的是（　　）。

A. 单向交通隧道风速不宜大于 10m/s，特殊情况可取 12m/s

B. 杯式风表用在检测 0.5~10m/s 的中等风速；翼式风表用在检测大于 10m/s 的高风速

C. 通常使用水银气压计和空盒气压计测定空气的绝对静压

D. 迎面法：测风员背向隧道壁站立，手持风表，手臂向风流垂直方向伸直，然后按一定的线路使风表均匀移动

3）关于隧道运营照明检测的基本知识，下列说法正确的是（　　）。

A. 光强是用来表示被照面上光的强弱的，以被照场所光通量的面积密度来表示

B. 照度用于反映光源光通量在空间各个方向上的分布特性，它用光通量的空间角密度来度量

C. 亮度用于反映光源发光面在不同方向上的光学特性

D. 光谱光效率是人眼在可见光光谱范围内的视觉灵敏度的一种度量

4）某隧道一段区域内最低亮度为 52cd/m²，该区域平均亮度为 60cd/m²，该区域最大亮度为 76cd/m²；隧道路面中线上的最大亮度为 72cd/m²，最小亮度为 55cd/m²，平均亮度为 64cd/m²。则，下列说法正确的有（　　）。

A. 路面总均匀度为 0.68，路面纵向均匀度为 0.86

B. 路面总均匀度为 0.87，路面纵向均匀度为 0.86

C. 路面总均匀度为 0.87，路面纵向均匀度为 0.76

D. 路面总均匀度为 0.68，路面纵向均匀度为 0.76

5）关于眩光检测和照明灯具光强分布检测，下列说法正确的是（　　）。

A. 眩光分为失能眩光和不舒适眩光，失能眩光是心理上的过程，不舒适眩光是生理上的过程

B. 不舒适眩光等级越高越好

C. 灯具光强分布检测时，对管状荧光灯具的环境温度要求为（25±5）℃

D. 灯具光强分布检测时，管状荧光灯需老练 100h 后才能进行测试

7. 运营隧道结构检查是隧道运营管理中的一项重要工作。某一级公路隧道，养护等级为二级，试回答以下问题。

1）该隧道经常检查和定期检查的频率分别为（　　）。

A. 1 次/月、1 次/年　　　　　　B. 1 次/月、1 次/3 年

C. 1 次/2 月、1 次/2 年　　　　　D. 1 次/2 月、1 次/3 年

2）衬砌结构定期检查主要用的仪器设备及工具有（　　）。

A. 锤子　　　B. 回弹仪　　　C. 超声波仪　　　D. 地质雷达

3）隧道结构定期检查最大状况值为 3 的有（　　）。

A. 洞口　　　B. 隧道路面　　　C. 洞内排水设施　　　D. 检修道

4）当出现下列哪种情况时，隧道土建技术状况评定应直接评为 5 类？（　　）

A. 隧道洞门结构大范围开裂、砌体断裂、脱落现象严重,可能危及行车道内的通行安全
B. 隧道拱部衬砌出现大范围开裂、结构性裂缝深度贯穿衬砌混凝土
C. 混凝土路面板错台、断裂
D. 隧道洞顶各种预埋件和悬吊件严重锈蚀或断裂,各种桥架和挂件出现严重变形或脱落

5) 专项检查中的材质检查的项目包括(   )。

A. 衬砌强度检查　　　B. 衬砌表面病害　　　C. 钻孔检查　　　D. 钢筋锈蚀检测

答案解析

一、单选题（共 30 题，每题 1 分，共 30 分）

1. 【答案】C

解析：工程质量检验评定以分项工程为基本单元，采用合格率法进行。分项工程质量检验内容包括基本要求、实测项目、外观鉴定和质量保证资料四个部分。只有在基本要求符合规定，且外观质量无限制缺陷和质量保证资料真实并基本齐全时，方能对分项工程质量进行检验评定。

2. 【答案】C

解析：现行的公路工程行业标准规范中，《公路桥涵养护规范》（JTG 5120—2021）、《公路隧道养护技术规范》（JTG H12—2015）等，适用于指导桥梁和养护工程施工，《公路工程质量检验评定标准 第一册 土建工程》（JTG F80/1—2017），适用于新建和改扩建工程施工质量检验评定。养护工程有别于新建工程，不能完全按新建项目的方法进行质量检验评定，因此，交通运输部发布了《公路养护工程质量检验评定标准 第一册 土建工程》（JTG 5220—2020）。

3. 【答案】C

解析：泵送混凝土时的粗集料最大粒径，对于碎石不宜超过输送管径的 1/3，对于卵石不宜超过输送管径的 1/2.5。

4. 【答案】B

解析：对于比例试样，若原始标距不为 $5.65\sqrt{S_0}$（其中 S_0 为平行长度的原始横截面积），符号 A 宜附下脚标说明所使用的的比例系数，原始标距（L_0）的计算公式为 $L_0 = 5.65\sqrt{S_0}$ 或 $11.3\sqrt{S_0}$，式中 S_0，对于圆形截面，为圆面积，对于长方形截面，为厚度×宽度。故 $A_{11.3} = 11.3\sqrt{S_0} = 10\sqrt{4S_0/\pi}$，$A_{5.65} = 5.65\sqrt{S_0} = 5\sqrt{4S_0/\pi}$，此题为圆形截面，直径为 20mm，原始标距为 200mm。对于非比例试样，符号 A 宜附下脚标说明所使用的原始标记（以 mm 表示），也就是说无论钢材的规格为何，均需采用该原始标距。例如，A_{80mm} 表示原始标距为 80mm 的断后伸长率。

5. 【答案】B

解析：《预应力混凝土桥梁用塑料波纹管》（JTT 529—2016）规定：圆形塑料波纹管环刚度不应小于 $6kN/m^2$，扁形塑料波纹管环刚度不应小于 $4kN/m^2$。

6. 【答案】C

解析：预应力塑料波纹管环刚度试验试样制备：从 5 根管材上各截取（300±10）mm 试样一段，两端与轴线垂直切平。

7.【答案】C

解析： 预应力混凝土桥梁用塑料波纹管的试验项目大部分都需进行5次，并取5次的平均值作为试验结果。例如：环刚度试验、局部横向荷载试验和不圆度试验。

8.【答案】B

解析： 隧道用土工合成材料宽条拉伸性能试验的拉伸速率为名义夹持长度的（20%±1%）/min，对名义加持长度是指在试样受力方向上标记两个参考点的初始距离，一般为60mm，故为60×（20%±1%）=（12±0.6）mm/min。隧道用土工布撕破强力试验的拉伸速率为（100±5）mm/min。隧道用土工布CBR顶破试验的下降速率为（60±5）mm/min。隧道用土工布刺破强力试验的下降速率为（300±10）mm/min。

9.【答案】D

解析： 回弹测点宜在测区范围内均匀布置，相邻两测点的净距不宜小于20mm，测点距外露钢筋、预埋件的距离不宜小于30m。测点不应在气孔或外露石子上，同一测点只弹击一次，每一测区应读取16个回弹值，每一测点的回弹值读数应精确至1。

10.【答案】B

解析： 超声波检测仪声时初读数的计算如下（注：教材上公式错误）：

$$v=\frac{l_1}{t_1-t_0}=\frac{l_2}{t_2-t_0} \Rightarrow t_0=\frac{l_1t_2-l_2t_1}{l_1-l_2}=\frac{100\times58.7-200\times30.2}{100-200}=1.7\mu s$$

11.【答案】B

解析： 地质雷达探测系统由地质雷达主机、天线、笔记本电脑、数据采集软件、数据分析处理系统等组成。地质雷达天线可采用不同频率的天线组合，低频天线探测距离长、精度低，高频天线探测距离短，精度高，天线频率有50MHz、100MHz、500MHz、800MHz、1GHz、1.2GHz等。

12.【答案】B

解析： 将浅层平板荷载试验和深层平板荷载试验进行归纳对比总结如下。

项目	浅层平板荷载试验	深层平板荷载试验
适用条件	适用于确定浅部地层土层（深度小于3mm）承载板下压力主要影响范围内的承载力和变形模量	适用于埋深等于或大于3.0m和地下水位以上的地基土。
承载板尺寸	对一般地基，承压板面积不小于0.25m²（50cm×50cm的方板）；对软土地基，承压板面积不小于0.5m²（70.7cm×70.7cm的方板）；对强夯处理地基，承压板面积不应小于2.0m²	直径为0.8m的刚性板
试验加载分	不少于8级，第一级荷载包括设备重力。每级荷载增量为地基土层预估承载力的1/10~1/8，最大加载量不应小于设计要求的2倍或接近试验土层的极限荷载	加荷分级可按预估极限承载力的1/15~1/10分级加载
加荷稳定标准	每级加载后，第一个小时内按照10min、10min、10min、15min、15min，以后每隔30min测读一次沉降量。当在连续2h内，每小时的沉降量小于0.1mm时，则认为已趋稳定，可加下一级荷载	

续表

项目	浅层平板荷载试验	深层平板荷载试验
终止加载条件	①承压板周围的土体有明显侧向挤出或发生裂纹。②在某一级荷载下，24h内沉降速率不能达到稳定标准。③沉降量急剧增大，P-s 曲线出现陡降段。④沉降量与承压板宽度或直径之比等于或大于0.06	①沉降量急剧增大。P-s 曲线出现陡降段，且沉降量超过 0.04d（d 为承压板直径）。②在某一级荷载下，24h内沉降速率不能达到稳定标准。③本级荷载的沉降量大于前级荷载沉降的5倍。④当持力层土层坚硬沉降量很小时，最大加载量不小于设计要求的2倍
基本容许值确定	① 当 P-s 曲线有比例界限时，取该比例界限所对应的荷载值。②满足前三款终止条件之一时，取对应的前一级荷载定位极限荷载。当极限荷载值小于比例界限荷载值的 2 倍时，可取极限荷载值的一半。③若不能按上述两款要求确定时，可取 s/d = 0.01 ~ 0.015 所对应的荷载值，但其值不应大于最大加载量的一半。	
试验结果	同一土层参加统计的试验点不应少于 3 点。当试验实测值的极差不超过其平均值的30%时，取其平均值作为该图层的地基承载力基本容许值。当极差不满足要求时，应查明原因，必要时重新划分地基统计单元进行评价。	

13.【答案】 D

解析：桩径是保证基桩承载力的关键因素，要保证桩径满足设计要求，其孔径不得小于设计要求。基桩垂直度的偏差程度是衡量基桩承载力是否有效发挥作用的关键因素。孔底沉淀厚度的大小，极大地影响桩端承载力的发挥。

14.【答案】 D

解析：当采用钻芯法检测桩身完整性时，钻探取芯应在混凝土浇筑28d后进行，或受检同条件养护试件强度达到设计强度。(1) 钻芯孔数与孔位要求如下：①桩径小于1200mm的桩不应少于1孔，桩径1200~1600mm的桩不应少于2孔，径大于1600mm的桩不宜少于3孔；仅为确定桩身混凝土强度、桩长、桩端持力层、桩底沉淀时可为1孔。②当钻孔取芯为1孔时，宜在距桩中心100~150mm的位置开孔；当钻孔取芯为2孔或2孔以上时，开孔位置宜在距桩中心（0.15~0.25）d 内均匀对称布置。③对桩端持力层评判的钻探深度应满足设计要求。设计未有明确规定时，1孔进入桩端持力层深度不宜小于3倍桩径，其余钻孔应进入桩端持力层不小于0.5m。(2) 芯样截取原则：应科学、准确、客观地评价混凝土实际质量，避免人为因素的影响，特别是混凝土强度；取样位置应标明其深度和高程。有缺陷部位的芯样强度应满足设计要求。截取混凝土抗压芯样试件应符合下列规定：①当桩长小于10m时，每孔应取2组芯样；当桩长在10~30m时，每孔应取3组芯样；当桩长大于30m时，每孔不应少于4组芯样。②上部芯样位置距桩顶设计高度不宜大于1倍桩径或2.0m，需接桩时，需距开孔高程不宜大于1倍桩径或2.0m；下部芯样位置距桩底不宜大于1倍桩径或2.0m，中间芯样宜等间距截取。③缺陷位置取样时，每个缺陷位置应截取1组芯样进行混凝土抗压强度试验。④当同一根基桩的钻芯孔数大于1孔时，其中1孔在某深度存在缺陷时，应在其他孔的该深度截取芯样进行抗压强度试验。⑤每组芯样应制作3个抗压强度试件。

15.【答案】 D

解析： 高应变动力试桩法宜用于等截面非嵌岩灌注桩、预制混凝土桩和钢桩的现场检测。对超长桩、大直径扩底桩和嵌岩桩，不应采用高应变动力试桩法进行单桩承载力检测。其检测目的为：(1) 检测单桩竖向抗压极限承载力，通过采用实测曲线拟合法分析得到桩侧土阻力的分布和桩端土阻力；(2) 检测桩身结构完整性，判定桩身缺陷的位置和缺陷程度；(3) 监测混凝土预制桩和钢桩沉桩过程中桩身应力和锤击能量传递比，为选择沉桩工艺参数和确定桩长提供依据。

16.【答案】 B

解析： 依据《公路桥涵养护规范》（JTG 5120—2021）将公路桥梁养护检查等级分为Ⅰ、Ⅱ、Ⅲ级，分级标准如下：(1) 单孔跨径大于150m的特大桥、特别重要的桥梁养护等级为Ⅰ级。(2) 单孔跨径小于或等于150m的特大桥、大桥，以及高速公路或一、二级公路上的中桥、小桥的养护等级为Ⅱ级。(3) 三、四级公路上的中桥、小桥的养护检查等级为Ⅲ级。(4) 技术状况评定为3类的大、中、小桥应提高一级进行检查。(5) 技术状况评定为4类的桥梁在加固维修前应按Ⅰ级进行检查。

17.【答案】 D

解析： 桥梁部件分为主要部件和次要部件，各结构类型桥梁主要部件见下表，其他部件为次要部件。

序号	结构类型	主要部件
1	梁式桥	上部承重构件、桥墩、桥台、基础、支座
2	板拱桥（圬工、混凝土）、肋拱桥、箱型拱桥、双曲拱桥	主拱圈、拱上结构、桥面板、桥墩、墩台、基础
3	钢架拱桥、桁架拱桥	钢架（桁架）拱片、横向联结系、桥面板、桥墩、桥台、基础
4	钢-混凝土组合拱桥	拱肋、横向联结系、立柱、吊杆、系杆、行车道板（梁）、桥墩、桥台、基础、支座
5	悬索桥	主缆、吊索、加劲梁、索塔、锚碇、桥墩、桥台、基础、支座
6	斜拉桥	斜拉索（包括锚具）、主梁、索塔、桥墩、桥台、基础、支座

在上部结构（下部结构）中的主要部件某一构件评分值在 [0, 40] 区间时，其相应的部件评分值取该构件的评分值。其他情况部件评分 CI_i 采用下式计算：$CI_i = \overline{CI} - \dfrac{100 - CI_{min}}{t}$。故此题，铰缝数量为15个，平均值为 (38.76+14×100)/15=95.92，最小值为38.76，t 值为7.2，铰缝部件得分为：95.92-（100-38.76）/7.2=87.42，评定为2类。

18.【答案】 B

解析： 依据《公路桥梁荷载试验规程》（JTG/T J21-01—2015），可知：

(1) 总挠度：
$$S_t = S_l - S_t = 加载稳定 - 加载前 = 18.05 - 0.05 = 18.00\text{mm}$$

(2) 弹性挠度：
$$S_e = S_l - S_u = 加载稳定 - 卸载稳定 = 18.05 - 2.05 = 16.00\text{mm}$$

（3）残余位移：

$S_P = S_t - S_e = 总 - 弹性 = S_u - S_i = 卸载稳定 - 加载前 = 18.00 - 16.00 = 2.05 - 0.05 = 2.00 \text{mm}$

（4）相对残余位移：

$$\Delta S_P = \frac{S_P}{S_t} = \frac{残余}{总} = \frac{2.00}{18.00} \times 100\% = 11.1\%$$

（5）校验系数：

$$\lambda = \frac{S_e}{S_S} = \frac{弹性}{计算} = \frac{16.00}{20.00} = 0.800$$

实际加载试验中产生的相对残余变形（或应变），对预应力混凝土与组合结构一般不允许大于20%，对钢筋混凝土和圬工结构一般不允许大于25%。

19.【答案】B

解析：桥梁动载试验涉及的问题和所有工程振动试验研究的问题相似，基本可以归为三个方面：桥梁外部振源、结构动力特性和动力反应。桥梁外部振源时引起桥梁振动的外作用（包括移动车辆振动的激励或风、地震等）。结构的动力特性是桥梁的固有特性，主要包括三个主要参数（频率、振型和阻尼），它们是桥梁动态试验中最基本的内容。动力反应表示桥梁在特定动荷载作用下的动态"输出"，桥梁结构动态响应的主要参数为动应力、动挠度、加速度等。

20.【答案】C

解析：隧道开挖是控制隧道施工工期和造价的关键工序。超挖不仅会增加出渣量、衬砌工程量和额外增加回填工作量，导致工程造价上升，同时，局部的过度超挖会引起应力集中，影响围岩稳定性；而欠挖，因侵占了结构空间，直接影响到支护结构厚度，带来工程质量问题，产生安全隐患。欠挖处理费工、费时，影响工期，且欠挖处理时开挖轮廓不易控制、容易引起更大超挖。因此，必须保证开挖质量，为围岩的稳定和支护创造良好条件。隧道开挖时，应严格控制欠挖，尽量减少超挖。

21.【答案】B

解析：用钻爆法开挖隧道，其爆破效果应符合下列规定：（1）开挖轮廓圆顺，开挖面平整。（2）周边眼炮痕（炮眼痕迹）保存率对于硬岩≥80%，中硬岩≥70%，软岩≥50%。（3）两茬炮衔接时，出现的台阶误差不得大于150mm。对于炮眼深度大于3m的情况，可根据实际情况另行确定。

22.【答案】C

解析：锚固密实度检测主要采用声波反射法原理进行。在锚杆杆体外端发射一个声波脉冲，它沿杆体钢筋以管道波形式传播，达到钢筋底端后反射，在杆体外端接收此反射波。如果握裹钢筋的砂浆密实、砂浆又与周围岩体黏结紧密，则声波在传播过程中从钢筋通过水泥砂浆向岩体扩散，能力损失很大，在杆体外端测得的反射波振幅很小，甚至测不到；如果无砂浆握裹，仅是一根空杆，则声波仅在钢筋中传播，能力损失不大，接收到的反射波振幅则较大；如果握裹砂浆不密实，中间有空洞或缺失，则得到的反射波波幅的大小介于前两者之间。因此，可以根据杆体外端声波的反射波振幅大小判定锚杆锚固密实度。

23. 【答案】B

解析：明洞衬砌背后排水是在衬砌背后设纵向、横向排水盲沟；明洞槽边坡、仰坡坡面水，是在开挖线以外设置截水沟；回填顶面设排水沟排水。

24. 【答案】C

解析：二次衬砌浇筑是一环一环地逐段推进。止水带通常在先浇的一环衬砌端头由挡头板固定。止水带出现转角时应做成圆弧形，转角半径橡胶止水带不小于200mm，钢边止水带不小于300mm。根据止水带材质和止水带部位可采用不同的接头方法，每环中的接头不宜多于1处，且不得设在结构转角处。对于橡胶止水带，其接头形式应采用搭接或复合接，对于塑料止水带，其接头形式应采用搭接或对接。止水带的搭接宽度可取10cm，冷粘或焊接的缝宽不小于5cm。

25. 【答案】A

解析：隧道防水卷材出现破损、烤焦、焊穿及固定点外露等须立即修补，修补片材料与防水板相同，修补片尺寸要求大于破坏边缘70mm。修补片宜裁剪成圆角，不宜裁剪成有正方形、长方形、三角形等的尖角。应采用热熔滚压焊接。

26. 【答案】C

（1）超前大管棚、超前锚杆和地表砂浆锚杆充填砂浆强度等级不低于M20，超前小导管充填砂浆强度不低于M10。选项A错误。

（2）超前水平旋喷桩一次施作长度一般为5~20m，每一循环的搭接长度不小于2.0m。选项B错误。

（3）地表注浆加固范围纵向超出不良地质地段5~10m，横向为1~2倍隧道宽度。选项C正确。

（4）超前玻璃纤维锚杆有全螺纹实心锚杆和全螺纹中空锚杆，全螺纹实心锚杆直径为18~32mm，全螺纹中空锚杆直径为18~60mm。

27. 【答案】A

解析：电磁波反射法超前地质预报主要采用地质雷达法。地质雷达法探测是利用电磁波在隧道开挖工作面前方岩体中的传播与反射，根据传播速度、发射走时和波形特征进行超前地质预报的一种物探方法。

地质雷达法用于探测浅部地层、岩溶、空洞、不均匀体，具有快速、无损伤、可连续可单点方式探测、实时显示等特点。

28. 【答案】C

解析：隧道通风分为自然通风和机械通风两大类。机械通风分为：

（1）纵向通风方式：全流式、集中送入式、通风井送排式、通风井排出式、吸尘式。

（2）半横向通风方式：送风式、排风式、平导压入式。

（3）全横向通风方式：顶送顶排式、底送顶排式、顶送底排式、侧送侧排式。

（4）组合通风方式：纵向组合式、纵向+半横向组合式、纵向+集中排烟组合式。

29. 【答案】B

解析：盾构隧道管片类型按照材料可分为混凝土管片、钢管片、铸铁管片等，其中混凝土管片又可分为钢筋混凝土管片和纤维混凝土管片。目前，我国盾构隧道管片主要采用钢筋混凝土管片。

30.【答案】D

解析：盾构隧道管片结构和周围岩土体监测项目有管片结构竖向位移、管片结构水平位移、管片结构净空收敛、管片结构应力、管片连接螺栓应力、地表沉降、土体深层水平位移、土体分层竖向位移、管片围岩压力、孔隙水压力等。监测项目中，管片结构竖向位移、净空收敛和地表沉降尤为重要。其中，管片结构竖向位移和净空收敛监测能够及时了解和掌握隧道结构纵向坡度变化、差异沉降、管片错台、断面变化及结构受力情况，对判断工程的质量安全非常重要；地表沉降监测可以反映出盾构施工对岩土体及周边环境影响程度、同步注浆和二次注浆效果，以及盾构机自身的施工状态，对掌握工程安全尤为重要。

二、判断题（共30题，每题1分，共30分）

1.【答案】正确

解析：公路桥梁和隧道工程施工安全风险评估范围，可由各地根据工程建设条件、技术复杂程度和施工管理模式，以及当地工程建设经验，并参考以下标准确定。隧道工程：(1) 穿越高地应力区、岩溶发育区、区域地质构造、煤系地层、采空区等工程地质或水文地质条件复杂的隧道，黄土地区、水下或海底隧道工程。(2) 浅埋、偏压、大跨度、变化断面等结构受力复杂的隧道工程。(3) 长度3000m及以上的隧道工程，Ⅵ、Ⅴ级围岩连续长度超过50m或合计长度占隧道全长的30%及以上的隧道工程。(4) 连拱隧道和小净距隧道工程。(5) 采用新技术、新材料、新设备、新工艺的隧道工程。(6) 隧道改扩建工程。(7) 施工环境复杂、施工工艺复杂的其他隧道工程。

2.【答案】正确

解析：混凝土抗压强度、混凝土轴心抗压强度、混凝土劈裂抗拉强度的超差处理均为：以3个试件测值的平均值为测定值，计算精确至0.1MPa。3个测值中的最大值或最小值中如有一个与中间值之差超过中间值的15%，则取中间值为测定值；如最大值和最小值与中间值之差均超过中间值的15%，则该组试验结果无效。混凝土抗弯拉强度的超差处理为：(1) 以3个试件测值的算术平均值为测定值。3个试件中最大值或最小值中如有一个与中间值之差超过中间值的15%，则把最大值和最小值舍去，以中间值作为试件的抗弯拉强度；如最大值和最小值与中间值之差值均超过中间值的15%，则该组试验结果无效。(2) 3个试件中如有一个断裂面位于加荷点外侧，如果这两个测值的差值不大于较小值的15%，则混凝土抗弯拉强度按另外两个试件测值的平均值为测试结果，否则结果无效。(3) 如果两根试件均出现断裂面位于加荷点外侧，则该组结果无效。混凝土棱柱体弹性模量的超差处理为：以3根试件试验结果的算术平均值为测定值。如果其循环后的任一根与循环前轴心抗压强度之差超过后者的20%，则弹性模量值按另两根试件试验结果的算术平均值计算；如果两根试件试验结果超出上述规定，则试验结果无效。

3.【答案】错误

解析：(1) 锚具疲劳荷载试验应力幅度取80MPa。试验应力上限值为钢材抗拉强度标准值的65%。(2) 周期荷载试验以100～200MPa/min的速率加载至钢绞线抗拉强度标准值的80%，为试验应力上限值，再卸荷至40%为试验应力下限值，为第一周期；然后荷载自下限值经上限值回复到下限值为第二个周期，重复50个周期。

4.【答案】正确

解析：钢绞线的内缩量试验：（1）内缩量试验可在台座或混凝土承压构件上进行。(2)受理长度不小于5m。(3)张拉控制力为钢绞线的钢绞线抗拉强度f_{ptk}标准值的80%。(4)预应力筋的内缩量Δ_n可根据锚固前后测得的钢绞线拉力差值计算得出（计算法），也可用测量锚固处钢绞线相对位移的方法直接测出（直接法）。(5)试验用的试件不得少于三个，取平均值。锚口（含锚下垫板）摩阻损失试验：(1)试验可在模拟锚周区的混凝土块体或张拉台座上进行。(2)台座长度不小于5m。(3)混凝土块体的配筋及构造钢筋应按结构设计要求布置，锚下垫板及螺旋筋应安装齐备，试件内管道应顺直。(4)张拉控制力为钢绞线的钢绞线抗拉强度f_{ptk}标准值的80%。(5)用测量精度为0.5%级压力传感器测出锚具前后预应力差值即为锚具摩阻损失，通常以张拉力的百分率计。(6)试验用的试件不得少于三个，取平均值。

5.【答案】正确

解析：橡胶支座的摩擦系数要求如下：板式橡胶支座要求≤0.03。盆式橡胶支座，对常温型活动板式橡胶支座要求≤0.03，耐寒型活动支座≤0.05。球形支座，温度适用范围在-25~60℃时≤0.03，适用范围在-40~-25℃时≤0.05。

6.【答案】正确

解析：板式橡胶支座：试验过程应连续进行3次，每对试样的摩擦系数为3次试验结果的算术平均值。盆式支座：第一次滑动记录初始值，然后试验过程应连续进行3次，实测摩擦系数取后3次（第2次至第4次）试验结果的算术平均值。球形支座：第一次滑动记录初始值，然后试验过程应连续进行4次，实测摩擦系数取后4次（第2次至第5次）试验结果的算术平均值。

7.【答案】错误

解析：板式橡胶支座型号由名称代号、结构形式、外形尺寸以及适用温度四部分组成。其中外形尺寸：对于矩形支座为宽度×长度×厚度，对于圆形支座为直径×厚度，单位为mm。

8.【答案】错误

解析：预应力桥梁用塑料波纹管环刚度试验时，上压板下降速度为（5±1）mm/min，当试样垂直方向的内径变形量为原内径的3%时，记录此时试样所受的荷载。

9.【答案】正确

解析：《公路桥涵设计通用规范》（JTG D60—2015）对公路桥涵主体结构和可更换部件的设计使用年限作如下规定。

公路等级	主体结构			可更换部件	
	特大桥、大桥	中桥	小桥、涵洞	斜拉索、吊索、系杆等	栏杆、伸缩装置、支座等
高速公路 一级公路	100	100	50	20	15
二级公路 三级公路	100	50	30		
四级公路	100	30	30		

10. 【答案】错误

解析：高分子防水卷材长度和宽度用最小分度值为1mm的卷尺测量，分别量测卷尺两端和中部3处取平均值。厚度用分度值0.01mm，压力为（22±5）kPa、接触面直径为6mm的厚度计进行测量，保持时间为5s。在检测宽度方向量5次，距卷材长度方向边缘（100±15）mm向内各取一点，在这两点中均分取其余3次，以5点的平均值作为卷材的厚度，并报告最小单值。土工织物在承受规定的压力下，正反两面之间的距离称为厚度。常规厚度是指在2kPa压力下的试样厚度。特殊要求时，还有20kPa和200kPa两种压力下的厚度。测厚仪压块采用表面光滑、面积为25cm^{2}的圆形压块，重力为5N、50N、500N不等，其中测常规厚度的压块重力为5N，放在试样上时，其自重对试样施加的压力为（2±0.01）kPa，稳压时间为30s。

11. 【答案】正确

解析：碳化深度检测时，测区位置的选择原则可参照钢筋锈蚀电位测试的要求，若在同一测区，应先进行保护层厚度和锈蚀电位、电阻率的测量，再进行碳化深度及氯离子含量的测量。也就是说先进行无损检测，再进行半破损检测，否则钻孔会影响保护层厚度和锈蚀电位、电阻率的检测结果。

12. 【答案】错误

解析：超声传播距离（测距）的规定如下：当采用厚度振动式换能器对测时，宜用钢卷尺测量接收、发射换能器辐射面之间的距离；当采用厚度振动式换能器平测时，宜用钢卷尺测量发射、接收换能器内边缘之间的距离；当采用径向振动式换能器在钻孔或预埋管中检测时，宜采用钢卷尺测量放置发射、接收换能器的钻孔或预埋管内边缘之间的距离；测距的测量误差应不大于±1%。

13. 【答案】错误

解析：修正触探杆锤击数：（1）探杆长度的修正。当采用重型和超重型圆锥动力触探试验确定碎石土的密实度时，需进行修正。（2）侧壁摩擦影响的修正。对于松散和松散～中密的圆砾、卵石深度在1~15m范围内时，一般不考虑侧壁摩擦的影响。（3）地下水影响的修正。对于地下水位以下的中砂、粗砂、砾砂和圆砾、卵石，需进行修正。

14. 【答案】错误

解析：使地基发生剪切破坏而即将失去整体稳定性时相应的最小基础底面压力，称为地基极限承载力。满足作用于基底的压应力不超过地基的极限承载力，且有足够的安全度，而且所引起的变形不超过建（构）筑物的容许变形的地基单位面积上所承受的荷载称为地基容许承载力。

15. 【答案】错误

解析：当采用低应变反射波法检测桩身完整性时，通常情况下，人们只对时域曲线进行积分、滤波、指数放大等进行信号处理后，即可将桩身存在的各种缺陷充分反映展示出来，从而判断桩身完整性问题。但有时桩身有多个缺陷，加之各种干扰信号，时域曲线变得非常复杂，这时需要进行信号的频域分析，将干扰信号滤去后，找出桩身的缺陷反射信息，再判定桩身完整性。

16. 【答案】正确

解析：高应变动力试桩法对传感器安装应符合下列规定：（1）桩顶下两侧应对称安装2只加速度传感器和2只应变传感器，其与桩顶的距离不宜小于2倍桩径或桩边长；对于大直径桩，传感器与桩顶距离可适当减小，但不得小于1倍桩径或边长；严禁采用1只加速度传感器或1只应变传感器进行检测。（2）传感器安装面应平整、无明显缺损或截面突变，且所在截面的材质和尺寸应与被检桩相同。（3）加速度传感器和应变传感器的中心应位于同一水平截面内，同侧两种传感器间的水平距离不宜大于100mm；固定传感器的螺栓孔应与桩轴线垂直，安装好的传感器应紧贴桩身，且传感器的中心轴应与桩的中心轴平行。（4）在安装应变传感器时，应对初始应变进行监测，其值不得超过规定的限值。

17. 【答案】错误

解析：依据《公路桥涵养护规范》（JTG 5120—2021），单孔跨径不小于60m的桥梁，应设立永久观测点，定期进行控制检测。单孔跨径小于60m的桥梁，检测中若发现结构存在异常变形，应进行相应的控制检测。特殊结构桥梁，宜根据养护、管理的需要，增加相应的控制检测项目。

18. 【答案】错误

解析：当单座桥梁存在不同结构形式时，可根据结构形式的分布情况划分评定单元，分别对各评定单元进行桥梁技术状况的等级评定，然后取最差的一个评定单元技术状况等级作为全桥的技术状况等级。桥梁技术状况分类界限按下表规定。从表中可以看出，简支梁桥得分43.22，评定为4类；连续梁桥得分64.07，评定为3类：全桥评定为4类。

技术状况评分	技术状况等级				
	1类	2类	3类	4类	5类
Dr（全桥）	[95, 100]	[80, 95)	[60, 80)	[40.60)	[0, 40)
CI（结构）					

19. 【答案】正确

解析：精密水准仪与一般水准仪比较，其特点是能够精密地整平视线和精确地读数。数字电子水准仪的分辨力为0.01mm，测量精度0.3mm，测距150m。这类电子水准仪要求有一根与其配套使用的铟钢条形编码尺。电子水准仪中的行阵传感器，识别标尺上的条形编码后，经处理器转变为相应的数字，再通过信号转换和数据化，在显示屏上直接显示中丝读数和视距。电子水准仪的主要优点是：操作简捷、自动观测和记录，既能即时数字显示测量结果，也可将观测结果输入计算机进行后处理。在快速测量高程、高差和一等、二等水准的精密水准测量领域，其外业使用便捷、高效和内业处理计算机化的特点，使测量效率大大提高。桥梁荷载试验中，一些中小跨（桥跨下不宜安装仪表支架）桥梁的挠度测量，可以采用数字电子水准仪。

20. 【答案】正确

解析：桥梁荷载试验包括静载试验和动载试验。为使桥梁荷载试验顺利实施，首先要做好试验的总体设计和组织工作。试验组织者必须熟悉荷载试验的各个方面，做好准备阶段、荷载试验阶段和试验数据整理阶段等三个阶段的工作。试验准备阶段的工作质量将直接影响整个试验的质量。作为中心环节，加载试验阶段是试验成败的关键，实际也是对各项准备工作、试验队伍素质的考核。试验成果最终会体现在试验数据上，当然它也是进一步做结构评估的基础。

21．【答案】错误

解析：根据拉索索力测定的原理，确定索力的方法与拉索的约束条件等有关。确定索力时，索长和频率均为二阶因子。这就意味着：对较长索而言，频率的测试精度要求很高，抗弯刚度的影响也较小；对较短的索来说，则对计算索长的确定比较严格。

22．【答案】正确

解析：环境随机振动法测定结构自振特性时，要保证从信号采样后的离散时间信号无失真地恢复原始时间连续信号（即采样不会导致任何信息丢失），必须满足采样频率至少是最高频率（也称分析频率）的2倍。"采样频率至少是信号最高频率的两倍"是采样信号恢复原始信号的基本保障，这里最高频率为测试感兴趣的最高分析频率。采样定理时满足频率不被混淆的必要条件，事实上，为提高功率谱峰值的估计精度，减小相对误差，以目前的计算机技术完全可以将采样频率设得高一些。

23．【答案】错误

解析：锚杆长度应不小于设计长度，锚杆插入孔内的长度不得短于设计长度的95%。

24．【答案】错误

解析：根据锚杆质量无损检测仪提供的波形特征、时域信号特征、幅频信号特征，可进行锚固密实度评判，具体见下表。

质量等级	密实度	质量等级	密实度
A	≥90%	C	70%~80%
B	80%~90%	D	<70%

单根锚杆锚固质量无损检测分级评价见下表。

锚固质量等级	I	II	III	IV
评价标准	密实度为A级，且长度合格	密实度为B级，且长度合格	密实度为C级，且长度合格	密实度为D级，或长度不合格

25．【答案】正确

解析：监控量测的内容较多，通常分为必测量测项目和选测量测项目。

必测量测项目是施工过程中的经常性的量测项目，通过对围岩及支护状态的观察、变形观测，判断围岩稳定性。这类量测项目量测方法简单、量测密度大、可靠性高，对监视围岩稳定、指导设计、施工有巨大作用。

选测量测项目是必测项目的拓展和补充。通过对围岩及支护结构受力、内力、应变，围岩内部位移等进行监测，深入掌握围岩的稳定状态与支护效果。选测项目多，测试元件埋设难度较大，费用较高，一般只对特殊地段、危险地段或有代表性的地段进行量测。多数选测量测项目竣工后可以长期观测。

26．【答案】错误

解析：围岩声波测试的发射换能器要求具有较高的发射能量（频率），接收换能器要求具有较高的灵敏度。两种换能器通常是专用的,各用其长,有时也可互相使用。

国内换能器种类较多,按其结构可分为增压式、喇叭式和弯曲式等。

增压式主要用于岩体钻孔测试中,其优点是在较宽的频带内有较高的灵敏度,但由于钢管侧面有缝,使径向振动声场分布不均匀,方向性很强;

喇叭式(夹心式)主要用于岩体(岩石)表面测试或岩柱的透测测试中,弯曲式则主要用于室内小试件高频超声测试。

27.【答案】错误

解析:当根据围岩岩体或土体主要定性特征与岩体基本质量指标 BQ 或[BQ]确定的基本不一致时,应通过对定性划分和定量指标的综合分析,确定岩体基本质量级别。

当两者的级别划分相差达 1 级及以上时,应进一步补充测试。

28.【答案】正确

解析:(1)周边收敛和拱顶下沉的量测频率一致,具体要求如下:待固定测桩的锚固剂强度达到 70%以后即可测取初始读数,并将读数填入现场量测记录表。此后量测频率除应满足基本要求外(第 1~5d 时,1~2 次/d;16d~1 个月时:1 次/2d;1~3 个月时,1~2 次/周;大于 3 个月时,1~3 次/月),还应根据围岩位移变化速度和量测断面距开挖面距离按表 1 和表 2 要求进行,并应满足最低量测频率要求。当量测断面施工状况发生变化时(如下台阶开挖、仰拱开挖),应增加量测频率。

表 1 净空位移和拱顶下沉的量测频率(按位移速度)

位移速度/(mm/d)	量测频率	位移速度/(mm/d)	量测频率
≥5	2~3 次/d	0.2~0.5	1 次/3d
1~5	1 次/d	<0.2	1 次/(3~7)d
0.5~1	1 次/(2~3)d	—	—

表 2 净空位移和拱顶下沉的量测频率(按与开挖面的距离)

量测断面距开挖面距离/m	量测频率	量测断面距开挖面距离/m	量测频率
(0~1)b	2 次/d	(2~5)b	1 次/2~3d
[1~2)b	1 次/d	>5b	1 次/3~7d

注:b 为开挖宽度。

(2)地表沉降的量测频率规定如下:地表沉降观察应在固定基点和测定的混凝土或锚固剂强度达到 70%以后测取初始读数,此后当开挖面距量测断面前后<2.5b(b 为开挖宽度)时,1~2 次/d;开挖面距量测断面前后<5b 时,1 次/(2~3)d;开挖面距量测断面前后>5b 时,1 次/(3~7)d;当有工序转换或出现异常情况时,应适当增大量测频率。

29.【答案】错误

解析:隧道超前地质预报中的电磁波发射法应通过试验选择雷达天线的工作频率,确定相对介电常数。

当探测对象情况复杂时,应选择两种及以上不同频率的天线。

当多个频率的天线均能符合探测深度要求时,应选择频率相对较高的天线。

30.【答案】 正确

解析：（1）鉴于一氧化碳的危害性，我国《公路隧道通风设计细则》（JTG/T D70/2-02—2014）对运营隧道一氧化碳浓度做了如下规定：

① 正常交通时，隧道内 CO 设计浓度按下表取值。

隧道长度/m	≤1000	>3000
δ/（cm^3/m^3）	150	100

注：隧道长度为 1000m<L≤3000m 时，可按线性内插法取值。

② 交通阻滞时，阻滞段的平均 CO 设计浓度可取 $150cm^3/m^3$，同时经历时间不宜超过 20min。阻滞段长度按每车道不宜大于 1000m 计算。

③ 人车混合通行的隧道，洞内 CO 设计浓度不应大于 $70cm^3/m^3$。

④ 隧道内进行养护维修时，洞内 CO 设计浓度不应大于 $30cm^3/m^3$。

（2）烟雾浓度：

① 双洞单向交通临时改为单洞双向交通时，隧道内烟尘浓度不应大于 $0.012m^{-1}$。

② 隧道内养护维修时，隧道作业段空气的烟尘浓度不应大于 $0.0030m^{-1}$。

三、多选题（共 **20** 题，每题 **2** 分，共 **40** 分。下列各题备选项中，至少有 **2** 个是符合题意的，选项全部正确得满分，选项部分正确按比例得分，出现错误选项该题不得分）

1.【答案】 A、D

解析：隧道用土工合成材料筛分法分为干筛法和湿筛法。干筛法相对较简单，但振筛时易产生静电，颗粒容易集结。湿筛法在理论上可消除静电的影响，但因喷水后产生表面张力，集结现象并不能完全消除。目前，国内仍以干筛法为主。

2.【答案】 A、B、C、D

解析：影响钢筋保护层厚度测量准确度的因素有：（1）应避免外加磁场的影响。（2）混凝土若具有磁性，测量值需加以修正。（3）钢筋品种对测量值有一定的影响，主要是高强钢筋，需加以修正。（4）布筋状况、钢筋间距影响测量值，当 D/S<3 时需修正计算值。其中 D 为钢筋净间距（mm），即钢筋边缘至边缘的间距；S 为保护层厚度，即钢筋边缘至保护层表面的最小距离。

3.【答案】 B、D

解析：检测前应对喷射混凝土或二次衬砌的相对介电常数或电磁波波速做现场标定，且每座隧道应不少于 1 处，每处实测不少于 3 次，取平均值，即为该隧道的相对介电常数或电磁波波速。当隧道长度大于 3km、衬砌材料或含水率变化较大时，应增加标定处数。标定方法有：（1）钻孔实测；（2）在已知厚度部位或材料与隧道相同的其他预制构件上测量；（3）在洞内、洞口或洞内横洞位置使用双天线直达波法测量。

4.【答案】 A、B

解析：当采用低应变反射波法检测桩身完整性时，传感器宜选用压电式加速度传感器，也可选用磁电式速度传感器，其频响曲线的有效范围应覆盖整个测试信号的频带范围。

5. 【答案】A、B、C、D

解析：慢速维持荷载法单桩竖向抗压静载试验的终止加载的规定：当出现下列情况之一时，可终止加载：①被检桩在某级荷载作用下的沉降量大于前一级荷载沉降量的5倍，且桩顶总沉降量大于40mm。②被检桩在某级荷载作用下的沉降量大于前一级的2倍且经24h尚未稳定，同时桩顶总沉降量大于40mm。③荷载-沉降曲线呈缓变型时，可加载至桩顶总沉降量60~80mm；当桩长超过40m或被检桩为钢桩时，宜考虑桩身压缩变形，可加载至桩顶总沉降量超过80mm。④工程桩验收时，荷载已达到承载力容许值的2倍或设计要求的最大加载量，且沉降达到稳定。⑤桩身出现明显破坏现象。⑥当工程桩作锚桩时，锚桩上拔量已达到允许值。

6. 【答案】A、B

解析：(1) 实桥静载试验一般安排在晚上进行，主要考虑加载时温度变化和环境的干扰。如果这种干扰不大或对试验数据不会产生任何影响（如适逢阴天），不一定非要安排在晚上。选项A正确。(2) 试验加载应分级施加，加载数级应根据试验荷载总量和荷载分级增量确定，可分为3~5级。当桥梁的技术资料不全时，应增加分级。重点测试桥梁在荷载作用下的响应规律时，可适当加密加载分级。选项B正确。(3) 加载时间间隔应满足结构反应稳定的时间要求。应在前一荷载阶段内结构反应相对稳定、进行了有效测试及记录后方可进行下一荷载阶段。当进行主要控制截面最大内力（变形）加载试验时，分级加载的稳定时间不应少于5min；对尚未投入运营的新桥，首个工况的分级加载稳定时间不宜少于15min。选项C错误。(4) 静载初读数是指试验正式开始时的零荷载读数，不是准备阶段调试仪器的读数。从初读数开始整个测试系统就开始运作，测量、读数记录人员进入状态各司其职。选项D错误。

7. 【答案】A、B、C、D

解析：桥梁静载试验应进行必要的与试验有关的计算，如计算试验控制荷载、静力加载效率、试验荷载作用下主要测试断面的内力或变形控制值等。所有相关计算结果是试验荷载大小、加载等级等的理论依据，也作为试验加载的期望值。

8. 【答案】A、B、D

解析：(1) 依据《公路桥梁承载能力检测评定规程》（JTG/T J21—2011），对于荷载试验结果，当出现下列情况之一时，应判定桥梁承载能力不满足要求：①主要测点静力荷载试验校验系数大于1。②主要测点相对残余变位或相对残余应变超过20%。③试验荷载作用下裂缝扩展宽度超过限值，且卸载后裂缝闭合宽度小于扩展宽度的2/3。④在试验荷载作用下，桥梁基础发生不稳定沉降变位。(2) 依据《公路桥梁荷载试验规程》（JTG/T J21-01—2015），应根据各工况的加载分级，对各加载过程结构控制点的应变（或变形）、薄弱部位的破损情况等进行观测与分析，并与理论计算值对比。当试验过程中发生下列情况之一时，应停止加载，查清原因，采取措施后再确定是否进行试验：①控制测点应变值已达到或超过计算值。②控制测点变形（或挠度）超过计算值。③结构裂缝的长度、宽度或数量明显增加。④测变形分布规律异常。⑤桥体发出异常响声或发生其他异常情况。⑥斜拉索或吊索（杆）索力增量实测值超过计算值。

9. 【答案】A、B、C

解析：隧道开挖基本要求：(1) 开挖断面尺寸应符合实际要求。(2) 应严格控制欠挖。拱脚、墙脚以上1m范围内严禁欠挖。当岩层完整且岩石抗压强度大于30MPa，并确认不影

响衬砌结构稳定和强度时，每$1m^2$内部欠挖面积不宜大于$0.1m^2$，欠挖隆起量不得大于50mm。选项A错误。（3）应尽量减少超挖。隧道允许超挖值规定见下表。选项B错误。（4）隧道开挖轮廓应按设计要求预留变形量，预留变形量大小宜根据监控量测信息进行调整。选项C错误。（5）仰拱超挖部分必须回填密实。选项D正确。

项次	检查项目		规定值或允许偏差	检查方法和频率
1	拱顶超挖 /mm	Ⅰ级围岩（硬岩）	平均100，最大200	全站仪或激光断面仪检测；每20m检查1个断面，每个断面自拱顶起每2m测1点
2		Ⅱ、Ⅲ、Ⅳ级围岩（中硬岩、软岩）	平均150，最大250	
3		Ⅴ、Ⅵ级围岩（破碎岩、土）	平均100，最大150	
4	边墙超挖 /mm	每侧	+100，0	尺量：每20m检查1处
5		全宽	+200，0	
6	仰拱、隧底超挖/mm		平均100，最大250	全站仪或水准仪；每20m检查3处

10.【答案】 A、B、C、D

解析：激光断面仪进行断面检测具有任意点检测的优势，检测时虽然无固定检测位置的要求，但为了便于后期数据处理，一般要求：（1）条件允许情况下，检测点放在隧道轴线上（保证等角度自动测量时候各测点间距相等）。（2）现场条件受限，可以偏离隧道轴线放检测点，但应记录实际高程和与隧道轴线偏位值，并适当加密测点（避免被检测断面远离检测点一侧的间距过大）。（3）直线隧道且检测点距离较短的情况下，可以用相邻测量断面的轴线检测点来确定测量断面与隧道轴线垂直的方向，但在曲线隧道和偏离隧道轴线放点的情况下，须事先放出法向点。

11.【答案】 A、B、C、D

解析：锚杆支护是预先在围岩钻好的锚孔内插入一定长度的锚杆体（通常多用钢筋），并采用机械方法或锚固剂黏结的方法将锚杆体与围岩锚固在一起，形成锚杆支护结构。锚杆支护是利用锚杆的悬吊作用、组合拱作用、减跨作用和挤压作用，将围岩中被节理、裂隙切割的岩块串为一体、填补缝隙，起到改善围岩的力学性能，约束围岩内部和周边变形，调整围岩的受力状态，实现加固围岩，维护围岩稳定的作用。保证锚杆对围岩的支护作用的前提是锚杆体与围岩锚固在一起，与围岩连成整体，对永久性锚杆要保证锚杆孔内全长注浆饱满和锚杆有效锚固深度，避免锚杆松弛和锈蚀。

12.【答案】 B、D

解析：喷射混凝土的质量检验内容包括对原材料进行检测外，还包括喷射混凝土强度、喷射混凝土初喷厚度和总厚度、外观及表面平整度、喷射混凝土支护背后空洞等。此外，还包括施工过程喷射混凝土的回弹及粉尘检测。其中，喷射混凝土强度试件制作有喷大板切割法、凿方切割法、喷模法、钻芯法，现场检测方法有拔出法和射钉法。喷射混凝土厚度可用凿孔法或地质雷达法等方法检查。喷射混凝土表面平整度采用1m直尺检测。喷射混凝土支护背后空洞检测最常用和有效的方法是地质雷达法、凿孔检验法。

13.【答案】 A、C、D

解析：我国地域自然条件差异较大，隧道穿越山体的工程地质及水文地质条件复杂多变,受设计和施工技术条件的限制,一些已建成的公路隧道存在不同程度的质量问题和病害现象,常见的有以下九个方面:(1)隧道渗漏水。(2)衬砌开裂。(3)衬砌厚度不足。(4)衬砌背后空洞及不密实现象。(5)混凝土劣化、强度不足。(6)路面隆起、下沉、开裂。(7)照明亮度不足。(8)悬挂件锈蚀、松动、脱落、缺失。(9)附属设施损坏。

14.【答案】A、B、C、D

解析:隧道混凝土衬砌外观缺陷检测包括裂缝、蜂窝麻面、平整度和几何轮廓等。外观缺陷检测可用人眼观察、有刻度的放大镜、塞尺、皮尺等量测,并采用手绘记录、拍照记录,近年来逐步采用了红外成像法连续扫描记录,快速、直观、准确。

15.【答案】B、C

解析:注浆材料通常划归为两大类,即水泥浆和化学浆,按浆液的分散体系划分,以颗粒直径 $0.1\mu m$ 为界,大者为悬浊液,如水泥浆;小者为溶液,如化学浆。

其中水泥浆包括普通水泥浆液、超细水泥浆液、水泥-水玻璃双液浆(CS液浆)。

化学浆包括:水玻璃类、水溶性聚氨酯类浆液、丙烯酸盐浆液、脲醛树脂类、铬木素类、丙烯酰胺类、聚氨酯类等。

16.【答案】A、B、C、D

解析:围岩注浆结束后,应及时对注浆效果进行检查,检查方法通常有:

(1)分析法。

(2)检查孔法。

(3)物探无损检测法,包括地质雷达检测法、声波探测仪检测法等。注浆效果如未达到设计要求,应补充钻孔再注浆。

17.【答案】A、B、D

解析:监控量测包含必测项目和选测项目。必测量测项目包括洞内外观察、拱顶下沉量测、周边收敛量测、地表沉降观测、拱脚下沉量测等。

选测量测项目内容较多,包括围岩内部位移量测、锚杆轴力量测、围岩与喷射混凝土间接触压力量测、喷射混凝土与二次衬砌间接触压力量测、二衬内应力量测、钢支撑内力量测、围岩弹性波速、爆破振动量测、渗水压力、水流量、地表下沉、地表水平位移等。

18.【答案】A、B、C、D

解析:围岩是隧道周围的岩土体的统称,一般指因隧道开挖扰动而使原始应力发生改变的区域,是隧道结构的一部分。地层岩性、岩体强度、围岩完整程度和地下水对隧道围岩稳定性及结构作用有很大影响。

由于隧道穿越的地层情况非常复杂,围岩的稳定性有很大差异,隧道工程界采用围岩分级方法来综合评价围岩性质、判断围岩的稳定性,作为确定隧道衬砌结构、开挖方法、临时支护措施以及指导施工的基本依据。

19.【答案】A、B、C、D

解析:氡子体的测量原理是将待测空气用过滤膜过滤,将氡子体收集在滤膜上进行测量。测的方法有很多,根据取样后测量时间和方法的不同有三点法、三段法、五段法和α能谱法等。

20.【答案】A、C

解析:根据隧道行车的视觉特点,隧道运营照明的基本方式可根据照明区段分为:入口段照明、过渡段照明、中间段照明和出口段照明。

（1）入口段照明：一般分为入口段1和入口段2两段。

（2）过渡段照明：由 TR_1、TR_2、TR_3 三个照明段组成。

① 长度≤300m 的隧道可不设置过渡段加强照明。

② 300m<L≤500m 的隧道，当在过渡段 TR_1 能完全看到隧道出口时，可不设置过渡段 TR_2、TR_3 加强照明。

③ 当 TR_3 的亮度 L_{tr3} 不大于中间段亮度 L_{in} 的2倍时，可不设置过渡段 TR_3 加强照明。

（3）中间段照明：单向交通且以设计速度通过隧道的行车时间超过135s时，隧道中间段宜分为两个照明段。行人与车辆混合通行的隧道，中间段亮度不应小于 $2.0cd/m^2$。

（4）出口段照明：在单向交通隧道中，应设置出口段照明，出口段宜划分为 EX_1、EX_2 两个照明段，每段长度宜取30m。

① 长度≤300m 的直线隧道可不设置出口段加强照明；

② 300m<L≤500m 的直线隧道可只设置 EX_2 出口段加强照明。因此，长度≤300m 的直线隧道可不设置出口段加强照明，至少应设置入口段照明和中间段照明。

四、综合题（随机选答5道大题，每道大题10分，共50分。下列各题备选项中，至少有1个或1个以上是符合题意的，选项全部正确得满分，选项部分正确按比例得分，出现错误选项该题不得分）

1.

1)【答案】A、C、D

解析：①板式橡胶支座试件尺寸应取用实样。试验室标准温度应为 (23±5)℃，且不能有腐蚀性气体及影响检测的振动源。两个实验室检测结果有争议时，应将标准温度设置为 (23±2)℃重新试验。试验前应将试样直接暴露在标准温度 (23±5)℃下，停放24h，以使试样内外温度一致。②盆式支座竖向承载力试验、摩擦系数试验和转角试验应采用实体支座进行，当试验设备能力限制时，经与用户协商，可选用小型支座进行试验；水平承载力试验标准无特殊要求，一般采用实体支座进行。水平承载力试验的试验室的标准温度为 (23±2)℃，试验前将试样直接暴露在标准温度下，停放24h。盆式支座竖向承载力试验、摩擦系数试验和转角试验在交通行业标准［《公路桥梁盆式支座》（JT/T 391—2019）］内无要求，但国标［《橡胶支座 第4部分：普通橡胶支座》（GB 20688.4—2023）］规定为试验室的标准温度为 (23±5)℃，试验前将试样直接暴露在标准温度下，停放24h。③球形支座试样的基本要求如下：支座的承载力试验一般应采用实体支座进行。当受试验设备能力限制时，经业主同意可选用有代表性的小型支座进行试验；支座摩擦系数、转动性能试验，当受试验设备能力限制时，可选用有代表性的小型支座进行试验。

2)【答案】B

解析：球形支座竖向承载力试验。球形支座竖向承载力试验应测定在垂直荷载作用下，盆式支座竖向压缩变形和底盆径向变形。（1）试样放置：将待测试支座安置于试验机承压板上，并对中心位置。（2）预压：正式加载前对支座预压3次，预压荷载为支座设计承载力；预压初始荷载为该试验支座竖向设计承载力的0.5%，每次加载至预压荷载宜稳压2min

后卸载至初始荷载。（3）安装位移传感器：在初始荷载稳压状态，在支座顶、底板间均匀安装4个竖向位移传感器（百分表），测试支座竖向压缩变形；在盆环上口相互垂直的直径方向安装4只径向位移传感器（千分表），测试盆环径向变形。（4）正式加载：正式加载分3次进行，检验荷载为支座竖向设计承载力的1.5倍。①每次检测时预加设计承载力的0.5%作为初始荷载，分10级加载到检验荷载。②每级加载后稳压2min，然后记录每一级的位移量，加载至检验荷载稳压3min后卸载至初始荷载。（5）试验结果计算：①每次、每级竖向变形取该次、该级加载时4个竖向位移传感器（百分表）读数的算术平均值。②每次、每级径向变形取该次、该级加载时4个径向位移传感器（千分表）读数的算术平均值。③3次测试结果的平均值为该支座试样的测试结果。球形支座成品力学性能要求见下表。

项目	指标	
	压缩变形	径向变形
竖向承载力	在竖向设计承载力作用下支座压缩变形不大于支座总高度的1%	在竖向设计承载力作用下盆环径向变形不大于盆环外径的0.05%

3）【答案】A

解析：球形支座摩擦系数试验步骤如下：（1）将试样按双剪组合置于试验机的承载板上，试件中心与承载板中心位置对准，精度小于1%球形支座直径。（2）将支座竖向设计荷载以连续均匀的速率加满，在整个摩擦系数试验过程中保持不变，其预压时间为1h。（3）正式加载。用水平力加载装置连续均匀地施加水平力，由专用的压力传感器记录水平力大小，支座一旦发生滑动即停止施加水平力，由此计算出支座的初始摩擦系数。试验过程连续进行5次。（4）以实测第二次至第五次滑动摩擦系数的平均值，作为支座的实测摩擦系数。温度适用范围在-25~60℃时，摩擦系数不大于0.03；温度适用范围在-40~-25℃时，摩擦系数不大于0.05。

4）【答案】A

解析：球形支座转动试验步骤如下：（1）将试样按双剪组合置于试验机的承载板上，试件中心与承载板中心位置对准，精度小于1%球形支座直径。（2）将支座竖向设计荷载以连续均匀的速率加满，在整个转动试验过程中保持不变。（3）正式加载。用千斤顶以5kN/min的速率施加转动力矩，直至支座发生转动后千斤顶卸载，记录支座发生转动瞬间的千斤顶最大荷载。试验过程连续进行3次。（4）支座实测转动力矩为 $M_1 = \dfrac{P \cdot L}{2}$，取其3次的转动试验平均值。（5）支座实测转动力矩应小于支座设计转动力矩。

5）【答案】D

解析：球形支座水平承载力试验步骤如下：（1）将试样置于试验机的承载板上，将自平衡反力架及水平力试验装置组合配置好。试验荷载为支座水平承载力的1.2倍。加载至水平承载力的0.5%后，核对水平方向百分表及水平千斤顶数据，确认无误后，进行预推。（2）预推。将支座竖向承载力加载至设计承载力的50%，用水平承载力的20%进行预推，反复进行3次。（3）将试验荷载由零至试验荷载值均匀分为10级。试验时先将竖向承载力加载至50%后，再以支座设计水平力的0.5%作为初始推力，然后逐级加载，每级荷载稳压2min后，记录百分表数据，待设计水平力达到90%后，再将竖向承载力加载至设计竖向承载力，然后将水平承载力加载至试验荷载稳压3min后卸载。加载过程连续进行3次。(4) 水平力作用下变形分别取2个百分表的平均值,绘制荷载-水平变形曲线。变形曲线应呈线性关系。(5) 支座水平承载力试验,在拆除装置后,检查支座是否恢复。变形不能恢复的产品为不合格。

2.

1)【答案】C

解析:回弹法测定混凝土抗压强度在计算测区平均回弹值时,应从该测区的16个回弹值中剔除3个最大值和3个最小值,计算余下10个回弹值的平均值,精确至0.1。经计算,测区3的未修正前的回弹平均值为40.5。

2)【答案】C

解析:回弹法测定混凝土抗压强度在计算测区平均回弹值时,应从该测区的16个回弹值中剔除3个最大值和3个最小值,计算余下10个回弹值的平均值,精确至0.1。经计算,测区8的未修正前的回弹平均值为43.5。非水平方面检测混凝土浇筑侧面时,应用未修正的回弹平均值加上角度修正值,角度修正值查表得出(表中为列的数据,通过内插法得出),并精确至0.1。43.5的角度修正值依据内插法得出为-2.85,精确至0.1为-2.8,故角度修正后的回弹平均值为43.5-2.8=40.7。

3)【答案】C

解析:回弹法测定混凝土抗压强度在计算测区平均回弹值时,应从该测区的16个回弹值中剔除3个最大值和3个最小值,计算余下10个回弹值的平均值,精确至0.1。经计算,测区6的未修正前的回弹平均值为41.5。非水平方面检测混凝土浇筑侧面时,应用未修正的回弹平均值加上角度修正值,角度修正值查表得出(表中为列的数据,通过内插法得出),并精确至0.11。41.5的角度修正值依据内插法得出为-4.0,故角度修正后的回弹平均值为41.5-4.0=37.5。构件第i个测区混凝土强度的换算值,根据每一测区的回弹值及碳化深度值,查阅统一测强曲线得出,对于泵送混凝土查附表B,对于非泵送混凝土查附表A。故查附表B,回弹平均值在37.5,碳化深度为1.0mm对应的强度换算值为37.3MPa。

4)【答案】D

解析:(1) 当结构或构件测区数少于10个或测区强度换算值出现>60.0MPa的值时:$f_{cu,e}=f^c_{cu,min}$;(2) 当结构或构件测区强度换算值出现<10.0MPa的值时:$f_{cu,e}<10.0MPa$;(3) 当结构或构件测区数不少于10个值:$f_{cu,e}=m_{f^c_{cu}}-1.645s_{f^c_{cu}}$;(4) 当批量检测时:$f_{cu,e}=m_{f^c_{cu}}-ks_{f^c_{cu}}$,系数一般取1.645。(5) 对按批量检测的构件,当该构件混凝土强度标准差出现下列情况之一时,则该批构件应全部按照单个构件检测:①当该批构件混凝土平均值小于25MPa,标准偏差大于4.5MPa时;②当该批构件混凝土平均值不小于25MPa且不大于60MPa,标准偏差大于5.5MPa时。此题,经过计算,将计算结果汇总如下:

测区编号	回弹平均值/MPa	测试角度/(°)	修正值角度/(°)	修正后角度/(°)	测区强度换算值/MPa
1	42.5	0	0.0	42.5	47.8
2	41.5	30	-2.0	39.5	41.5
3	40.5	45	-3.0	37.5	37.3
4	42.5	60	-3.4	39.1	40.7

续表

测区编号	回弹平均值/MPa	测试角度/(°)	修正值角度/(°)	修正后角度/(°)	测区强度换算值/MPa
5	42.5	90	-3.9	38.6	39.7
6	41.5	90	-4.0	37.5	37.3
7	40.5	60	-3.5	37.0	36.5
8	43.5	45	-2.8	40.7	43.7
9	42.5	30	-1.9	40.6	42.9
10	41.5	0	0.0	41.5	45.6
强度平均值/MPa	41.3	强度标准值/MPa	3.73	构件强度推定值/MPa	35.2

5)【答案】A

解析：桥梁结构混凝土材质强度检测结果的评定，应依据桥梁结构或构件实测强度推定值或测区强度平均换算值，分别除以设计强度值，得到推定强度匀质系数 K_{bt}，或平均强度匀质系数 K_{bm} 并根据其值的范围按下表确定混凝土强度评定标度。

推定强度匀质系数 K_{bt}	平均强度匀质系数 K_{bm}	强度状况	评定标度
≥0.95	≥1.00	良好	1
[0.90, 0.95)	[0.95, 1.00)	较好	2
[0.80, 0.90)	[0.90, 0.95)	较差	3
[0.70, 0.80)	[0.85, 0.90)	差	4
<0.70	<0.85	危险	5

此题，推定强度匀质系数 K_{bt} 为 35.2/35 = 1.01，平均强度匀质系数 K_{bm} 为 413/35 = 1.18，其评定标度为 1。

3.

1)【答案】C、D

解析：《公路工程基桩检测技术规程》（JTG/T 3512—2020）规定，采用低应变反射波法或声波透射法检测时，被检桩混凝土强度不得低于设计强度的70%且不得小于15MPa，龄期应不少于7d。对钻孔灌注桩进行钻孔取芯检测时，被检桩的混凝土龄期应达到28d或强度达到设计要求。对混凝土灌注桩进行承载力检测（单桩竖向抗压静载试验、单桩竖向抗拔静载试验、单桩水平静载试验和高应变动力试桩法）时，被检桩的混凝土龄期应达到28d或强度达到设计要求。高应变动力试桩法检测桩身完整性时，在桩身混凝土强度满足锤击要求的前提下，被检桩的混凝土龄期不应少于14d。

2)【答案】C

解析：当采用钻探取芯法判定灌注桩桩身完整性时，检测资料分析如下：（1）混凝土芯样试件抗压强度代表值应按一组试样强度的平均值确定。同一受检桩同一深度部位有2组或2组以上混凝土试件抗压强度代表值时，取其平均值作为该桩该深度处芯样试件抗压强度代表值。（2）单桩混凝土芯样试件抗压强度代表值是指该桩中不同深度位置的混凝土芯样试件抗压强度代表值中的最小值。（3）桩底持力层性状应根据芯样特征岩石芯样单轴抗压强度试验值综合判定桩端持力层岩土性状。(4) 因场地地层的复杂性和施工中的差异，成桩后的差异较大。为保证工程质量，应按单桩进行桩身完整性和混凝土强度评价。此题，经计算，1#孔第 1 组芯样三个试样的强度值分别为 32.5MPPa、32.8MPa、31.5MPa，平均值为 32.3MPa，故其抗压强度代表值为 32.3MPa。

3)【答案】C

解析：当采用钻探取芯法判定灌注桩桩身完整性时，检测资料分析如下：(1) 混凝土芯样试件抗压强度代表值应按一组试样强度的平均值确定。同一受检桩同一深度部位有 2 组或 2 组以上混凝土试件抗压强度代表值时，取其平均值作为该桩该深度处混凝土芯样试件抗压强度代表值。(2) 单桩混凝土芯样试件抗压强度代表值是指该桩中不同深度位置的混凝土芯样试件抗压强度代表值中的最小值。(3) 桩底持力层性状应根据芯样特征岩石芯样单轴抗压强度试验值综合判定桩端持力层岩土性状。(4) 因场地地层的复杂性和施工中的差异，成桩后的差异较大。为保证工程质量，应按单桩进行桩身完整性和混凝土强度评价。此题，经计算，1#孔 15.5~15.9m 处的芯样抗压强度代表值为 32.5MPa，2#孔 15.5~15.9m 处的芯样抗压强度代表值为 34.3MPa，两个孔的平均值为 33.4MPa，故深度为 15.5~15.9m 处的混凝土芯样试件抗压强度代表值为 33.4MPa。

4)【答案】B

解析：当采用钻探取芯法判定灌注桩桩身完整性时，检测资料分析如下：(1) 混凝土芯样试件抗压强度代表值应按一组试样强度的平均值确定。同一受检桩同一深度部位有 2 组或 2 组以上混凝土试件抗压强度代表值时，取其平均值作为该桩该深度处混凝土芯样试件抗压强度代表值。(2) 单桩混凝土芯样试件抗压强度代表值是指该桩中不同深度位置的混凝土芯样试件抗压强度代表值中的最小值。(3) 桩底持力层性状应根据芯样特征岩石芯样单轴抗压强度试验值综合判定桩端持力层岩土性状。(4) 因场地地层的复杂性和施工中的差异，成桩后的差异较大。为保证工程质量，应按单桩进行桩身完整性和混凝土强度评价。此题，经计算，结果汇总见下表。

钻孔编号		1#	2#	钻孔编号		1#	2#
第1组芯样	深度/m	1.1~1.5	1.1~1.5	第3组芯样	深度/m	15.5~15.9	15.5~15.9
	抗压强度/MPa	32.5	34.3		抗压强度/MPa	34.2	34.3
		32.8	31.7			31.2	34.6
		31.5	34.0			32.2	33.9
	代表值	32.3	33.3		代表值	32.5	34.3
	同一深度代表值/MPa		32.8		同一深度代表值/MPa		33.4
第2组芯样	深度/m	8.1~8.5	8.1~8.5	第4组芯样	深度/m	23.5~23.9	23.5~23.9
	抗压强度/MPa	32.6	31.6		抗压强度/MPa	31.5	34.9
		30.9	33.5			34.4	33.3
		33.6	32.4			33.7	32.7
	代表值	32.4	32.5		代表值	33.2	33.6
	同一深度代表值/MPa		32.4		同一深度代表值/MPa		33.4
单桩混凝土芯样抗压强度代表值/MPa							32.4

5)【答案】B

解析：当采用钻探取芯法判定灌注桩桩身完整性时，桩身完整性类别应根据钻孔孔数、现场混凝土芯样特征、芯样试件抗压强度试验结果，结合下表综合评定。

类别	特征		
	1孔	2孔	3孔
Ⅰ	混凝土芯样连续、完整、胶结好、表面光滑、集料分布均匀，呈长柱状、断口吻合		
	芯样表面偶见少量气孔	局部芯样表面有蜂窝麻面、沟槽、少量气孔，但在2孔的同一深度部位的芯样中未同时出现，否则应判定为Ⅱ类	局部芯样表面有蜂窝麻面、沟槽、少量气孔，但在3孔的同一深度部位的芯样中未同时出现，否则应判为Ⅱ类
Ⅱ	混凝土芯样连续、完整、胶结好、为长短桩状、断口基本吻合。有下列情况之一：		
	(1) 局部芯样侧面有蜂窝麻面、沟槽或较多气孔；(2) 局部芯样集料分布不均匀、芯样侧面蜂窝麻面严重或沟槽连续，但对应部位的混凝土芯样试件抗压强度代表值满足设计要求，否则应判为Ⅲ类	(1) 芯样侧面有较多气孔，连续的蜂窝麻面、沟槽或局部混凝土芯样集料分布不均匀，但在2孔的同一深度部位的芯样中未同时出现；(2) 芯样侧面有较多气孔，连续的蜂窝麻面、沟槽或局部混凝土芯样集料分布不均匀，且在2孔的同一深度部位的芯样中同时出现，但该深度部位的混凝土芯样抗压强度代表值满足设计要求，否则应判为Ⅲ类；(3) 任1孔局部混凝土芯样破损段长度不大于100mm，破碎段处于桩身下部，且另1孔在同一深度部位的混凝土芯样完整性类别为Ⅰ类或Ⅱ类，否则应判为Ⅲ类或Ⅳ类	(1) 芯样侧面有较多气孔，连续的蜂窝麻面、沟槽或局部混凝土芯样集料分布不均匀，不均匀，且3孔的同一深度部位的芯样中同时出现，但该深度部位的混凝土芯样抗压强度代表值满足设计要求，否则应判为Ⅲ类；(3) 任1孔局部混凝土芯样破碎段长度不大于100mm，破碎段处于桩身下部，且另2孔在同一深度部位的混凝土芯样完整性类别为Ⅰ类或Ⅱ类，否则应判为Ⅲ类或Ⅳ类
Ⅲ	大部分混凝芯样胶结较好、芯样不连续完整、多为短柱状或块状，无松散、夹泥现象，有下列情况之一：		
	局部混凝土芯样破碎且破碎长度不大于100mm	任1孔局部混凝土芯样破碎段长度大于100mm但不大于200mmm，且另1孔在同一深度部位的混凝土芯样完整性类别为Ⅰ类或Ⅱ类，否则应判为Ⅳ类	(1) 任1孔局部混凝土芯样破碎段长度大于100mm但不大于300mm，且另2孔在同一深度部位的混凝土芯样完整性类别为Ⅰ类或Ⅱ类，否则应判为Ⅳ类；(2) 任1孔局部混凝土芯样松散段长度不大于100mm，且另外2孔的同一深度部位的混凝土芯样完整性类别为Ⅰ类或Ⅱ类，否则应判为Ⅳ类

续表

类别	特征		
	1孔	2孔	3孔
Ⅳ	有下列情况之一： （1）因混凝土胶结质量差而难以钻进； （2）混凝土芯样任一段松散或夹泥； （3）局部混凝土芯样破碎长度大于100mm	（1）任1孔因混凝土胶结质量差而难以钻进； （2）混凝土芯样任一段松散或夹泥； （3）任1孔局部混凝土芯样破碎长度大于200mm； （4）2孔在同一深度部位的混凝土芯样破碎	（1）任1孔因混凝土胶结质量差而难以钻进； （2）混凝土芯样任一段松散或夹泥长度大于100mm； （3）任1孔局部混凝土芯样破碎长度大于300mm； （4）其中2孔在同一深度部位的混凝土芯样破碎、夹泥或松散

此题，芯样质量符合"芯样侧面有较多气孔，连续的蜂窝麻面、沟槽或局部混凝土芯样集料分布不均匀，且在2孔的同一深度部位的芯样中同时出现，但该深度部位的混凝土芯样抗压强度代表值满足设计要求，否则应判为Ⅲ类。"的描述，故判为Ⅱ类。

4.

1）【答案】A、C、D

解析：依据《公路桥梁荷载试验规程》（JTG/T J21-01—2015），新建桥梁和进行了加宽或加固后的桥梁，可通过荷载试验来检验桥梁结构的正常使用状态和承载能力是否符合设计要求。对在用桥梁，除按《公路桥梁承载能力检测评定规程》（JTG/T J21—2011）规定的"经检算作用效应与抗力效应的比值在1.0~1.2之间时，应根据有关规定通过荷载试验评定承载能力"进行荷载试验外，存在下列情况之一时，可进行荷载试验：（1）技术状况等级为四、五类。（2）拟提高荷载等级。（3）需要通过特殊重型车辆荷载。（4）遭受重大自然灾害或意外事件。（5）采用其他方法难以准确判断其能否承受预定荷载。这就明确了应进行荷载试验只是少数桥梁，对绝大多数在用桥梁来说，按照桥梁管理养护要求，只需进行常规检查或定期检查和结构检算。针对选项C，全桥技术状况得分为 D_r =BDCI× ω_D +SPCI× ω_{SP} + SBCI× ω_{SB} =63.22×0.4+61.34×0.4+43.24×0.2=58.47。上部结构权重0.40、下部结构权重0.40和桥面系权重0.20。桥梁技术状况分类界限见下表。

技术状况评分	技术状况等级				
D_r（全桥）、C_I（结构）	1类	2类	3类	4类	5类
	[95, 100]	[80, 95)	[60, 80)	[40, 60)	[0, 40)

当上部结构和下部结构技术状况等级为3类，桥面系技术状况等级为4类，且全桥技术状况得分 $40 \leq D_r < 60$ 时，桥梁总体技术状况应判为3类。

2）【答案】A

解析：依据《公路桥梁荷载试验规程》（JTG/T J21-01—2015），常用桥梁静载试验工况及测试截面（部分）见下表。

桥型	试验工况		测试截面
简支梁桥	主要工况	跨中截面主梁最大正弯矩工况	跨中截面
	附加工况	（1）L/4截面主梁最大正弯矩工况；（2）支点附近主梁最大剪力工况	（1）L/4截面；（2）梁底距支点h/2截面内侧向上45°斜线与截面形心线相交位置
连续梁桥	主要工况	（1）主跨支点位置最大负弯矩工况；（2）主跨跨中截面最大正弯矩工况；（3）边跨主梁最大正弯矩工况	（1）主跨（中）支点截面；（2）主跨最大弯矩截面；（3）边跨最大负弯矩截面
	附加工况	主跨（中）支点附近主梁最大剪力工况	计算确定具体截面位置
悬臂梁桥	主要工况	（1）墩顶支点截面最大负弯矩工况；（2）锚固孔跨中最大正弯矩工况	（1）墩顶支点截面；（2）锚固孔最大正弯矩截面
	附加工况	（1）墩顶支点截面最大剪力工况；（2）挂孔跨中最大正弯矩工况；（3）挂孔支点截面最大剪力工况；（4）悬臂端最大挠度工况	（1）计算确定具体截面位置；（2）挂孔跨中截面；（3）挂孔梁底距支点h/2截面向上45°斜线与挂孔截面形心线相交位置；（4）悬臂端截面

3）【答案】B

解析：依据《公路桥梁荷载试验规程》（JTG/T J21-01—2015），可知：

（1）总应变：
$$S_t = S_1 - S_t = 加载稳定 - 加载前 = 44 - 4 = 40\mu\varepsilon$$

（2）弹性应变：
$$S_e = S_1 - S_u = 加载稳定 - 卸载稳定 = 44 - 10 = 34\mu\varepsilon$$

（3）残余位移：
$$S_P = S_t - S_e = 总 - 弹性 = S_{lt} - S_i = 卸载稳定 - 加载前 = 40 - 34 = 10 - 4 = 6\mu\varepsilon$$

（4）相对残余位移：
$$\Delta S_P = \frac{S_P}{S_t} = \frac{残余}{总} = \frac{6}{40} \times 100\% = 15.0\%$$

（5）应变校验系数：
$$\lambda = \frac{S_e}{S_S} = \frac{弹性}{计算} = \frac{34}{50} = 0.680$$

实际加载试验中产生的相对残余变形（或应变），对预应力混凝土与组合结构一般不允许大于20%，对钢筋混凝土和圬工结构一般不允许大于25%。

4）【答案】A

5）【答案】C

5.

1）【答案】A、B、C、D

解析：隧道施工监控量测是指在隧道施工过程中使用各种类型的仪表和工具，对围岩和支护衬砌变形、受力状态的监测。通过施工监控量测可以达到以下目的：

（1）确保安全：根据量测信息，预警险情，以便及时采取措施，避免事故。

(2) 指导施工：了解隧道围岩及支护变形发展趋势，对围岩稳定性作出判断、预测隧道围岩最终稳定时间，以安排合理的施工顺序和二次衬砌施作时机。

(3) 修正设计：检验施工预设计，调整支护参数和施工方法，使设计和施工更经济合理。

(4) 积累资料：已有工程的量测结果可以直接应用到后续同类围岩中，也为其他类似工程积累参考资料。

2)【答案】A、D

解析：(1) 周边收敛量测是在隧道两侧壁面对称埋设测桩，用收敛计量测。目前隧道施工中常用的收敛计为弹簧式收敛计和重锤式收敛计。选项 A 正确。

(2) 拱顶下沉量测的仪器设备用精密水准仪量测、塔尺，量测精度为+0.5mm。地表沉降量测设备为水准仪或精密水准仪、塔尺，量测精度为+1mm。选项 B 错误。

(3) 量测衬砌应力的传感器主要有钢弦式应变计和应变砖。选项 C 错误。

(4) 型钢钢架应力量测可采用钢弦式表面应变计和钢弦式钢筋应力计，格栅钢架应力量测一般采用钢弦式钢筋应力计。也有采用光纤光栅表面应变计和钢筋计，光纤光栅传感器具有体积小，质量轻，对被测介质影响小，灵敏度和分辨率高，结构简单灵活、安装方便等特点，逐渐在隧道测试中得到应用。目前多采用钢弦式钢筋应力计。选项 D 正确。

3)【答案】C、D

解析：根据实测资料，波速和孔深关系曲线类型可归纳为以下 4 种类型：

(1) "—" 形，无明显分带，表示围岩较完整。

(2) "/" 形，无松弛带，有应力升高，表示围岩较坚硬。

(3) "⌐" 形，无应力升高带，有松弛带，但应分清是爆破松动还是围岩进入塑性松动。

(4) "凸" 形，松弛带，应力升高带均有。

4)【答案】A、C

解析：回归分析是目前量测数据处理的主要方法，通过对量测数据回归分析可以预测最终值和各阶段的变化趋势。常用的回归曲线方程有以下几种：

(1) 对数函数；

(2) 指数函数；

(3) 双曲函数。

5)【答案】B、C

解析：(1) 位移速率：

① 当位移速率大于 1mm/d 时，表明围岩处于急剧变形阶段，应密切关注围岩动态。

② 当位移速率在 1~0.2mm/d 之间时，表明围岩处于缓慢变形阶段。

③ 当位移速率小于 0.2mm/d 时，表明围岩已达到基本稳定，可以进行二次衬砌作业。选项 A 错误。

(2) 位移时态曲线：

① 当位移速率很快变小，时态曲线很快平稳，表明围岩稳定性好，可适当减弱支护。

② 当位移速率逐渐变小，即 $d^2u/dt^2<0$ 时，时态曲线趋于平缓，表明围岩变形趋于稳定，

可正常施工。

③当位移速率不变,即 $d^2u/d^2t=0$,时态曲线直线上升,表明围岩变形急剧增大,无稳定趋势,应及时加强支护,必要时暂停掘进。

④当位移速率逐步增大,即 $d^2u/d^2t>0$,时态曲线出现反弯点,表明围岩已处于不稳定状态,应停止掘进,及时采取加固措施。选项 B 正确。

(3) 将隧道设计的预留变形量作为极限位移值,根据实测的总位移量进行施工管理。选项 C 正确。

管理等级	管理位移/mm	施工状态
Ⅲ	$U<(U_0/3)$	可正常施工
Ⅱ	$(U_0/3) \leq U \leq (2U_0/3)$	应加强支护
Ⅰ	$U>(2U_0/3)$	应采取特殊措施

(4) 根据选测项目量测结果判断:①围岩压力及初期支护与二次衬砌间接触压力:将量测压力先换算成结构内力,再按《公路隧道设计规范 第一册 土建工程》(JTG 3370.1—2018) 规定的安全系数进行判定。②钢架应力:可根据钢材的抗拉、抗压极限强度来判别型钢钢架的受力安全性。③锚杆轴力:根据锚杆轴力换算锚杆应力,锚杆应力应小于钢材的屈服强度,HRB400 钢材的屈服强度为 400MPa。④喷射混凝土内应力和模筑混凝土衬砌内应力:按《公路隧道设计规范 第一册 土建工程》(JTG 3370.1—2018) 规定的安全系数进行判定。选项 D 错误。

6.

1)【答案】A

解析:鉴于一氧化碳的危害性,我国《公路隧道通风设计细则》(JTG/T D70/2-02—2014) 对运营隧道一氧化碳浓度做了如下规定:

(1) 正常交通时,隧道内 CO 设计浓度按下表取值。

隧道长度 (m)	≤1000	>3000
δ (cm^3/m^3)	150	100

注:隧道长度为 1000m<L≤3000m 时,可按线性内插法取值。

(2) 交通阻滞时,阻滞段的平均 CO 设计浓度可取 $150cm^3/m^3$,同时经历时间不宜超过 20min。阻滞段长度按每车道不宜大于 1000m 计算。

(3) 人车混合通行的隧道,洞内 CO 设计浓度不应大于 $70cm^3/m^3$。

(4) 隧道内进行养护维修时,洞内 CO 设计浓度不应大于 $30cm^3/m^3$。对于长度为 2000m 的隧道,内插后得到 ≤$125cm^3/m^3$。

2)【答案】A、C

解析:(1) 我国《公路隧道通风设计细则》(JTG/T D70/2-02—2014) 规定:单向交通隧道风速不宜大于 10m/s,特殊情况可取 12m/s;双向交通隧道风速不宜大于 8m/s;人车混用隧道风速不应大于 7m/s。选项 A 正确。

(2) 杯式风表用在检测大于10m/s的高风速；翼式风表用在检测0.5~10m/s的中等风速，具有高灵敏度的翼式风表也可以用在检测0.1~0.5m/s的低风速。选项B错误。

(3) 绝对静压的测定：通常使用水银气压计和空盒气压计测定空气的绝对静压。相对静压的测定：通常使用U形压差计、单管倾斜压差计或补偿式微压计与皮托管配合测定风流的静压、动压和全压。选项C正确。

(4) 根据测风员与风流方向的相对位置，分迎面和侧面两种测风方法。

①迎面法：测风员面向风流站立，手持风表，手臂向正前方伸直，然后按一定的线路使风表均匀移动。由于人体位于风表的正后方，人体的正面阻力减小流经风表的流速，因此，用该法测得的风速v_s需经校正后才是真实风速v。

②侧面法：测风员背向隧道壁站立，手持风表，手臂向风流垂直方向伸直，然后按一定的线路使风表均匀移动。使用此法时，人体与风表在同一断面内，造成流经风表的流速增加。如果测得风速为v_s，那么实际风速则为$v = \dfrac{v_s(S-0.4)}{S}$。选项D错误。

3) 【答案】C、D

解析：(1) 照度是用来表示被照面上光的强弱的，以被照场所光通量的面积密度来表示，单位是勒克斯（lx）。

(2) 光强用于反映光源光通量在空间各个方向上的分布特性，它用光通量的空间角密度来度量，单位是坎德拉（cd）。

(3) 亮度用于反映光源发光面在不同方向上的光学特性，单位是坎德拉每平方米（cd/m²）。

(4) 光谱光效率是人眼在可见光光谱范围内的视觉灵敏度的一种度量。

(5) 光通量是光源发光能力的一种度量，是指光源在单位时间内发出的能被人眼感知的光辐射能的大小，单位是流明（lm）。

4) 【答案】C

解析：路面总均匀度为：$U_0 = \dfrac{L_{\min}}{L_{av}} = \dfrac{52}{60} = 0.87$

纵向均匀度为：$U_1 = \dfrac{L'_{\min}}{L'_{\max}} = \dfrac{55}{72} = 0.76$

5) 【答案】B、D

解析：(1) 隧道照明的眩光可以分为2类：失能眩光和不舒适眩光。失能眩光是生理上的过程，是表示由生理眩光导致辨认能力降低的一种度量。不舒适眩光表示在眩光感觉中的动态驾驶条件下，对隧道照明设施的评价。该眩光降低驾驶员的舒适程度，用眩光控制等级（G）表示。不舒适眩光是心理上的过程。选项A错误。

(2) 眩光等级G与主观上对不舒适感觉评价的对应关系为：$G=1$，无法忍受；$G=2$，干扰；$G=5$，允许的极限；$G=7$，满意；$G=9$，无影响。选项B正确。

(3) 灯具光强分布检测时，不同的光源对环境要求不同。管状荧光灯要求（25±2）℃；HID等要求（25±5）℃；白炽灯没有明确规定。空气流动与空调都会对测量有影响；当差别超过2%时，需要修正。选项C错误。

(4) 灯具光强分布检测时，测试前光源必须经过老炼，以保证测试过程中发出的光通量恒定不变或只有极微小的变化。钨丝灯和管状荧光灯老练100h，其他灯老练200h（老练方式是点燃4h，关闭15min作为一周期）。

7.

1)【答案】C

解析：经常检查的频率为：一级，1次/月；二级，1次/2月；三级，1次/季度。

定期检查的频率为：一级，1次/年；二级，1次/2年；三级，1次/三年。

2)【答案】A、B、C、D

解析：衬砌结构定期检查主要用的仪器设备及工具有锤子、回弹仪、超声波仪、地质雷达等。

3)【答案】D

解析：除检修道、内装饰、交通标志标线定期检查最大状况值为3以外，其他（隧道洞口、隧道洞门、衬砌结构、隧道渗漏水、隧道路面、洞内排水设施、吊顶及预埋件）定期检查最大状况值均为4。

4)【答案】A、B、D

解析：在公路隧道技术状况评价中，有下列情况之一时，隧道土建技术状况评定应评为5类隧道：

（1）隧道洞口边仰坡不稳定，出现严重的边坡滑动、落石等现象。

（2）隧道洞门结构大范围开裂、砌体断裂、脱落现象严重，可能危及行车道内的通行安全。

（3）隧道拱部衬砌出现大范围开裂、结构性裂缝深度贯穿衬砌混凝土。

（4）隧道衬砌结构发生明显的永久变形，且有危及结构安全和行车安全的趋势。

（5）地下水大规模涌流、喷射，路面出现涌泥沙或大面积严重给水等威胁交通安全的现象。

（6）隧道路面发生严重隆起，路面板严重错台、断裂，严重影响行车安全。

（7）隧道洞顶各种预埋件和悬吊件严重锈蚀或断裂，各种桥架或挂架出现严重变形或脱落。

5)【答案】A、B、D

解析：专项检查的项目有：

（1）结构变形检查：①公路线形、高程检查；②隧道横断面检查；③净空变化检查。

（2）裂缝检查：①裂缝调查；②裂缝检测。

（3）漏水检查：①漏水调查；②漏水检测；③防排水系统。

（4）材质检查的项目有：①衬砌强度检查；②衬砌表面病害；③混凝土碳化深度检测；④钢筋锈蚀检测。

（5）衬砌及围岩状况检查：①无损检查；②钻孔检查。

（6）荷载状况检查：①衬砌应力及拱背压力检查；②水压力检查。

模拟卷（二）

一、单选题（共30题，每题1分，共30分）

1. 下列不属于施工过程中检测的是（   ）。
   A. 原材料试验
   B. 地基承载力试验检测
   C. 成品构件位置和尺寸检测
   D. 桩基检测

2. 依据《公路工程质量检验评定标准 第一册 土建工程》，机电工程一般项目的合格率应不低于（   ）。
   A. 95%   B. 100%   C. 80%   D. 75%

3. 盆式支座竖向承载力试验检验荷载为（   ），水平承载力试验检验荷载为（   ）。
   A. 设计竖向承载力的1.2倍、设计水平承载力的1.5倍
   B. 设计竖向承载力的1.5倍、设计水平承载力的1.5倍
   C. 设计竖向承载力的1.2倍、设计水平承载力的1.2倍
   D. 设计竖向承载力的1.5倍、设计水平承载力的1.2倍

4. 锚具静载锚固试验时，在满足效率系数和总伸长率后允许出现（   ）。
   A. 横向断裂   B. 斜向断裂   C. 纵向断裂   D. 碎断

5. 下列关于板式橡胶支座转角试验结果判定，正确的是（   ）。
   A. $\Delta_{max} \geq 0$ 时，支座不脱空；$\Delta_{max} < 0$，支座脱空
   B. $\Delta_{max} \geq 0$ 时，支座脱空；$\Delta_{max} < 0$，支座不脱空
   C. $\Delta_{min} \geq 0$ 时，支座不脱空；$\Delta_{min} < 0$，支座脱空
   D. $\Delta_{min} \geq 0$ 时，支座脱空；$\Delta_{min} < 0$，支座不脱空

6. 下面关于模数式伸缩装置力学性能试验过程，无须进行预加载的是（   ）。
   A. 拉伸、压缩时最大水平摩阻力试验
   B. 拉伸、压缩时变位均匀性试验
   C. 拉伸、压缩时最大竖向偏差或变形试验
   D. 承载性能试验

7. 模数式桥梁伸缩装置在进行竖向错位试验时，将整体组装的伸缩装置试样有效的固

定在试样平台上，然后（　　），再进行下一步的试验。

A. 用作动器沿试验平台施加作用力，使其产生满足伸缩装置支承横梁倾斜角度≥0.5°的位移

B. 将试验平台用作动器顶起，使伸缩装置沿顺桥向产生5%的坡度

C. 用一个主作动器将试样在两支承横梁3.6m间距两端总宽度产生80mm的差值，形成扇形张开

D. 无须任何处理

8. 隧道用土工合成材料抵抗垂直织物平面的法向压力的能力叫（　　）。

   A. 撕破强力　　　　B. 拉伸强度　　　　C. 顶破强力　　　　D. 刺破强力

9. 超声回弹综合法对试验环境的要求是（　　）。

   A. 温度为-4~40℃，相对湿度无特殊要求

   B. 温度为-4~40℃，相对湿度不大于80%

   C. 温度为0~40℃，相对湿度无特殊要求

   D. 温度为0~40℃，相对湿度不大于80%

10. 钢筋锈蚀电位测定时，当环境温度不在（　　）时，应对铜/硫酸铜电极做温度修正。

   A. （20±2）℃　　　B. （23±2）℃　　　C. （22±2）℃　　　D. （22±5）℃

11. 某试验室在对某构件采用半电池电位法测定钢筋锈蚀情况，经温度修正后某测区的数据如下：157mV、177mV、209mV、196mV、187mV、188mV、192mV、168mV、194mV、167mV、179mV、186mV、150mV、166mV、195mV、170mV、184mV、162mV、180mV、184mV，则该测区的钢筋锈蚀评定标度为（　　）。

   A. 1　　　　　　　B. 2　　　　　　　C. 3　　　　　　　D. 4

12. 为提高磁粉检测的灵敏度，应选用的磁粉是（　　）。

   A. 黑色　　　　　　B. 白色　　　　　　C. 红色　　　　　　D. 荧光磁粉

13. 当砂土的标准贯入锤击数为18时，砂土的密实度为（　　）。

   A. 松散　　　　　　B. 稍密　　　　　　C. 中密　　　　　　D. 密实

14. 某地基为粉土，则在进行圆锥动力触探试验时，应选择（　　）。

   A. 特轻型圆锥动力触探　　　　　　　　B. 轻型圆锥动力触探

   C. 重型圆锥动力触探　　　　　　　　　D. 超重型圆锥动力触探

15. 当采用低应变反射波法检测桩身完整性时，采样频率f_s与信号频率上限f_m的关系式应满足（　　）。

   A. $f_s \geq f_m$　　　B. $f_s \geq 2f_m$　　　C. $f_s \geq 3f_m$　　　D. $f_s \geq 4f_m$

16. 当采用超声法检测桩身完整性时，声测管沿桩截面外侧呈对称形状布置，以路线（　　）的顶点为起始点，（　　）方向旋转依次编号，每二根编为一组。

   A. 前进方向、顺时针　　　　　　　　　B. 前进方向、逆时针

   C. 后退方向、顺时针　　　　　　　　　D. 后退方向、逆时针

17. 慢速维持荷载法单桩水平静载试验加载分级为预估被检桩水平极限承载力或最大试验荷载的（　　）作为加载级差。

A. 1/15~1/10   B. 1/10~1/8   C. 1/12~1/10   D. 1/5~1/3

18. 某钢绞线初始负荷相当于实际最大力的80%，则1000h应力松弛率为（　　）。
   A. ≤1.5%   B. ≤2.5%   C. ≤3.5%   D. ≤4.5%

19. 下列属于外部一次超静定结构的拱桥是（　　）。
   A. 系杆拱   B. 三铰拱   C. 两铰拱   D. 无铰拱

20. 以下关于应变测试仪器设备说法正确的是（　　）。
   A. 采用千分表引伸计测定应变时，被测应变的精度与引伸计的标距无关
   B. 测混凝土结构平面应力，可选择45°应变花
   C. 钢筋应力计可以长期连续读数
   D. 弓形应变传感器不能重复使用

21. 下列哪个步骤属于荷载试验现场准备工作（　　）。
   A. 资料收集   B. 试验方案拟定
   C. 试验计算   D. 工作脚手架和桥检车

22. 依据《公路桥梁荷载试验规程》（JTG/T J21-01—2015），在对某简支梁桥1/4截面最大正弯矩工况进行测试时，支点A（靠近1/4截面）的位移为0.50mm，支点B（远离1/4截面）的位移为0.30mm，支点C（1/4截面）的位移为8.50mm，则支点C的修正值为（　　）。
   A. 0.40mm   B. 8.10mm   C. 0.45mm   D. 8.15mm

23. 防水混凝土的结构应满足迎水面主钢筋保护层厚度不应小于（　　）。
   A. 200mm   B. 150mm   C. 100mm   D. 50mm

24. 配筋混凝土桥梁承载力恶化状况评定标度E的权重最大的检测指标是（　　）。
   A. 缺损状况   B. 混凝土碳化深度
   C. 氯离子含量   D. 钢筋保护层厚度

25. 当桥梁结构或构件的承载能力检算系数评定标度$D \geq$（　　）时，应进行持久状况正常使用极限状态评定检算。
   A. 2   B. 3   C. 4   D. 5

26. 桥梁允许带裂缝工作，以下哪种类型桥梁什么部位的最大允许缝宽为0.25mm（　　）。
   A. 全预应力混凝土梁梁体纵向裂缝   B. 混凝土拱桥拱圈横向
   C. B类混凝土梁梁体竖向裂缝   D. 钢筋混凝土梁主筋附近竖向裂缝

27. 围岩声波测试时，若测试信号波速低衰减快，频谱复杂，则岩体的特征为（　　）。
   A. 风化、破碎、结构面发育   B. 充水
   C. 应力增加   D. 不均匀性和各向异性

28. 下列属于大型岩溶出现的前兆标志的是（　　）。
   A. 节理组数急剧增加
   B. 岩层牵引褶皱出现
   C. 钻孔中有凉风冒出
   D. 钻孔时有顶钻、夹钻、顶水、喷孔等动力现象

29. 下列关于氡浓度采样，属于累积采样方式的为（　　）。

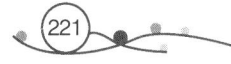

A. 电离室法 B. 闪烁室法
C. 双滤膜法 D. 活性炭被动吸附法

30. 某地发生地震后，该地的隧道需要进行（　　）。
A. 经常检查　　　B. 定期检查　　　C. 应急检查　　　D. 日常检查

二、判断题（共30题，每题1分，共30分）

1. 列入国家和地方基本建设计划的新建、改建、扩建以及拆除、加固等公路桥梁和隧道工程项目，在施工阶段，应进行施工安全风险评估。（　　）

2. 公路桥梁和隧道工程施工安全风险评估分为总体风险评估和专项风险评估。（　　）

3. 热轧带肋钢筋按屈服强度特征值分为400、500、600级，其中普通热轧带肋钢筋分为HRB400、HRB400E、HRB500、HRB500E、HRB600、HRB600E。（　　）

4. 砌筑砂浆用砂的最大粒径，当用于砌筑块石、粗料石时，不宜超过5mm。（　　）

5. 板式橡胶支座力学性能试验时，施加竖向荷载时的加载速率为0.03~0.04MPa/s，施加水平荷载的加载速率为0.002~0.003MPa/s。（　　）

6. 板式支座抗压弹性模量试验、抗剪弹性模量试验、抗剪老化试验试验、盆式支座竖向承载力试验和球形支座竖向承载力试验结果计算时，应取3次加载所得到的结果的算术平均值，但各单项结果与算术平均值之间的偏差应不大于算术平均值的3%，否则该试样应重新复核试验一次。（　　）

7. 细集料细度模数能够反映颗粒的级配情况。（　　）

8. 隧道用高分子防水卷材厚度用分度值0.01mm，压力为（22±5）kPa、接触面直径为6mm的厚度计进行测量，保持时间为5s。（　　）

9. 桥梁伸缩装置试验前，应将试件直接置于标准温度（23±5）℃下，静置24h，使试件内外温度一致。环境中不能存在腐蚀性气体及影响检测的振动源。（　　）

10. 桥梁伸缩装置总体性能试验，全部项目满足标准规定的要求为合格。若检验项目中有一项不合格时，则应从该批产品中再随机抽取双倍数目的试样，对全部项目进行复验，若仍有一项不符合，则判定该批产品不合格。（　　）

11. 预应力桥梁用塑料波纹管按径向刚度分为标准型和增强型；按截面形状分为圆形和扁形两大类。（　　）

12. 在进行混凝土中钢筋分布及保护层厚度检测时，对同一根钢筋同一处检测读取1次检测数据即可。（　　）

13. 在使用钻孔超声法检测混凝土裂缝深度时，宜在裂缝两边分别钻取1个测试孔，在裂缝一侧多钻一个孔距相同但深度较浅的对比孔，所有的钻孔均可以使用。（　　）

14. 当超声波法检测桩身完整性时，声速指标比较稳定，重复性好，数据有可比性，对桩身缺陷敏感，因此，数据分析时，主要以声速为主。（　　）

15. 某构件进行碳化深度测量，测量平均值为6.0mm，该构件钢筋保护层厚度测量平均值为15mm，则混凝土碳化深度评定标度为5。（　　）

16. 对于配筋混凝土桥梁，混凝土用来承受轴向和弯曲荷载，钢材用来承受拉应力。（　　）

17. 桩的孔径和垂直度检测的检测方法有探孔器检测、伞形孔径仪检测、声波法检测等。（　　）

18. 依据《公路桥涵养护规范》（JTG 5120—2021），在进行初始检查时，对养护检查等级为Ⅰ级的桥梁，应通过静载试验测试桥梁结构控制截面的静力参数，计算结构校验系数；同时通过动载试验测定桥梁结构的动力参数。（　　）

19. 电阻应变计的测量结果是电信号，便于实现长期、长距离测量和采集记录自动化。（　　）

20. 隧道开挖是控制隧道施工工期和造价的关键工序。超挖会增加出渣量、衬砌工程量和额外增加回填工作量，导致工程造价上升，同时，局部的过度超挖会引起应力集中，影响围岩稳定性，因此，一定要严格控制超挖，减少欠挖。（　　）

21. 为了验证锚杆与围岩的锚固程度，一般情况下，在进行锚杆抗拔力试验时，要进行破坏性试验。（　　）

22. 对于隧道防排水，所有等级公路隧道都应做到：设备箱洞不渗水，有冻害地段隧道衬砌背后不积水，排水沟不冻结。（　　）

23. 护拱是设在明洞段、溶洞空腔段、较大超挖空腔段、塌方空腔段的衬砌外侧拱形结构物。（　　）

24. 超前管棚、超前小导管和超前锚杆两组（排）之间纵向水平搭接长度均应不小于1m。（　　）

25. 钢弦式测力锚杆、机械式测力锚杆和多点位移计埋设都应采用水泥砂浆灌浆，并在锚固砂浆强度达到70%以后即可测取初始读数。（　　）

26. 隧道不良地质体的预报均应以地质调查法为基础，以超前钻探法为主，结合多种物探手段进行综合超前地质预报。（　　）

27. 一氧化碳含量测定时，可以选用比色式检知管或比长式检知管；而硫化氢含量测定时，一般选用比长式检知管。（　　）

28. 根据隧道行车的视觉特点，隧道运营照明的基本方式可根据照明区段分为入口段照明、中间段照明和出口段照明。（　　）

29. 当渗漏水可能具有腐蚀作用时，应对水质进行检测，可以使用pH试纸对水质pH值进行检测。（　　）

30. 任何时候用隧道激光断面仪检测出运营隧道衬砌或附属设施任何部分侵入建筑限界，应直接判定侵限区域属于3类及以上病害。（　　）

三、多选题（共20题，每题2分，共40分。下列各题备选项中，至少有2个是符合题意的，选项全部正确得满分，选项部分正确按比例得分，出现错误选项该题不得分）

1. 工程竣工验收阶段，工程质量等级评定分为（　　）。
A. 合格　　　　B. 不合格　　　　C. 优良　　　　D. 差

2. 依据《公路桥梁预应力钢绞线用锚具、夹具和连接器》（JT/T 329—2025），将锚具分为（　　）。

A. 张拉端锚具　　　　B. 低回缩张拉锚具　　C. 固定端挤压式锚具　D. 组合式锚具

3. 公路桥梁伸缩装置的试验对象分为（　　）。

A. 材料试件　　　　B. 构件试件　　　　C. 整体试件　　　　D. 特制试件

4. 下列关于结构或构件混凝土的检测项目，应采用最小值（最低水平）进行评定标度的项目有（　　）。

A. 钢筋锈蚀电位　　B. 氯离子含量　　　C. 碳化深度　　　　D. 电阻率

5. 下面关于超声波检测混凝土结构内部缺陷与表层损伤时，可采用单面平测的情况有（　　）。

A. 混凝土内部空洞和不密实区的位置和范围检测

B. 构件断面很大不可对测，且预估裂缝深度为 300mm 的检测

C. 新旧混凝土结合面质量的检测

D. 混凝土表面损伤层厚度检测

6. 当采用低应变反射波法检测桩身完整性时，反射波与入射波同相，则桩身可能有（　　）缺陷。

A. 缩径　　　　　　B. 空洞　　　　　　C. 端承桩桩底　　　D. 离析

7. 当采用超声法检测桩身完整性时，主要依据（　　）对桩身完整性进行判定。

A. 波速　　　　　　B. 频率　　　　　　C. PSD 曲线　　　　D. 波幅

8. 当采用超声法检测桩身完整性时，关于缺陷区的判定，下列说法正确的是（　　）。

A. 当某测点的声速大于声速异常判断临界值时，可判定为异常，应将其作为可疑缺陷区

B. 当某测点的波幅小于波幅临界值时，应将其作为可疑缺陷区

C. 可根据 PSD 值在某深度处的突变，结合波幅变化情况，作为异常点判定的辅助依据

D. 当某测点的频率小于频率异常判断临界值时，可判定为异常，应将其作为可疑缺陷区

9. 钻探取芯法对灌注桩，可起到以下作用的是（　　）。

A. 检测桩身混凝土胶结情况，是否存在缺陷，判定桩身完整性

B. 检测混凝土灌注桩桩长，检验桩底沉渣是否满足设计要求

C. 通过混凝土芯样力学试验，评定桩身混凝土的强度

D. 桩身存在缺陷的桩，可以利用钻孔进行压浆补强处理

10. 以下哪些桥梁技术状况可评定为 4 类?（　　）

A. 上部结构得分 61.33，下部结构 43.22，桥面系 60.25

B. 上部结构得分 43.22，下部结构 61.33，桥面系 60.25

C. 上部结构得分 61.33，下部结构 60.25，桥面系 43.22

D. 上部结构得分 43.22，下部结构 60.25，桥面系 61.33

11. 当采用自由振动衰减法对桥梁动力特性参数测定时，为测竖向振动可采用（　　）的方法。

A. 跳车　　　　　　B. 竖向撞击　　　　C. 侧向撞击　　　　D. 突然释放

12. 公路隧道按照开挖掘进方式可以分为（　　）。

A. 明挖隧道　　　　　B. 钻爆法隧道　　　　C. 暗挖隧道　　　　　D. 盾构法隧道

13. 下面关于隧道工程混凝土衬砌施工模板台车的相关规定，说法正确的是（　　）。
A. 隧道主洞模筑混凝土衬砌施工应采用全断面衬砌模板台车
B. 全断面衬砌模板台车应留振捣窗，振捣窗纵向间距不宜大于2.0m，横向间距不宜大于2.5m
C. 边墙模板应连续支模到达基础，保证边墙基础与拱墙混凝土一次连续浇筑
D. 全断面模板台车应以隧道中线为准，按线路方向平行架设

14. 止水带按设置位置可分为（　　）。
A. 变形缝用止水带　　B. 中埋式止水带　　C. 施工缝用止水带　　D. 背贴式止水带

15. 依据《公路隧道施工技术规范》（JTG/T 3660—2020），隧道排水系统中，布置在衬砌背后的是（　　）。
A. 环向排水盲管　　B. 纵向排水盲管　　C. 横向排水盲管　　D. 横向泄水盲管

16. 下列关于隧道监控量测项目中的选测项目中，在进行围岩压力量测时，可以选用（　　）。
A. 液压式测力计　　B. 钢弦式压力盒　　C. 钢弦式应变计　　D. 应变砖

17. 隧道围岩分级首先应根据（　　），进行初步分级。
A. 岩石的坚硬程度
B. 岩体完整程度
C. 软体软化程度
D. 岩体基本质量指标 BQ

18. 《公路隧道施工技术规范》（JTG/T 3660—2020）对隧道施工中（　　）的指标允许值进行了明确规定。
A. 粉尘　　　　　　B. 噪声　　　　　　C. 照明　　　　　　D. 温度

19. 下列关于滤膜法测定总粉尘浓度，说法正确的有（　　）。
A. 采样前和采样后，在称量之前，应将滤膜置于干燥器内2h以上，并通过除静电器，在感量为0.1mg分析天平上准确称量
B. 滤膜的毛面应朝进气方向，滤膜应放置平整，不能有裂隙或褶皱，将滤膜装入采样夹即可
C. 距离掘进工作面风筒出口处4~6m处采样，采样器进风口要迎着风流，距地板高度为1.3~1.5m
D. 一般在作业30min后进行，采样持续时间以15min为宜，同一测点需要同时采集两个样品

20. 根据漏水压力、流量等因素，漏水的状态分为（　　）。
A. 喷射　　　　　　B. 涌流　　　　　　C. 滴漏　　　　　　D. 浸渗

四、综合题（随机选答5道大题，每道大题10分，共50分。下列各题备选项中，至少有1个或1个以上是符合题意的，选项全部正确得满分，选项部分正确按比例得分，出现错误选项该题不得分）

1. 某试验室依据《公路桥梁预应力钢绞线用锚具、夹具和连接器》（JT/T 329—2025），进行静载锚固性能试验。试回答以下内容：

1) 试验加载之前应先将各种测量仪表安装调试正确,各根钢绞线的初应力调试均匀,初应力可取钢绞线极限抗拉强度标准值的(　　)。
   A. 5%　　　　　　B. 5%～10%　　　　C. 15%　　　　　　D. 20%
2) 加载速率为(　　)MPa/min。
   A. 200　　　　　　B. 100　　　　　　C. 50　　　　　　D. 150
3) 以预应力钢绞线抗拉强度标准值的(　　),等速加载。
   A. 20%　　　　　　B. 40%　　　　　　C. 60%　　　　　　D. 80%
4) 实测某批次第1组5根钢绞线极限拉力值为1310kN,钢绞线计算极限拉力为1259kN,则锚具效率系数为(　　)。此时夹片未出现裂纹。
   A. 1.01　　　　　B. 0.99　　　　　　C. 0.15　　　　　　D. 0.20
5) 若该批次其余组试件的试验结果如下表,结合(4)小题,对检测结果判断正确的是(　　)。

组装件编号	2#	3#
锚具效率系数	0.98	0.94
组装件的破坏部位与形式	夹片横向断裂	未见破裂

   A. 满足要求　　　　　　　　　　　　　B. 不满足要求
   C. 重新取双倍数量的样品进行试验　　　D. 无法确定

2. 某试验室对某构件裂缝采用超声法进行测量,已知该构件断面很大,不可对测,预估裂缝深度为130mm,声速代表值为4.00km/s,声时初读数为5.0μs,测试结果见下表,试回答以下问题:

测距/mm	100	150	200	250	300	350	400
声时值 t_i/μs	73.3	79.0	87.3	93.6	105.9	113.8	124.0
首波方向	↑	↑	↑	↓	↑	↑	↑

1) 为测定其裂缝深度,应选用(　　)进行(　　)。
   A. 厚度振动式换能器,钻孔对测　　　　B. 厚度振动式换能器,单面平测
   C. 径向振动式换能器,钻孔对测　　　　D. 径向振动式换能器,单面平测
2) 为测定混凝土代表声速,应按(　　)布置测点,以"时—距"直线的(　　)作为声速的代表值。
   A. 跨缝,斜率　　B. 跨缝,截距　　C. 不跨缝,斜率　　D. 不跨缝,截距
3) 测距为200mm时的裂缝深度值为(　　)。
   A. 175mm　　　　B. 165mm　　　　C. 143mm　　　　D. 131mm
4) 该构件的裂缝深度值为(　　)。
   A. 126mm　　　　B. 131mm　　　　C. 139mm　　　　D. 144mm
5) 若测距为250mm时的首波未反向,则该构件的裂缝深度值为(　　)。
   A. 129mm　　　　B. 144mm　　　　C. 130mm　　　　D. 143mm

3. 某试验室拟对某基础进行平板荷载试验,确定地基基础承载力。已知该基础埋深

5m，土质为细粒土，试回答以下问题：

1）适用于该基础的方法为：（   ），承载板尺寸为（   ）。
A. 浅层平板荷载试验，直径为 800mm 的刚性板
B. 浅层平板荷载试验，70.7cm×70.7cm 的方板
C. 深层平板荷载试验，直径为 800mm 的刚性板
D. 深层平板荷载试验，70.7cm×70.7cm 的方板

2）试验应分级加荷，每级可为预估极限承载力的（   ）。
A. 1/10～1/8 　　　B. 1/5～1/4 　　　C. 1/15～1/10 　　　D. 1/5～1/3

3）每级加荷后的稳定条件为（   ）。
A. 最后 30min 内的沉降量不大于 0.1mm
B. 最后 1h 内的沉降量不大于 0.1mm
C. 连续两个小时内，每小时的沉降量不大于 0.1mm
D. 加载 2h 后直接进行下一级加载

4）终止加载的情况有（   ）。
A. 沉降量急剧增大，$P\text{-}s$ 曲线出现陡降段，且沉降量超过 $0.04d$（d 为承压板直径）
B. 在某一级荷载下，24h 内沉降速率不能达到稳定
C. 本级沉降量大于前一级沉降量的 5 倍
D. 当持力层土层坚硬、沉降量很小时，最大加载量不小于设计要求的 2 倍

5）地基承载力基本容许值的确定应符合下列规定（   ）。
A. 当 $P\text{-}s$ 关系曲线有比例界限时，取该比例界限所对应的荷载值的一半
B. 当极限荷载小于比例界限荷载值的 2 倍时，取极限荷载值的一半
C. 取 $s/d=0.01\sim0.015$ 所对应的荷载值，但其值不大于最大加载量的一半
D. 取 $s/d=0.01\sim0.015$ 所对应的荷载值，但其值不大于最大加载量

4. 某在用钢筋混凝土桥梁，需要提高荷载等级。该桥计算跨径为 20m，桥面横向布置为 3m（栏杆）+0m（行车道）+3m（栏杆）=6m，无人行道，设计荷载等级为公路-Ⅱ级。根据前期检测结果得到的跨中截面正弯矩计算结果和各分项检算系数见下表。注：表中未注明的其他系数取 00。

计算内容	设计抗力效应 R	修正后的实际荷载效应 $\xi_q \gamma_0 S$
跨中截面抗弯能力/(kN·m)	3700.0	3500.0
各分项系数取值		
承载力计算系数评定标准 D	3.50	承载能力检算系数 Z_1	0.90
承载能力恶化系数 ξ_e	0.07	混凝土截面折减系数 ξ_{dc}	1.00
钢筋截面折减系数 ξ_{dz}	1.00	活载影响系数 ξ_q	1.10

1）桥梁正常使用极限状态下，应检算下列哪些内容？（   ）
A. 强度　　　B. 稳定性　　　C. 刚度　　　D. 抗裂性

2）对承载能力恶化系数影响最大的是哪个指标？（   ）
A. 混凝土碳化　　　　　　B. 钢筋保护层厚度

C. 钢筋锈蚀电位　　　　　　　　　　　　D. 混凝土缺损状况

3）根据表中数据，跨中正弯矩实际抗力效应为（　　）kN·m。
A. 3330.0　　　　B. 3441.0　　　　C. 3406.6　　　　D. 3096.9

4）根据表中数据，跨中截面正弯矩实测抗力效应与荷载效应的比值为（　　）。
A. 1.13　　　　B. 1.03　　　　C. 0.88　　　　D. 0.97

5）关于该桥承载能力评定，以下说法正确的是（　　）。
A. 比值小于1，承载能力满足要求
B. 比值小于1.05，承载能力满足要求
C. 比值大于1.05，承载能力不满足要求
D. 比值在1.0~1.2之间，承载能力状况不明

5. 某两车道隧道需采用钻爆法进行开挖，开挖前对围岩进行取样判断围岩级别，经试验测定岩石饱和单轴抗压强度为52MPa，修正的围岩基本质量指标[BQ]=535。试回答以下问题。

1）该隧道可以采用以下哪种开挖方法（　　）。
A. 全断面法　　　　　　　　　　　　B. 台阶法
C. 弧形导坑留核心土法　　　　　　　D. 中隔壁法或交叉中隔壁法

2）开挖时应尽量减少超挖，拱部超挖最大值为（　　）mm，钻爆法开挖后炮眼痕保存率标准为（　　）。
A. 200、80%　　　B. 250、70%　　　C. 150、50%　　　D. 200、70%

3）开挖时应严格控制欠挖。拱脚、墙脚以上1m范围内严禁欠挖。当岩层完整且岩石抗压强度大于（　　）MPa，并确认不影响衬砌结构强度和强度时，每1m²内欠挖面积不宜大于0.1m²，欠挖隆起量不得大于（　　）mm。
A. 30、50　　　　B. 60、30　　　　C. 30、30　　　　D. 60、50

4）隧道开挖断面检测目前最常用的方法为（　　）。
A. 超声波法　　　B. 直接法　　　C. 雷达法　　　D. 激光断面仪法

5）激光断面仪的用途（　　）。
A. 开挖断面质量的检测　　　　　　　B. 初期支护（喷射混凝土的检测）
C. 二次衬砌断面轮廓的检测　　　　　D. 厚度的检测

6. 某简支空心板梁单跨，共9片梁，进行桥梁技术状况评定，对空心板梁观察发现某一片空心板梁同时存在三种病害：(1) 较大面积的蜂窝麻面（最大评定标度3，实际评定标度2）；(2) 局部混凝土掉角（最大评定标度4，实际评定标度2）；(3) 钢筋发生锈蚀（最大评定标度5，实际评定标度3）。另有一片空心板梁发现一处混凝土空洞，面积为0.25m²（最大评定标度4，实际评定标度2），其余空心板梁均未发现病害。一般构件得分77.2，支座得分83.6。下部结构得分67.2，桥面系得分75.3。请回答下列问题。

n（构件数）	2	3	4	5	6	7	8	9	10	11	12	13	14
t	10	9.7	9.5	9.2	8.9	8.7	8.5	8.3	8.1	7.9	7.7	7.5	7.3

部位	类别 i	评价部件	权重
上部结构	1	上部承重构件	0.70
	2	上部一般构件	0.18
	3	支座	0.12

1）单片空心板梁的最低得分为（　　）。
A. 10.0　　　　B. 38.9　　　　C. 40.1　　　　D. 45.3

2）上部空心板梁部件得分为（　　）。
A. 90.6　　　　B. 38.9　　　　C. 83.3　　　　D. 61.1

3）上部结构得分为（　　）。
A. 87.3　　　　B. 82.2　　　　C. 38.9　　　　D. 66.7

4）桥梁总体的技术状况评分为（　　）。
A. 38.9　　　　B. 74.8　　　　C. 57.5　　　　D. 76.9

5）该桥的主要部件包括（　　）。
A. 支座　　　　B. 基础　　　　C. 空心板梁　　　　D. 防撞护栏

7. 对某隧道工程进行超前钻探法探测，测得有煤层瓦斯，根据下列条件，请回答问题。

1）若处于富水岩溶发育区，超前地质钻探每循环宜钻（　　）孔。
A. 8 个　　　　B. 6 个　　　　C. 4 个　　　　D. 2 个

2）工作面附近 20m 以内风流中瓦斯浓度必须小于（　　）。
A. 1%　　　　B. 1.5%　　　　C. 2%　　　　D. 2.5%

3）下列属于煤层瓦斯出现的前兆标志的是（　　）。

A. 岩层牵引褶皱出现

B. 开挖掌子面地层压力增大

C. 掌子面温度降低，憋闷，有异味等

D. 裂隙、溶隙间出现较多的铁染锈或黏土

4）以下煤层瓦斯预报步骤正确的是（　　）。

A. 根据相关资料和必要的补充地质调查，通过地质作图进一步核实煤层的位置与厚度

B. 采用钻探法确定煤层在隧道内的大致位置和厚度

C. 采用洞内地质素描，利用地层层序、地层厚度、标志层和岩层产状等，通过作图分析确定煤层的里程位置

D. 接近煤层前，必须对煤层位置进行超前钻探，标定各煤层准确位置

5）开挖工作面瓦斯突出危险性预测，可采用的主要预测方法是（　　）。
A. 瓦斯压力法　　B. 瓦斯含量法　　C. 综合指标法　　D. 钻探指标法

答案解析

一、单选题（共30题，每题1分，共30分）

1.【答案】A

解析： 桥梁工程试验检测的内容随桥梁所处的位置、结构形式和所用材料不同而异，应根据所建桥梁的具体情况按有关标准、规范选定试验检测项目。一般常规试验检测的内容主要包括：（1）施工准备阶段的试验检测。主要包括桥位放样测量、原材料试验、工程制品试验和其他成品、半成品试验检测等。（2）施工过程中的试验检测。主要包括材料加工检测、地基承载力试验检测、桩基检测、成品构件位置和尺寸检测等。（3）施工完成后的试验检测。主要包括桥梁总体外观检测、荷载试验、使用性能监测等。（4）在用桥梁试验检测。主要包括桥梁几何形态参数测定、结构恒载变异状况调查、结构构件材质强度检测与评定、结构固有模态参数的测定、索力测量、结构变位情况调查、地基与基础的检验等。

2.【答案】C

解析： 对规定检查项目采用现场随机抽样方法，按照规定频率和下列合格率计算方法对分项工程各检查项目直接计算合格率，按照数理统计方法评定的项目除外。

$$检查项目合格率（\%）=\frac{合格的点（组）数}{该检查项目的全部检查点（组）数}\times 100$$

检查项目分为一般项目和关键项目。涉及结构安全和使用功能的重要实测项目为关键项目，其他项目均为一般项目。关键项目在《质量检评标准》中以"△"标示，其合格率不得低于95%（机电工程为100%），一般项目的合格率应不低于80%，否则该检查项目为不合格。对少数实测项目还有规定极值的限制，这是指任何一个检测值都不能突破该极限值，不符合要求时，该实测项目为不合格，所在分项工程可直接判为不合格，并要求必须进行返工处理。

3.【答案】D

解析： 盆式支座和球形支座的竖向承载力试验检验荷载均为设计竖向承载力的1.5倍，水平承载力试验检验荷载均为设计水平承载力的1.2倍。

4.【答案】C

解析： 锚具静载试验组装件的破坏部位与形式应符合：夹片式锚具、夹具或连接器的夹片加载到最高一级荷载时不允许出现裂纹和断裂；在满足效率系数和总伸长率后允许出现微裂和纵向断裂，不允许出现横向、斜向断裂及碎断。

5.【答案】C

解析： 板式橡胶支座转角试验结果判定：根据所测各种转角下支座边缘最大、最小变形值来判定实测转角正切值是否符合标准要求。$\Delta_{min}>0$时，支座不脱空；$\Delta_{min}<0$，支座脱空。

6. 【答案】D

解析：模数式伸缩装置在进行拉伸、压缩时最大水平摩阻力试验，拉伸、压缩时变位均匀性试验和拉伸、压缩时最大竖向偏差或变形试验时，应进行预加载（将放置好的试样分级往返预加载（拉伸、压缩）1次）。伸缩装置错位性能试验（包括纵向错位、横向错位和竖向错位）和承载性能试验时，无需进行预加载。

7. 【答案】B

解析：桥梁伸缩装置纵向错位：将试样有效地固定在试样平台上，用作动器沿试验平台纵向施加作用力，使其产生满足伸缩装置支承横梁倾斜角度≥2.5°的纵向位移。桥梁伸缩装置竖向错位：将试样有效地固定在试样平台上，将试验平台用竖向作动器顶起，使伸缩装置沿顺桥向产生5%的坡度。桥梁伸缩装置横向错位：将试样有效地固定在试样平台上，用一个主作动器将试样在两支承横梁3.6m间距两端总宽度产生80mm的差值，形成扇形张开。

8. 【答案】C

解析：土工织物在铺设和使用过程中，常常会有不同程度的破损；土工织物抵抗扩大破损裂口的能力可以用撕裂强度表示；土工织物的撕裂强度定义为：试样在撕裂过程中抵抗扩大破损裂口的最大拉力，也称撕破强力。顶破强度是反映土工织物抵抗垂直织物平面的法向压力的能力；在顶破强力试验中，顶杆顶压试样直至破裂过程中测得的最大顶压力称为顶破强力；与刺破强力相比，顶破强力试验试样压力作用面积相对较大，材料呈双向受力状态。刺破强力是反映土工织物抵抗如有棱角的石子、支护用钢构件端头等小面积集中荷载的能力。

9. 【答案】D

解析：回弹仪使用时对环境的要求是温度为-4~40℃，超声波检测仪对环境的要求是温度为0~40℃，相对湿度不大于80%。综合回弹仪和超声波检测仪对环境的要求，超声回弹综合法对环境的要求是温度为0~40℃，相对湿度不大于80%。

10. 【答案】D

解析：混凝土含水率对测值的影响较大，测量时构件应处在自然干燥状态。为提高现场评定钢筋状态的可靠度，一般要进行现场比较性试验。现场比较性试验通常按已暴露钢筋的锈蚀深度程度不同，在它们的周围分别测出相应的锈蚀电位。比较这些钢筋的锈蚀程度和相应测值的对应关系，提高评判的可靠度，但不能与有明显锈蚀胀裂、脱空、层离现象的区域比较。若环境温度在（22±5）℃范围之外，应对铜/硫酸铜电极做温度修正。此外，各种外界因素产生的波动电流对测量值影响较大，特别是靠近底面的测区，应避免各种电、磁场的干扰。混凝土保护层电阻对测量值有一定影响，除测区表面处理要符合规定外，仪器的输入阻抗要符合技术要求。

11. 【答案】B

解析：在对已处理的数据（已进行温度修正）进行判读之前，按照惯例将这些数据加以负号，然后进行判读。钢筋锈蚀电位评定标度按下表进行，并应按照测区锈蚀电位水平最低值，确定钢筋锈蚀电位评定标度。此题，-209mV为该测区锈蚀电位水平最低值，介于[-300，-200）之间，评定标度为2，钢筋状况为有锈蚀活动性，但锈蚀状态不确定，可能坑蚀。

12.【答案】 D

解析： 如果被测构件没有缺陷，则磁粉在构件表面均匀分布。当构件上有缺陷时，由于缺陷（如裂纹、气孔、非金属夹杂物等）内含有空气或非金属，其磁导率远远小于构件的磁导率；由于磁阻的变化，位于构件表面或近表面的缺陷处产生漏磁场，形成一个小磁极。磁粉被小磁极所吸引，缺陷处由于堆积比较多的磁粉而被显示出来，形成肉眼可以看到的缺陷图像。为了使磁粉图像便于观察，可以采用与被检构件表面有较大反衬颜色的磁粉。常用的有黑色、红色和白色。为了提高灵敏度，还可以采用荧光磁粉，从而在紫外线照射下更容易观察到构件中缺陷的存在。

13.【答案】 C

解析： 砂土的密实度可根据标准贯入锤击数，按下表分为松散、稍密、中密、密实 4 级。

标准贯入锤击数 N	密实度	标准贯入锤击数 N	密实度
$N \leqslant 10$	松散	$15 < N \leqslant 30$	中密
$10 < N \leqslant 15$	稍密	$N > 30$	密实

14.【答案】 B

解析： 圆锥动力触探试验的适用范围：（1）轻型圆锥动力触探试验一般用于贯入深度小于 4m 的黏性土、黏性土组成的素填土和粉土，可用于施工验槽、地基检验和地基处理效果的检测。（2）重型圆锥动力触探试验一般适用于砂土、中密以下的碎石土和极软岩。（3）超重型圆锥动力触探试验一般适用于较密实的碎石土、极软岩和软岩。

15.【答案】 B

解析： 当采用低应变反射波法检测桩身完整性时，每通道的采样点数应不少于1024点，采样频率应满足采样定理。采样频率 f_s 与信号频率上限 f_m 的关系式为 $f_s \geqslant 2f_m$，在基桩检测中通常取 $f_s = 3f_m$。

16.【答案】 A

解析： 当采用超声波法检测桩身完整性时，声测管沿桩截面外侧呈对称形状布置，以路线前进方向的顶点为起始点，顺时针旋转依次编号，每二根编为一组。

17.【答案】 C

解析： 单桩水平静载试验加载分级为预估被检桩水平极限承载力或最大试验荷载的 1/12~1/10 作为加载级差。浅层平板荷载试验以 1/10~1/8 为加载级差。深层平板荷载试验、单桩竖向抗压静载试验、单桩竖向抗拔静载是以 1/15~1/10 为加载级差。桥梁静载试验以 1/5~1/3 为加载级差。

18.【答案】 D

解析：

钢绞线应力松弛性能要求

初始负荷相当于实际最大力的百分数/%	1000h 应力松弛率 r/%　≤
70	2.5
80	4.5

19. 【答案】C

解析：简单体系拱桥按照主拱的静力特性分为三铰拱、两铰拱和无铰拱。其中，三铰拱桥属外部静定结构，但由于铰的存在，其结构复杂，施工困难，维护费用高。一般较少采用。无铰拱属外部三次超静定结构，由于无铰，结构整体刚度大，构造简单，施工方便，维护费用少。双曲拱桥、石拱桥和混凝土拱桥多采用无铰拱。两铰拱介于三铰拱和无铰拱之间，属外部一次超静定结构。钢结构拱桥中采用较多，钢筋混凝土桁架拱桥都属于两铰拱。系杆拱属于组合体系拱桥。

20. 【答案】B

解析：（1）利用千分表0.001m的测读精度，可将其装配成大型结构构件应变的千分表引伸计。当被测物受拉（或受压）时，L会发生$\pm \Delta L$的变化，而应变$\varepsilon = \pm \Delta L / L$。显然，被测应变的精度与引伸计的标距有关，如当$L$等于100mm和200mm时，对应引伸计的测量分辨力度分别为10$\mu\varepsilon$和5$\mu\varepsilon$，量程可分别达到$\pm 5000\mu\varepsilon$和$\pm 2500\mu\varepsilon$。选项A错误。

（2）测钢构件（或混凝土内钢筋）应变，一般选用2mm×3mm（$B \times L$）或2mm×6mm的应变计；测混凝土结构表面应变，一般选用10mm×（80～100）mm（$B \times L$）的应变计。测试桥梁构件平面应力可选用45°应变花。选项B正确。（3）钢筋应力计的优点是可以直接测得钢筋混凝土构件内部钢筋的应力，使用成本较低；缺点是只能一次性使用，不能长期连续读数（事实上这也是所有基于电阻应变计测试技术仪器的共性问题）。选项C错误。（4）弓形应变传感器的优点是灵敏度比较高，可以避免现场贴片，传感器能被重复使用。但它对传感器原件材质本身弹性性能和制作加工工艺要求比较高。选项D错误。

21. 【答案】D

解析：实桥荷载试验组织准备工作一般包括试验前期准备和现场准备。前期准备工作主要有：（1）资料收集；（2）试验方案拟定；（3）仪器配套；（4）相应的试验计算等。现场准备工作包括：（1）荷载准备；（2）工作脚手架和桥检车；（3）测点、测站布置；（4）其他准备。

22. 【答案】C

解析：依据《公路桥梁荷载试验规程》（JTG/T J21-01—2015），当支点有沉降发生时，支点沉降修正量按下式计算：$C = \dfrac{l-x}{l} \cdot a + \dfrac{x}{l} \cdot b = \dfrac{l - 1/4 l}{l} \times 0.50 + \dfrac{1/4 l}{l} \times 0.30 = 0.45 \text{mm}$。

23. 【答案】D

解析：防水混凝土结构应满足下列要求：

① 裂缝宽度应不大于0.2mm，并不贯通。

② 迎水面主钢筋保护层厚度不应小于50mm。

③ 衬砌厚度不应小于30cm。

24. 【答案】A

解析：承载能力恶化系数时考虑评定基准期内桥梁结构质量状况进一步衰退恶化产生的不利影响，通过承载能力恶化系数来反映这一不利影响可能造成的结果抗力效应的降低。恶化系数评定标度E按下式计算：

$E = \displaystyle\sum_{j=1}^{7} E_j \alpha_j$，式中$\alpha_j$查下表。

权重 α_j 表

序号	检测指标名称	权重 α_j	序号	检测指标名称	权重 α_j
1	缺损状况	0.32	5	钢筋保护层厚度	0.12
2	钢筋锈蚀电位	0.11	6	氯离子含量	0.15
3	混凝土电阻率	0.05	7	混凝土强度	0.05
4	混凝土碳化情况	0.20	—	—	—

注：对混凝土电阻率、碳化深度状况、氯离子含量三项检测指标，按规程规定不需要进行检测评定时（钢筋锈蚀电位评定标度<3），其评定标度值应取 1。

25. 【答案】B

解析：JTG/T J21—2011 规定：当桥梁结构或构件的承载能力检算系数评定标度为 1 或 2 时，结构或构件的总体状况较好，可不进行正常使用极限状态评定检算；当桥梁结构或构件的承载能力建设系数评定标度 $D \geq 3$ 时，应进行持久状况正常使用极限状态评定检算，并采用引入检算系数 Z 的方式对结构应力、裂缝宽度和变形进行修正计算。

26. 【答案】D

解析：桥梁结构或构件在持久状况下裂缝宽度应小于下表（部分）的限值。注：此表最容易考核前四种桥梁类型。

结构类别	裂缝部位	允许最大缝宽/mm	其他要求
钢筋混凝土梁	主筋附近竖向裂缝	0.25	
	腹板斜向裂缝	0.30	
	组合梁结合面	0.50	不允许贯通结合面
	横隔板与梁体端部	0.30	
	支座垫石	0.50	
全预应力混凝土梁	梁体竖向裂缝	不允许	
	梁体横向裂缝	不允许	
	梁体纵向裂缝	0.20	
A 类预应力混凝土梁	梁体竖向裂缝	不允许	
	梁体横向裂缝	不允许	
	梁体纵向裂缝	0.20	
B 类预应力混凝土梁	梁体竖向裂缝	0.15	
	梁体横向裂缝	0.15	
	梁体纵向裂缝	0.20	

27. 【答案】A

解析：岩体声波测试，是对岩体（岩石）施加动荷载、激发弹性波在介质中的传播中的传播来研究岩体（岩石）的物理力学性质及其构造特征，一般用波速、波幅、频率等参数进行表征。

岩体虽非理想弹性介质，但如果作用应力小且持续时间短，所产生的的质点位移量也非常小，一般不超过其弹性变形范围，在这种特定条件下，则可把岩体视为弹性介质，这是用弹性波法对岩体进行测试的基础。目前在声波测试指标中应用较普遍的是纵波波速，次之为横波波速和波幅变化的观测。

在岩体中，波的传播速度与岩体的密度及弹性常数有关，受岩体结构构造、地下水、应力状态影响，一般来说有如下规律：

(1) 岩体风化、破碎、结构面发育，则波速低、衰减快、频谱复杂。
(2) 岩体充水或应力增加，则波速增高，衰减减少，频谱简化。
(3) 岩体不均匀性和各向异性使波速与频谱的变化也相应地表现出不均匀一性和各向异性。

28.【答案】C

解析：大型岩溶出现前兆标志一般有：裂隙、溶隙间出现较多的铁染锈斑或黏土；岩层明显湿化、软化，或出现淋水现象；小溶洞出现的频率增加，且多有水流、河砂或水流痕迹；钻孔中的涌水量剧增，且夹有泥沙或小砾石；有哗哗的流水声；钻孔中有凉风冒出。

29.【答案】D

解析：氡气的检测方法很多，常用的氡测量方法分类如下：

(1) 瞬时采样：电离室法、闪烁室法、双滤膜法和气球法。
(2) 连续采样：闪烁室连续监测仪、自动双滤膜法、扩散静电法和流气式电离室。
(3) 累积采样：固体径迹探测器、热释光剂量计、活性炭被动吸附法和驻极体测氡法。

30.【答案】C

解析：根据检测目的、内容和范围的不同，隧道检查可分为经常性检查、定期检查、应急检查和专项检查。

(1) 经常检查是对隧道土建结构的外观技术状况进行的一般性定性检查。
(2) 定期检查是按规定周期对土建结构的技术状况进行的全面检查，主要目的在于发现异常情况和原有异常情况的发展变化。通过定期检查，可系统掌握隧道结构各分项的技术状况和功能状况，进而可进行土建结构总体技术状况评定，为制订养护工作计划提供依据。
(3) 应急检查是在隧道遭遇自然灾害（地震、火灾、洪水等）、发生交通事故或出现其他异常事件后，为了查明缺损状况、采取应急措施，而对遭受影响的结构进行的详细检查。
(4) 专项检查是根据经常检查、定期检查和应急检查的结果，对于需要进一步查明缺损或病害产生原因而进行的更深入的专门检测，其目的是为制定病害处治方案提供基础资料，更多情况是针对破损或病害局部开展的检查。

二、判断题（共30题，每题1分，共30分）

1.【答案】错误

解析：列入国家和地方基本建设计划的新建、改建、扩建以及拆除、加固等高等级公路桥梁和隧道工程项目，在施工阶段，应进行施工安全风险评估。其他公路工程项目可参照执行。

2.【答案】正确

解析：公路桥梁和隧道工程施工安全风险评估分为总体风险评估和专项风险评估。应根据被评估项目的过程特点，选择相应的定性、定量及综合评估的风险评估方法。

3.【答案】错误

解析：热轧带肋钢筋按屈服强度特征值分为400、500、600级，其中普通热轧带肋钢筋分为 HRB400、HRB400E、HRB500、HRB500E、HRB600。细晶粒热轧带肋钢筋分为 HRBF400、HRBF400E、HRBF500、HRBF500E。

4. 【答案】错误

解析：砂的最大粒径，当用于砌筑片石时，不宜超过 5mm，当用于砌筑块石、粗料石时，不宜超过 2.5mm。

5. 【答案】错误

解析：板式橡胶支座的力学性能试验包括抗压弹性模量试验、抗剪弹性模量试验、抗剪黏结性能试验、抗剪老化试验、摩擦系数试验、转角试验、极限抗压强度试验。其中，极限抗压强度试验施加竖向荷载时的加载速率为 0.1MPa/s，其他力学性能试验施加竖向荷载时的加载速率为 0.03~0.04MPa/s，施加水平荷载时的加载速率为 0.002~0.003MPa/s。

6. 【答案】错误

解析：板式橡胶支座板式支座抗压弹性模量试验、抗剪弹性模量试验、抗剪老化试验试验结果计算时，应取 3 次加载所得到的结果的算术平均值，但各单项结果与算术平均值之间的偏差应不大于算术平均值的 3%，否则该试样应重新复核试验一次。盆式支座竖向承载力试验和球形支座竖向承载力试验取 3 次测试结果的平均值为该支座试样的测试结果。

7. 【答案】错误

解析：细度模数主要反映全部颗粒的粗细程度，不完全反映颗粒的级配情况，配置混凝土时应同时考虑砂的细度模数和级配情况。

8. 【答案】正确

解析：隧道用高分子防水卷材厚度用分度值 0.01mm，压力为（22±5）kPa、接触面直径为 6mm 的厚度计进行测量，保持时间为 5s。在卷材宽度方向量 5 点，距卷材长度方向边缘（100±15）mm 向内各取一点，在这两点中均分取其余 3 点，以 5 点的平均值作为卷材的厚度。

9. 【答案】正确

解析：桥梁伸缩装置试验前，应将试件直接置于标准温度（23±5）℃下，静置 24h，使试件内外温度一致。环境中不能存在腐蚀性气体及影响检测的振动源。

10. 【答案】错误

解析：桥梁伸缩装置总体性能试验，全部项目满足标准规定的要求为合格。若检验项目中有一项不合格时，则应从该批产品中再随机抽取双倍数目的试样，对不合格项目进行复验，若仍有一项不符合，则判定该批产品不合格。

11. 【答案】错误

解析：预应力桥梁用塑料波纹管按截面形状分为圆形和扁形两大类。预应力桥梁用金属波纹管按径向刚度分为标准型和增强型；按截面形状分为圆形和扁形两大类。

12. 【答案】错误

解析：在进行混凝土保护层厚度检测时，对同一根钢筋同一处检测 2 次，读取的 2 个保护层厚度值相差不大于 1mm 时，取二次检测数据的平均值为保护层厚度值，精确至 1mm；相差大于 1mm 时，该次检测数据无效，并应查明原因，在该处重新进行 2 次检测，仍不符合规定时，应该更换电磁感应法钢筋探测仪进行检测或采用直接法（钻测试孔法）进行检测。

13. 【答案】错误

解析：当构件断面很大不可对测，且估计裂缝深度大于500mm时，被测混凝土允许在裂缝两侧钻测试孔时，可采用钻孔对测法检测裂缝深度。（1）所钻测孔应满足下列技术要求：①孔径应比所用换能器的直径大5~10mm。②孔深应比被测裂缝的预计深度深70mm，经测试，如浅于裂缝深度，应加深钻孔。③对应的两个测孔应始终位于裂缝两侧，且其轴线保持平行。④两个对应测试孔的间距宜为2m，同一检测对象各对应测孔间距应保持相同。⑤孔中的粉尘碎屑应清理干净。⑥宜在裂缝一侧多钻一个孔距相同但较浅的对比孔，通过测试孔与对比孔测试无裂缝混凝土的声学参数。⑦横向测孔的轴线应具有一定的斜倾角。（2）裂缝深度检测应选用频率为20~60kHz的径向振动式换能器。（3）测试前首先向测试孔内注满清水，并检查是否有漏水现象，如果漏水较快，说明该孔与裂缝相交，此孔不能用于测试。经检查测孔不漏水，可用发射、接收换能器分别置于裂缝一侧的测试孔与对比孔内，以相同高度等距离地同步向下移动，并读取相应的声时和波幅值。再将两个换能器分别置于裂缝两侧的两个测试孔中，以同样方法同步移动两个换能器，逐点读取声时、波幅和换能器所处的深度。换能器每次移动的间距宜为100~300mm，当初步查明裂缝的大致深度时，为便于准确判定裂缝深度，当换能器位于裂缝末端附近时，移动的间距应减小。

14. 【答案】错误

解析：当采用超声波法检测桩身完整性时，声速指标比较稳定，重复性好，数据有可比性，但对桩身缺陷不敏感。波幅虽对桩身缺陷的反应很敏感，但它受传感器与桩身混凝土耦合状态的影响很大，可比性较差。斜率法（PSD）判据将桩内缺陷处于正常测点的声速差取平方，将其特别放大，但K值很大的地方，有可能是缺陷的边缘。因为K值的大小主要取决于相邻两点的声时差值，对于因声测管不平行造成测试误差的干扰有削弱作用。灌注桩所产生各种类型的缺陷，使声学参数变化的特征有所不同；如沉渣是松散介质，声速很低（2000m/s以下），对声波衰减相当剧烈，其波幅、声速均剧烈下降。泥沙与水泥砂浆的混合物在桩身中存在，则是断桩；如在桩顶出现，则是混凝土强度不够。它们的特点是声速、波幅都明显下降，但前者为突变，后者为缓变。孔壁坍塌或泥团，其声速、波幅均较低，如果是局部泥团，并未包裹声测管时，下降程度不大。粗集料本身波速高，但声学界面多，对声波的反射、散射加剧，能力损耗，幅值下降，混凝土气泡密集时，虽不致形成空洞，但混凝土质量下降，波速不会明显下降，波幅却下降明显。

15. 【答案】错误

解析：混凝土碳化深度对钢筋锈蚀影响的评定，可取构件的碳化深度平均值与该类构件保护层厚度平均值之比K_c，并考虑其离散情况，参考下表对单个构件进行评定。此题，$K_c=6/15=0.4$，故评定标度为1。

K_c（碳化深度平均值与保护层厚度平均值之比）	评定标度	K_c（碳化深度平均值与保护层厚度平均值之比）	评定标度
<0.5	1	[1.5, 2.0)	4
[0.5, 1.0)	2	≥22.0	5
[1.0, 1.5)	3	—	—

16.【答案】正确

解析：配筋混凝土桥梁是目前公路桥梁的主要类型。对桥梁杆件来说，混凝土是独特的材料，因为它可以形成各种各样的形状，用来承受轴向和弯曲荷载。由于受弯杆构件时压缩和拉伸应力组合的结果，所以为承受构件中的拉应力，混凝土受弯构件一般用普通钢筋（形成钢筋混凝土）或预应力高强钢筋（形成预应力混凝土）。

17.【答案】正确

解析：桩的孔径和垂直度检测是成孔质量检测中的两项重要的内容。目前有探孔器检测、伞形孔径仪检测、声波法检测三种方法，它们大多可同时检测孔径和垂直度。

18.【答案】正确

解析：依据《公路桥涵养护规范》（JTG 5120—2021），在进行初始检查时，对养护检查等级为Ⅰ级的桥梁，应通过静载试验测试桥梁结构控制截面的应力、应变、挠度等静力参数，计算结构校验系数；同时通过动载试验测定桥梁结构的自振频率、冲击系数、振型、阻尼比等动力参数。

19.【答案】错误

解析：电阻应变计是电阻应变测试技术中最重要的基本元件。电阻应变计一般由敏感金属栅、基底及引出线三部分组成。目前通用的箔式应变计，其敏感元件是通过光刻技术、腐蚀工艺制成的一种很薄的金属箔栅。将单轴电阻应变计按不同的角度（如45°、60°、120°等，桥梁多用45°）组合成应变花，测试构件的平面应力或平面应变。实桥上也可直接将三片大标距普通应变计组合起来使用。电子应变计尺寸小，质量轻，粘贴方便。它测量灵敏度高，配备合适的测量仪器后最小应变读数可达10^{-6}应变（$1\mu\varepsilon$），测量应变测一般可达到±20000~30000$\mu\varepsilon$。由于测量结果是电信号，便于实现长距离测量和采集记录自动化。（电阻应变计还可以制成各种各样精度很高的传感器，以测量力、位移、加速度等力学量）。钢筋应力计的优点是可以直接测得钢筋混凝土构件内部钢筋的应力，使用成本较低；缺点是只能一次性使用，不能长期连续读数（事实上这也是所有基于电阻应变计测试技术仪器的共性问题）。

20.【答案】错误

解析：隧道开挖是控制隧道施工工期和造价的关键工序。超挖不仅会增加出渣量、衬砌工程量和额外增加回填工作量，导致工程造价上升，同时，局部的过度超挖会引起应力集中，影响围岩稳定性；而欠挖，因侵占了结构空间，直接影响到支护结构厚度，带来工程质量问题，产生安全隐患。欠挖处理费工、费时，影响工期，且欠挖处理时开挖轮廓不易控制、容易引起更大超挖。因此，必须保证开挖质量，为围岩的稳定和支护创造良好条件。隧道开挖时，应严格控制欠挖，尽量减少超挖。

21.【答案】错误

解析：拉拔力到设计要求的抗拉值即可停止加载，一般不做破坏性试验。如有特殊需要，先测取锚杆的最大抗拉力，再进行破坏性试验。

22.【答案】正确

解析：隧道防排水应遵循"防、排、截、堵相结合，因地制宜，综合治理"的原则，对地下水妥善处理，使洞内外形成一个完整畅通的防排水系统。(1) 高速公路、一级公路和二级公路隧道防排水应满足下列要求：①拱部、边墙、路面、设备箱洞不渗水。②有冻害地段隧道衬砌背后不积水，排水沟不冻结。③车行横道、人行横通道等服务通道拱部不滴水、边墙不淌水。（2）三级、四级公路隧道应做到：①拱部、边墙不滴水、路面不积水，设备箱洞不渗水。②有冻害地段隧道衬砌背后不积水，排水沟不冻结。

23. 【答案】正确

解析：护拱是设在明洞段、溶洞空腔段、较大超挖空腔段、塌方空腔段的衬砌外侧拱形结构物，其作用是改善衬砌结构空腔段的受力条件，提高拱背的防护能力，防止上方落石产生的冲击荷载危害。

护拱可采用干砌片石、浆砌片石、混凝土构筑，厚度一般不小于1.0m，或按设计要求设计设置。

24. 【答案】错误

解析：（1）超前管棚的基本要求：两组管棚之间纵向水平搭接长度应不小于3m。

（2）超前小导管的基本要求：两组小导管之间纵向水平搭接长度不小于1m。

（3）超前锚杆的基本要求：超前锚杆纵向两排之间水平搭接长度应不小于1m。

25. 【答案】错误

解析：机械式测力锚杆和多点位移计埋设都应采用M20水泥砂浆灌浆，并在锚固砂浆强度达到70%以后即可测取初始读数。

钢弦式测力锚杆也是采用M20水泥砂浆灌浆，但应在锚固砂浆凝固后测取初始读数。它们均不能采用药包锚固剂锚固。

钢丝式单点位移计按安装说明书进行安装，不需要注浆，安装好之后立即量测。

26. 【答案】错误

解析：（1）断层预报应探明断层的主要性质、产状、富水情况、在隧道中的分布位置、断层破碎带的规模、物质组成等，并分析其对隧道的危害程度。断层预报应以地质调查法为基础，以弹性波反射法和地质雷达法探测为主，必要时采用高分辨直流电法、瞬变电磁法、红外探测仪探测断层地下水的发育情况及超前钻探法验证。

（2）岩溶预报应探明岩溶在隧道内的分布位置、规模、充填情况及岩溶水的发育情况，分析其对隧道的危害程度。岩溶预报应以地质调查法为基础，以超前钻探法为主，结合多种物探手段进行综合超前地质预报。

（3）煤层瓦斯预报应探明煤层分布位置、煤层厚度，测定瓦斯含量、瓦斯压力、涌出量、瓦斯放散初速度、煤的坚固性系数等，判定煤的破坏类型，分析判断煤的自燃及煤尘爆炸性、煤与瓦斯突出的危险性，评价隧道瓦斯严重程度及对工程的影响，提出技术措施和建议等。煤层瓦斯预报应以地质调查法为基础，以超前钻探法为主，结合多种物探手段进行综合超前地质预报。

27. 【答案】正确

解析：（1）一氧化碳检测管是一支直径4~6mm、长150mm左右的密封玻璃管，管内装有易与一氧化碳发生反应的药品。使用时，将检知管封口打开，通过一定容积的吸气球，使一定量的被测气体通过检知管。吸入气体中的一氧化碳与药品作用，白色的药品颜色迅速变化，有比色式与比长式两种。

（2）比长式硫化氢检知管法原理是将吸附醋酸铅（$PbAc_2$）和氯化钡（$BaCl_2$）的硅胶

装入细玻璃管内，抽取 100mL 含硫化氢的气体，在 60s 内注入，形成褐色硫化铅（PbS）。根据硅胶柱变色的长度测定硫化氢的体积分数。通过硅胶柱变色长度与标准尺比较，求得硫化的体积分数。此法具有简便、快捷、便于携带和灵敏度高的优点。

28.【答案】错误

解析：根据隧道行车的视觉特点，隧道运营照明的基本方式可根据照明区段分为：入口段照明、过渡段照明、中间段照明和出口段照明。

29.【答案】错误

解析：（1）渗漏水简易检测时，一般使用 pH 试纸对漏水的酸碱度作简易测定。

（2）当渗漏水可能具有腐蚀作用时，应对水质进行检测，应收集水样后，利用 pH 测定器精确测定渗漏水 pH 值，或送专业水质检测机构进行详细的水质分析。

30.【答案】正确

解析：衬砌的变形、沉降一般较慢，变形需要较长时间，在地震、滑坡、暴雨后可能发生明显的变化，在北方寒冷地区，结构由于冻胀而变形，并随季节的循环而反复发生。当变形发生时，路面、边沟、电缆沟表现较为明显。任何时候用隧道激光断面仪检测出运营隧道衬砌或附属设施任何部分侵入建筑限界，应直接判定侵限区域属于 3 类及以上病害。

三、多选题（共 20 题，每题 2 分，共 40 分。下列各题备选项中，至少有 2 个是符合题意的，选项全部正确得满分，选项部分正确按比例得分，出现错误选项该题不得分）

1.【答案】A、B、C

解析：竣工验收工程质量采取加权平均法计算，其中交工验收质量得分权值为 0.2，质量监督机构工程治疗量鉴定得分权值为 0.6，竣工验收委员会对工程质量的评分权值为 0.2。对于交工验收和竣工验收合并进行的小型项目，质量监督机构工程质量监督得分权值为 0.6，监理单位对工程质量评定得分权值为 0.1，竣工验收委员会对工程质量的评分权值为 0.3。工程质量评分大于等于 90 分为优良，小于 90 分且大于等于 75 分为合格，小于 75 分为不合格。

2.【答案】A、B、C

解析：交通行业标准《公路桥梁预应力钢绞线用锚具、夹具和连接器》（JT/T 329—2025）将锚具按其结构形式分为张拉端锚具、低回缩张拉端锚具、固定端挤压式锚具三类；国家标准《预应力筋用锚具、夹具和连接器》（GB/T 14370—2015）按锚固方式不同将锚具分为夹片式、支承式、组合式和握裹式四种基本类型。

3.【答案】A、B、C

解析：桥梁伸缩装置的试验对象分为材料试件、构件试件和整体试件 3 类。材料试件应按试验要求取样。构件试件取足尺产品。整体试件宜采用整体装配后的伸缩装置；若受试验设备限制，不能对整体试件进行试验时，试件的截取长度不得少于 4m，同时要求多缝式伸缩装置应不少于 4 个位移箱，梳齿板式伸缩装置应不小于一个单元。

4.【答案】A、D

解析：依据《公路桥梁承载能力检测评定规程》（JTG/T J21—2011），采用最小值（最低水平）进行评定的项目有：钢筋锈蚀电位和电阻率。采用最大值（最高水平）进行评定的项目为氯离子含量。采用平均值进行评定的项目为碳化深度。采用特征值进行评定的项目为钢筋保护层厚度。同时采用平均值和特征值进行评定的项目为混凝土强度。

5. 【答案】B、D

解析：超声法适用于常见公路桥梁结构内部缺陷与表层损伤的检测。涉及的检测内容主要包括：混凝土内部空洞和不密实区的位置与范围、裂缝深度、表面损伤厚度以及不同时间浇筑的混凝土结合面质量和钢管混凝土中的缺陷等。（1）混凝土不密实区和空洞的检测：①当结构被测部位具有两对平行表面时，可采用一对换能器，分别在两对相互平行的表面上进行。②当结构物的被测部位只有一对平行表面可供测试，或被测部位处于结构的特殊位置时，可采用对测和斜测相结合的方法，换能器在对测的基础上交叉斜测。③对于大体积混凝土结构，由于其断面尺寸较大，如直接进行平面对测，接收到的脉冲信号微弱，甚至无法识别首波的起始位置，不利于声学参数的读取和分析。为了缩短测试距离，提高检测灵敏度，可采用钻孔或预埋管测法。（2）混凝土结合面质量的检测：用超声法检测两次浇筑混凝土结合面的质量时，应先查明结合面的位置及走向，明确被测部位及范围。若构件的被测部位具有声波垂直或斜穿结合面的测试条件，可采用对测法与斜测法进行检测。（3）混凝土表面损伤层的检测：冻害、高温或化学腐蚀会引起混凝土表面层损伤。用超声法检测混凝土表面损伤层的方法大致有两种：一是单面平测法，二是逐层穿透法。（4）混凝土裂缝深度的检测：①构件断面不大且可对测时，在两个测面上等间距布置测点，用对测法逐点测出声时值。②当构件断面很大不可对测，且估计裂缝深度不大于500mm时，宜采用单面平测法进行检测，检测时应在裂缝的被测部位以不同的测距，按跨缝和不跨缝布置测点。测点布置应避开钢筋。③当构件断面很大不可对测，且估计裂缝深度大于500mm时，被测混凝土允许在裂缝两侧钻测试孔时，可采用钻孔对测法检测裂缝深度。（5）混凝土匀质性检验一般以采用平面式换能器进行穿透对测法检测。（6）钻孔灌注桩缺陷：采用预埋声测管或钻采样通道，采用对测、斜测、交叉斜测及扇形扫测等方法，确定缺陷的位置和范围。（7）钢管混凝土缺陷的检测应采用径向对测的方法。

6. 【答案】A、B、D

解析：当采用低应变反射波法检测桩身完整性时，桩身各种性状以及桩底不同的支撑条件，均可归纳成以下三种波阻抗变化类型：（1）当 $Z_1 \approx Z_2$ 时，即桩身连续，无明显阻抗差异时。此时，$n=1$，$F=0$，$T=1$，经计算可知，$\delta_R=0$，$\delta_R=0$，即桩身无反射波信号，应力波全透射，表示桩身完整。（2）当 $Z_1 > Z_2$ 时，相当于桩身有缩径、离析、空洞及摩擦桩桩底的情况。此时，$n>1$，$F<0$，$T>0$，经计算可知，δ_R 与 δ_I 异号，反射波为上行拉力波。δ_R 与 δ_I 符号一致，所以反射波与入射波同相。另外，由弹性杆波动传播的符号定义来理解，上行拉力波与下行压力波的方向一致，则反射波引起的质点速率 δ_R 与入射波 δ_I 的同相，这样在桩顶检测出的反射波速度与应力入射波信号极性一致。（3）当 $Z_1 < Z_2$ 时，相当于桩身有扩径、膨胀或端承桩的情况。此时，$n<1$，$F>0$，$T>0$，经计算可知，δ_R 与 δ_I 同号，反射波为上行压力波。δ_R 与 δ_I 符号相反，这样在桩顶接收到的反射波速度及应力均与入射波信号的极性相反。同理可得，桩底处的速度为零，而应力加倍。

7. 【答案】A、C、D

解析：当采用超声法检测桩身完整性时，我国的超声仪都采用专用处理软件进行波速、波幅、PSD 计算，并绘制这些参数随深度变化的曲线图，供检测人员分析、判断桩身存在的缺陷位置和范围，估算缺陷的尺寸等，并按规范规定对基桩完整性进行分类。

8.【答案】B、C

解析：当采用超声法检测桩身完整性时，灌注桩声波透射法检测分析和处理的参数主要有声时、声速、波幅及主频，同时要观测和记录实测波形。目前使用的数字式声波仪有很强的数据处理和分析功能，可直接绘制声速-深度曲线，波幅-深度曲线和 PSD 判据图来分析桩身质量情况。(1) 当测点声速小于或等于声速异常判断临界值时，测点的声速可判定为异常，应将其作为可疑缺陷区。(2) 当测点的波幅值小于波幅临界值时，应将其作为可疑缺陷区。(3) 可根据 PSD 值在某深度处的突变，结合波幅变化情况，作为异常点判定的辅助依据。

9.【答案】A、B、C、D

解析：钻探取芯法对灌注桩的目的如下：(1) 检测桩身混凝土胶结状况，是否存在空洞、蜂窝、夹泥、断桩等缺陷，判定桩身完整性类别，从而分析研究产生质量问题的原因、程度及处理措施。(2) 检测混凝土灌注桩桩长，检验桩底沉渣是否满足设计要求，鉴别桩底持力层的岩土性状和厚度是否符合设计或规范要求。(3) 通过混凝土芯样力学试验，评定桩身混凝土的强度。(4) 对施工中出现异常或因质量问题采取处理后的桩，通过钻探取芯，检验其成桩质量及对工程的影响程度。(5) 桩身存在缺陷的桩，可以利用钻孔进行压浆补强处理。

10.【答案】A、B、D

解析：桥梁总体技术状况按式计算：$D_r = BDCI \times \omega_D + SPCI \times \omega_{SP} + SBCI \times \omega_{SB}$。上部结构权重 0.40、下部结构权重 0.40 和桥面系权重 0.20。桥梁技术状况分类界限见下表。

技术状况评分	技术状况等级				
D_r（全桥）、C_I（结构）	1类	2类	3类	4类	5类
	[95,100]	[80,95)	[60,80)	[40,60)	[0,40)

当上部结构和下部结构技术状况等级为 3 类，桥面系技术状况等级为 4 类，且全桥技术状况得分 $40 \leq D_r < 60$ 时，桥梁总体技术状况应判为 3 类。全桥总体技术状况等级评定时，当主要部件评分达到 4 类或 5 类且影响桥梁安全时，可按照桥梁主要部件最差的缺损状况评定。经过计算选项 ABD 均可以评定为 4 类。选项 C 评定为 3 类。

11.【答案】A、B

解析：能使桥梁产生自由振动的方法很多，撞击、跳车、突然释放等（只要求给结构一个瞬态激振力），实际做起来，这一类方法比较灵活，往往根据不同的要求因地制宜。如为测竖向振动可采用跳车、撞击等方法；为测横向或扭转振动可采用突然释放、撞击等方法。

12.【答案】B、D

解析：(1) 隧道按修建方式分为：①明挖隧道。②暗挖隧道。③沉管法隧道。(2) 隧道按开挖掘进方式分为：①钻爆法（也叫矿山法）隧道。②盾构法隧道。③掘进机法隧道。④破碎机法隧道。工程上应用最广的是钻爆法。

13.【答案】A、C

解析：隧道工程混凝土衬砌施工模板台车应符合下列要求：

(1) 隧道主洞模筑混凝土衬砌施工应采用全断面衬砌模板台车。选项A正确。

(2) 全断面衬砌模板台车应留振捣窗，振捣窗纵向间距不宜大于2.5m，与端头模板距离不应大于1.8m，横向间距不宜大于2.0m，振捣窗尺寸不宜小于45cm×45cm。选项B错误。

(3) 边墙模板应连续支模到达基础，保证边墙基础与拱墙混凝土一次连续浇筑。选项C正确。

(4) 全断面模板台车应以隧道中线为准，按线路方向垂直架设。选项D错误。

(5) 模板安装前应检查隧道中线、高程、断面净空尺寸，检查防水板、排水盲管、预埋件等隐蔽工程，做好记录。

14.【答案】B、D

解析：止水带按材质可分为：橡胶止水带、塑料止水带、金属止水带。按用途分为：变形缝用止水带、施工缝用止水带、有特殊耐老化要求的接缝止水带等。按设置位置分为：中埋式止水带、背贴式止水带。按形状分为：平板型止水带、变形型止水带等，品种很多。此外，一些新式的止水带，如可排水止水带、可注浆止水带等在工程实践中也取得良好效果。

15.【答案】A、B、D

解析：依据《公路隧道施工技术规范》（JTG/T 3660—2020），排水系统包括排水盲管、横向导水管、路侧边沟、深埋水沟、防寒泄水洞。排水盲管又称排水盲沟，包括环（竖）向排水盲管、纵向排水盲管、横向排水盲管。排水盲管属渗水盲管，地下水可以进入管内也能从管内渗出。环（竖）向排水盲管、纵向排水盲管布置在衬砌背后；横向排水盲管布置在路面结构层以下，可以起到疏导和防止衬砌背后及路面下积水，减少静水压力的作用。横向管分为两段，穿过衬砌结构的一段为横向泄水管，埋在路面结构层以下的一段称为横向导水管。排水盲管主要为以合成纤维、塑料、钢丝弹簧等为原料，经不同的方法制成的类型土工产品，种类较多。

16.【答案】A、B

解析：（1）围岩内部位移量采用多点位移计和单点位移计。多点位移计一般为杆式多点位移计，单点位移计一般为弦式（钻孔伸长计、引伸计）；数据采集方式可分为机械式（百分表、数显百分表、游标卡尺）和电测式（差动电阻式、电感式、振弦式等）。

（2）锚杆轴力量测，按其量测原理可分为电测式和机械式两类。其中电测式又分为电阻应变式和钢弦式。电阻应变式和机械式是通过量测不同深度锚杆的变形，钢弦式是通过量测不同深度处传感器受力后钢弦振动频率的变化。

（3）围岩压力量测仪器根据测试原理和测力计各个不同分为液压式测力计和钢弦式压力盒。目前，量测围岩压力的传感器主要采用钢弦式压力盒。

（4）量测衬砌应力的传感器主要有钢弦式应变计和应变砖。

（5）型钢钢架应力量测可采用钢弦式表面应变计和钢弦式钢筋应力计，格栅钢架应力量测一般采用钢弦式钢筋应力计。也有采用光纤光栅表面应变计和钢筋计，光纤光栅传感器具有体积小、质量轻、对被测介质影响小、灵敏度和分辨率高，结构简单灵活、安装方便的特点，逐渐在隧道测试中得到应用。目前多采用钢弦式钢筋应力计。

（6）围岩声波测试的主要仪器是声波仪及换能器（亦称声测探头）。声波仪是进行声波测试的主要设备，它的主要部件是发射机与接收机。发射机根据使用要求，能向声波测试探头输出一定频率的电脉冲，向探头输出能量。接收机将探头接收到的微量信号，经过放大，并在示波管上反映出来。接收机不仅要求能正确显示声波波形，而且要求在测得声波时能直接测得发射探头发射后到达接收探头的时间间隔，以便计算波速。纵波与横波主要根据起始波到达时间及其波形特性辨别。

(7) 爆破振动监测的量测仪器为爆破测振仪及测振探头。

17. 【答案】A、B、D

解析：隧道围岩分级的综合评判方法应按以下顺序进行：

(1) 首先，根据岩石的坚硬程度和岩体完整程度两个基本因素的定性特征和定量的岩体基本质量指标BQ，综合进行初步分级。

(2) 其次，对围岩进行详细定级时，应在岩体基本质量分级基础上，考虑修正因素的影响修正岩体基本质量指标值。

(3) 最后，按修正后的岩体基本质量指标［BQ］，结合岩体的定性特征综合评判，确定围岩的详细分级。

18. 【答案】A、B、D

解析：《公路隧道施工技术规范》（JTG/T 3660—2020）主要对施工隧道中空气中的氧气含量，粉尘浓度，有害气体、噪声、温度等指标的允许值做出了明确规定。因此，隧道施工作业环境监测目的主要是监测隧道施工环境是否达到了规定的标准，以评价作业环境，修正通风方案。

19. 【答案】C、D

解析：(1) 采样前和采样后，在称量之前，应将滤膜置于干燥器内2h以上，并通过除静电器去除静电后，在分析天平上准确称量。滤膜增量 $\Delta_m \geqslant 1mg$ 时，可用感量为0.1mg分析天平称量；滤膜增量 $\Delta_m \leqslant 1mg$ 时，应用感量为0.01mg分析天平称量。采样前后，滤膜称量应使用同一台分析天平。选项A错误。

(2) 滤膜在安装时，毛面应朝进气方向，滤膜放置应平整，不能有裂隙或褶皱。用直径75mm的滤膜时，做成漏斗状装入采样夹。选项B错误。

(3) 掘进工作面可在风筒出口后面距工作面4～6m处采样，其他作业点一般在工作面上方采样。采样器进风口要迎着风流，距地板高度为1.3～1.5m。选项C正确。

(4) 采样时间应在测点粉尘浓度稳定以后，一般在作业开始30min后进行。采样持续时间以15min为宜。为保证测尘的准确性，便于对比，要求在同一测点相同的流量下，同时采集两个样品。选项D正确。

20. 【答案】A、B、C、D

解析：根据漏水压力、流量等因素，漏水的状态分为喷射、涌流、滴漏、浸渗四类。

四、综合题（随机选答5道大题，每道大题10分，共50分。下列各题备选项中，至少有1个或1个以上是符合题意的，选项全部正确得满分，选项部分正确按比例得分，出现错误选项该题不得分）

1.

1) **【答案】B**

解析：《公路桥梁预应力钢绞线用锚具、夹具和连接器》（JT/T 329—2025）规定：锚具静载试验加载之前应先将各种测量仪表安装调试正确,各根钢绞线的初应力调试均匀,初应力可取钢绞线极限抗拉强度标准值的0.05~0.1。

2)【答案】B

解析:锚具静载试验加载:(1)加载速率为100MPa/min。(2)以预应力钢绞线抗拉强度标准值的20%、40%、60%、80%,分4级等速加载。(3)加载到钢绞线抗拉强度标准值的80%后,持荷1h。(4)持荷1h后缓慢加载至试样破坏。

3)【答案】A、B、C、D

解析:加载:(1)加载速率为100MPa/min。(2)以预应力钢绞线抗拉强度标准值的20%、40%、60%、80%,分4级等速加载。(3)加载到钢绞线抗拉强度标准值的80%后,持荷1h。(4)持荷1h后缓慢加载至试样破坏。

4)【答案】A

解析:锚具效率计算公式为:$\eta_a = \dfrac{F_{apu}}{F_{pm}} = \dfrac{1310}{5 \times 259} = 1.01$。

5)【答案】B

解析:锚具静载锚固系数应≥0.95,故3#组装件不满足要求。在满足效率系数和总伸长率后允许出现微裂和纵向断裂,不允许出现横向、斜向裂缝及断裂,故2#组装件不满足要求。对于静载锚固性能:3个组装件中有2个组装件不符合要求,则判断该批产品为不合格品;如有一个组装件不符合要求,应取双倍数量的样品重新试验;若仍有不符合要求者,判断该批产品为不合格品。

2.

1)【答案】B

解析:当构件断面很大不可对测,且估计裂缝深度不大于500mm时,宜采用单面平测法进行检测,检测时应在裂缝的被测部位以不同的测距,按跨缝和不跨缝布置测点。测点布置宜避开钢筋。超声波检测混凝土内部缺陷与表层损伤的方法总体上可分为两类:第一类为厚度振动式换能器进行平面测试;第二类为采用径向振动式换能器进行钻孔测试。(1)第一类平面测试方法:①对测法;②斜测法;③单面平测法。(2)第二类钻孔测试方法:①孔中对测;②孔中斜测;③孔中平测。

2)【答案】C

解析:在采用单面平测法测定裂缝深度时,应在裂缝的被测部位以不同的测距,按跨缝和不跨缝布置测点。测点布置宜避开钢筋。进行不跨缝的声时测量步骤如下:将发射换能器和接收换能器置于裂缝同一侧,并将发射换能器耦合好保持不动,以两个换能器内边缘的间距 l'_i 为100mm、150mm、200mm等,依次移动,并读取相应的声时值 t_i。以测距 l'_i 为纵坐标,声时值 t_i 为横坐标绘制"时-距"坐标图,或用回归分析法求声时与测距之间的回归方程 $l'_i = a + bt_i$,"时-距"直线的斜率为声速代表值,截距为声时读数。回归方程的系数 a 为声时初读数,系数 b 为声速代表值。

3)【答案】D

解析:方法(一):$h_l = \dfrac{l_i}{2}\sqrt{\left(\dfrac{t_{ci}v}{l_i}\right)^2 - 1} = \dfrac{200}{2}\sqrt{\left(\dfrac{4 \times (87.3 - 5.0)}{200}\right)^2 - 1} = 131\text{mm}$

方法（二）：勾股定理原理，斜边为超声波实际行程的一半，即 $\frac{vt}{2}=\frac{4\times(87.3-5.0)}{2}=164.6$ mm；一条直角边为换能器间距的一半，即 $200/2=100$ mm，深度为另一条直角边，用勾股定理计算为 $\sqrt{164.6^2-100^2}=131$ mm。

4）【答案】B

解析：经计算，各测距下的裂缝深度值，汇总见下表：

测距/mm	100	150	200	250	300	350	400
裂缝深度 h_i/mm	127	128	131	126	135	129	129
首波方向	↑	↑	↑	↓	↑	↑	↑

裂缝深度的确定：①当在某测距发现首波反向，可由该测距及两个相邻测距的测量值计算深度值，取此三点的深度值的平均值作为该裂缝的深度值。②如难以发现首波反相，则以不同测距计算深度及其平均值，将各测距与平均值作比较，剔除测距小于平均值和大于3倍平均值的数据组，然后取余下深度值的平均值，作为该裂缝的深度值。此题，在测距为250m 时，首波反向，则由该测距和相邻的另外两个测距（200mm、300mm）的测量值计算深度值。$h=\frac{131+126+135}{3}=131$ mm。

5）【答案】C

解析：经计算，各测距下的裂缝深度值，汇总见下表：

测距/mm	100	150	200	250	300	350	400
裂缝深度 h_i/mm	127	128	131	126	135	129	129
首波方向	↑	↑	↑	↑	↑	↑	↑

裂缝深度的确定：①当在某测距发现首波反向，可由该测距及两个相邻测距的测量值计算深度值，取此三点的深度值的平均值作为该裂缝的深度值。②如难以发现首波反相，则以不同测距计算深度及其平均值，将各测距与平均值作比较，剔除测距小于平均值和大于3倍平均值的数据组，然后取余下深度值的平均值，作为该裂缝的深度值。此题，未发现首波反向，所有测距对应的裂缝深度平均值为129mm，需剔除测距为100mm（测距小于平均值）和测距为400mm（测距大于三标平均值）的裂缝深度计算值，取剩余4个裂缝深度值的平均值为130mm。

3.

1）【答案】C

解析：深层平板荷载试验用于确定深部地基及大直径桩桩端在承压板压力主要影响范围内的土层的承载力及变形模量。该方法适用于埋深等于或大于3.0m和地下水位以上的地基土。承载板的直径为800mm 的刚性板，如采用厚约300mm 的混凝土板，紧靠承压板周围外侧的土层高度不应小于0.8m。

2)【答案】C

解析：深层平板荷载试验加荷分级可按预估极限承载力的 1/15~1/10（注：基桩承载力检测中的竖向静载试验、竖向抗拔试验均是此要求）分级施加。浅层平板荷载试验是 1/10~1/8，公路桥梁静载试验一般分 3~5 级进行加载。

3)【答案】C

解析：每级加载后，第一个小时内按间隔 10mmin、10min、10min、15min、15min，以后为每隔半小时测读一次沉降量。当连续两个小时内，每小时的沉降量小于 0.1mm 时（注：浅层平板荷载试验也是此要求），则认为已趋稳定，可加下一级荷载。选项 A 为桩端下为巨粒土、砂类土、坚硬黏质土进行基桩竖向静载试验的稳定条件。选项 B 为桩端下为半坚硬和细粒土进行基桩竖向静载试验的稳定条件。

4)【答案】A、B、C、D

解析：当试验出现下列情况之一时，即可终止加载：（1）沉降量急剧增大，$P\text{-}s$ 曲线出现陡降段，且沉降量超过 $0.04d$（d 为承压板直径）。（2）在某一级荷载下，24h 内沉降速率不能达到稳定。（3）本级沉降量大于前一级沉降量的 5 倍。（4）当持力层土层坚硬、沉降量很小时，最大加载量不小于设计要求的 2 倍。

5)【答案】B、C

解析：地基土承载力基本容许值得确定应符合下列规定：（1）当 $P\text{-}s$ 关系曲线有比例界限时，取该比例界限所对应的荷载值。（2）当极限荷载小于比例界限荷载值的 2 倍时，取极限荷载值的一半。（3）若不能按上述两款要求确定时，取 $s/d=0.01~0.015$ 所对应的荷载值，但其值不大于最大加载量的一半。

4.

1)【答案】C、D

解析：按照《桥规》和《公路桥梁承载能力检测评定规程》（JTG/T J21—2011）分别检算结构或构件在持久状况下承载能力极限状态下的强度、稳定性和正常使用极限状态下的刚度、抗裂性。

2)【答案】D

解析：基于结构技术状况检查和检算时，配筋混凝土桥梁承载能力恶化系数的确定是根据恶化系数评定标度及桥梁所处的环境条件，查表确定。其中，恶化系数评定标度 E 按下式计算：$E = \sum_{j=1}^{7} E_j \alpha_j$。式中 α_j 查下表。

序号	检测指标名称	权重 α_j	序号	检测指标名称	权重 α_j
1	缺损状况	0.32	5	钢筋保护层厚度	0.12
2	钢筋锈蚀电位	0.11	6	氯离子含量	0.15
3	混凝土电阻率	0.05	7	混凝土强度	0.05
4	混凝土碳化情况	0.20	—	—	—

注：对混凝土电阻率、碳化深度状况、氯离子含量三项检测指标，按规程规定不需要进行检测评定时（钢筋锈蚀电位评定标度<3），其评定标度值应取 1。

3)【答案】D

解析：基于结构技术状况检查和检算时，抗力效应的计算公式如下：
$R(f_d, \xi_c a_{dc}, \xi_s a_{ds}) Z_1 (1-\xi_e) = 3700.0 \times 0.90 \times (1-0.07) = 3096.9 \text{kN·m}$。

注：活载影响修正系数 ξ_q 用于修正荷载效应。

4)【答案】C

解析：基于结构技术状况检查和检算时，抗力效应与荷载效应的比值的计算公式如下：
$$\frac{R(f_d, \xi_c a_{dc}, \xi_s a_{ds}) Z_1 (1-\xi_e)}{\xi_q \gamma_0 S} = \frac{3096.9}{3500.0} = 0.88$$。

注意：需看清题干要求。

5)【答案】D

解析：基于结构技术状况检查和检算时，荷载效应与抗力效应的比值的计算公式如下：
$$\frac{\xi_q \gamma_0 S}{R(f_d, \xi_c a_{dc}, \xi_s a_{ds}) Z_1 (1-\xi_e)} = \frac{3500.0}{3096.9} = 1.13$$。当检算的作用效应与抗力效应的比值在 1.0~1.2 之间时，应通过荷载试验评定桥梁承载能力。

5.

1)【答案】A

解析：公路隧道围岩级别按下表进行划分，根据修正的围岩基本质量指标［BQ］= 535，可判断围岩等级为 Ⅱ 级。

围岩基本质量指标 BQ 或修正的围岩基本质量指标［BQ］	>550	550~451	450~351	350~251	≤250
围岩级别	Ⅰ	Ⅱ	Ⅲ	Ⅳ	Ⅴ

隧道开挖方法的选择应根据围岩级别、隧道长度、断面大小、支护结构、工期要求、机械设备的配置及出渣条件等综合确定。用钻爆法开挖时，主要开挖方法有全断面法、台阶法、分部开挖法（弧形导坑留核心土法、双侧壁导坑法、中隔壁法及交叉中隔壁法）等。(1) 全断面法可用于 Ⅰ~Ⅲ 级围岩两车道及以下跨度的隧道开挖。Ⅰ~Ⅱ 级围岩三车道隧道也可采用全断面法开挖。(2) 台阶法可用于 Ⅲ~Ⅳ 级围岩两车道及以下跨度的隧道。Ⅴ 级围岩两车道及以下跨度的隧道在采用了有效的预加固措施后，也可采用台阶法开控。(3) 弧形导坑留核心土法可用于 Ⅳ~Ⅴ 级围岩两车道及以下跨度的隧道、Ⅲ~Ⅳ 级围岩三车道隧道或一般土质隧道。(4) 中隔壁法（CD 法）或交叉中隔壁法（CBD 法）适用于 Ⅳ~Ⅵ 级围岩、浅埋、大跨、地表沉降需严格控制的情况。(5) 双侧壁导坑法适用于 Ⅴ~Ⅵ 级围岩、浅埋、大跨及地表下沉量要求严格的情况。

2)【答案】B

解析：根据修正的围岩基本质量指标［BO］=535，可判断围岩等级为 Ⅱ 级。应尽量减少超挖。隧道允许超挖值规定见下表。

项次	检查项目		规定值或允许偏差	检查方法和频率
1	拱顶超挖 /mm	Ⅰ级围岩（硬岩）	平均100，最大200	全站仪或激光断面仪检测；每20m检查1个断面，每个断面自拱顶起每2m测1点
2		Ⅱ、Ⅲ、Ⅳ级围岩（中硬岩、软岩）	平均150，最大250	
3		Ⅴ、Ⅵ级围岩（破碎岩、土）	平均100，最大150	
4	边墙超挖 /mm	每侧	+100，0	尺量：每20m检查1处
5		全宽	+200，0	
6	仰拱、隧底超挖/mm		平均100，最大250	全站仪或水准仪；每20m检查3处

岩石饱和单轴抗压强度 R_c 与岩石坚硬程度的对应关系见下表。该岩石饱和单轴抗压强度为53.2MPa，为较坚硬岩。

R_c/MPa	>60	60~30	30~15	15~5	≤5
坚硬程度	硬质岩		软质岩		
	坚硬岩	较坚硬岩	较软岩	软岩	极软岩

用钻爆法开挖隧道，其爆破效果应符合下列规定：（1）开挖轮廓圆顺，开挖面平整。（2）周边眼炮痕（炮眼痕迹）保存率对于硬岩≥80%，中硬岩≥70%，软岩≥50%。（3）两茬炮衔接时，出现的台阶误差不得大于150mm。对于炮眼深度大于3m的情况，可根据实际情况另行确定。

3）【答案】A

解析：应严格控制欠挖。拱脚、墙脚以上1m范围内严禁欠挖。当岩层完整且岩石抗压强度大于30MPa，并确认不影响衬砌结构稳定和强度时，每1m²内部欠挖面积不宜大于0.1m²，欠挖隆起量不得大于50mm。

4）【答案】D

解析：隧道开挖断面检测目前最常用的方法为极坐标法，其代表设备为隧道激光断面仪。断面仪法精度高、速度快、效率高，是一种非接触式测量方法。另外也可采用以内模为参照物直接测量法、使用激光束的方法和使用投影机的方法。

5）【答案】A、B、C

解析：依据《公路工程质量检验评定标准 第一册 土建工程》（JTG F80/1—2017）。激光断面仪检测隧道断面方法（简称激光断面仪法），适用于检测隧道开挖断面、初期支护断面和二次衬砌断面，评价隧道开挖质量和判断支护（衬砌）断面是否侵入限界。

6.

1）【答案】C

解析：构件各检测指标扣分值见下表。

检测指标所能达到的最高标度类别	指标标度				
	1类	2类	3类	4类	5类
3类	0	20	35	—	—

续表

检测指标所能达到的最高标度类别	指标标度				
	1类	2类	3类	4类	5类
4类	0	25	40	50	—
5类	0	35	45	60	100

从上表可以得出，蜂窝麻面扣分20，局部混凝土掉角扣分25，钢筋发生锈蚀扣分45，按照3项病害扣分值从大到小进行排序依次为45、25、20，构件得分计算过程如下：

$$U_1 = 45;\quad U_2 = \frac{DP_{i2}}{100\times\sqrt{2}} \times (100 - \sum_{y=1}^{1} U_y) = \frac{25}{100\times\sqrt{2}} \times (100 - 45) = 9.7;$$

$$U_3 = \frac{DP_{i3}}{100\times\sqrt{3}} \times (100 - \sum_{y=1}^{2} U_y) = \frac{20}{100\times\sqrt{3}} \times (100 - 45 - 9.7) = 5.2;$$

$$PMCI_l = 100 - \sum_{x=1}^{3} U_x = 100 - 45 - 9.7 - 5.2 = 40.1$$

注意：构件各检测指标扣分值表需要记住，考试的时候有可能不提供！

2)【答案】C

解析：空心板梁混凝土空洞，扣分25，得分100-25=75。其余7片梁得分均为100。查表得到 $t = 8.3$。则：

$$PCCI_i = \overline{PMCT_l} - \frac{100 - PMCT_{min}}{t} = \frac{7\times 100 + 75 + 40.1}{9} - \frac{100 - 40.1}{8.3} = 83.3$$

(3)【答案】B

解析：$SPCI = \sum_{i=1}^{m} PCCI_i \times \omega_i = 83.3 \times 0.70 + 77.2 \times 0.18 + 83.6 \times 0.12 = 82.2$，上部结构技术状况等级为2类。

4)【答案】B

解析：$D_r = BDCI \times W_D + SPCI \times W_{SP} + SBCI \times W_{SB} = 75.3 \times 0.2 + 82.2 \times 0.4 + 67.2 \times 0.4 = 74.8$

全桥技术状况等级评为3类。

注：上部结构、下部结构和桥面系的权重需要掌握！同时上部结构、下部结构、桥面系和全桥技术状况分类界限也需要掌握！

5)【答案】A、B、C

解析：桥梁部件分为主要部件和次要部件。各结构类型桥梁主要部件见下表，其他部件为次要部件。

序号	结构类型	主要部件
1	梁式桥	上部承重构件、桥墩、桥台、基础、支座
2	板拱桥（圬工、混凝土）、肋拱桥、箱型拱桥、双曲拱桥	主拱圈、拱上结构、桥面板、桥墩、墩台、基础
3	钢架拱桥、桁架拱桥	钢架（桁架）拱片、横向联结系、桥面板、桥墩、桥台、基础

续表

序号	结构类型	主要部件
4	钢-混凝土组合拱桥	拱肋、横向联结系、立柱、吊杆、系杆、行车道板（梁）、桥墩、桥台、基础、支座
5	悬索桥	主缆、吊索、加劲梁、索塔、锚碇、桥墩、桥台、基础、支座
6	斜拉桥	斜拉索（包括锚具）、主梁、索塔、桥墩、桥台、基础、支座

7.

1）【答案】C

解析：超前地质钻探钻孔孔数要求：（1）断层、节理密集带或其他破碎富水地层应布设 1~3 个孔。（2）富水岩溶发育区每循环宜钻 3~5 个孔，揭示岩溶时，应适当增加，以满足安全施工和溶洞处理所需资料为原则。（3）煤层瓦斯地层，先在距煤层 15~20m（垂距）的开挖工作面钻 1 个超前钻孔，初步探明煤层位置，在距初探煤层位置 10m（垂距）开挖工作面，钻 3 个以上超前钻孔。

2）【答案】A

解析：《公路隧道施工技术规范》（JTG/T 3660—2020）规定，瓦斯工区钻爆作业时工作面附近 20m 以内风流中甲烷浓度必须小于 1%。

3）【答案】B、C

解析：煤层瓦斯出现的前兆标志一般是：开挖掌子面地层压力增大，鼓壁、深部岩层或煤层的破裂声明显，响煤炮，掉渣，支护严重变形；瓦斯浓度突然增大或忽高忽低，掌子面温度降低，憋闷，有异味等；煤层结构变化明显，层理紊乱，由硬变软，厚度与倾角发生变化，煤由湿变干，光泽暗淡，煤层顶、底板出现断裂、波状起伏等；钻孔时有顶钻、夹钻、顶水、喷孔等动力现象；掌子面发出瓦斯强涌出的嘶嘶声，同时带有粉尘；掌子面有移动感。

4）【答案】A、C、D

解析：煤层瓦斯预报可按以下步骤进行：

（1）根据区域地质资料、工程地质勘察报告、工程地质平面图与纵断面图、煤层地表钻探资料和必要的补充地质调查，通过地质作图进一步核实煤层的位置与厚度等。

（2）采用物探法确定煤层在隧道内的大致位置和厚度。

（3）采用洞内地质素描，利用地层层序、地层厚度、标志层和岩层产状等，通过作图分析确定煤层的里程位置。

（4）接近煤层前，必须对煤层位置进行超前钻探，标定各煤层准确位置，掌握其赋存情况及瓦斯状况。

（5）穿越煤层前应进行瓦斯突出危险性预测，并应符合规定。

5）【答案】A、B

解析：开挖工作面瓦斯突出危险性预测应采用瓦斯压力法或瓦斯含量法作为主要预测方法，并至少选取钻屑指标法或钻孔瓦斯涌出初速度法进行验证。